Venedig fotografieren –

Der Foto-Reiseführer zu den schönsten Motiven

Stefano Paterna

VENEDIG FOTOGRAFIEREN

Der Foto-Reiseführer zu den schönsten Motiven

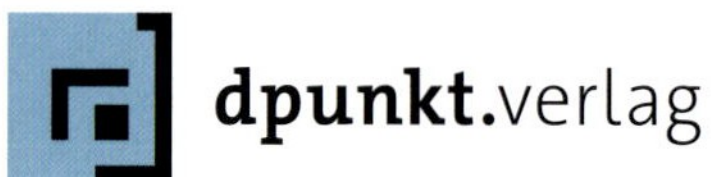

Stefano Paterna

Lektorat: Gerhard Rossbach
Copy-Editing: Alexander Reischert, *www.aluan.de*
Satz: Anna Diechtierow
Herstellung: Stefanie Weidner
Umschlaggestaltung: Anna Diechtierow, unter Verwendung von Fotos des Autors
Druck und Bindung: mediaprint solutions GmbH, 33100 Paderborn

Bibliografische Information der Deutschen Nationalbibliothek
Die Deutsche Nationalbibliothek verzeichnet diese Publikation in der Deutschen Nationalbibliografie; detaillierte bibliografische Daten sind im Internet über *http://dnb.d-nb.de* abrufbar.

ISBN:
Print 978-3-86490-817-0
PDF 978-3-96910-146-9
ePub 978-3-96910-147-6
mobi 978-3-96910-148-3

Wieblinger Weg 17
69123 Heidelberg

Hinweis: Der Umwelt zuliebe verzichten wir auf die Einschweißfolie.

Schreiben Sie uns:
Falls Sie Anregungen, Wünsche und Kommentare haben, lassen Sie es uns wissen: hallo@dpunkt.de.

5 4 3 2 1 0

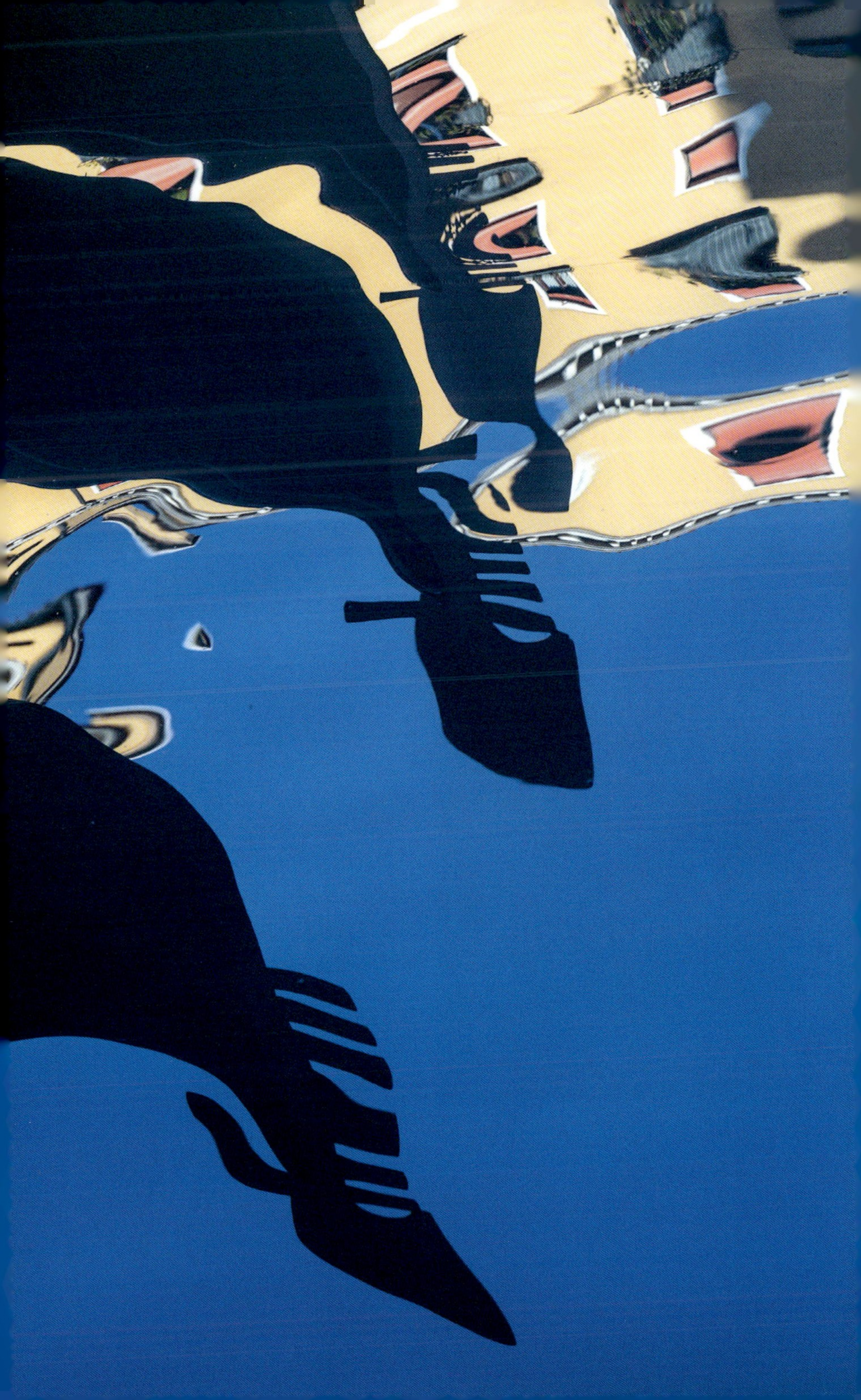

STEFANO PATERNA – REISEFOTOGRAF AUS LEIDENSCHAFT

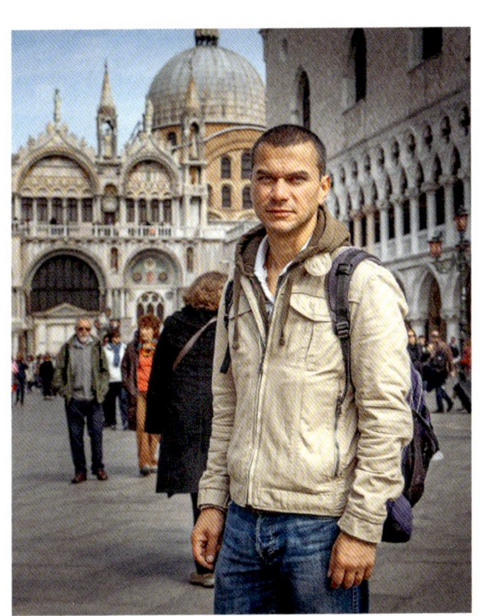

Bevor Stefano Paterna seine beiden Leidenschaften – das Reisen und das Fotografieren – zu seinem Beruf machte, arbeitete er nach seinem Studium für verschiedene europäische Banken. Schon zu dieser Zeit absolvierte er eine fotografische Ausbildung an der renommierten Londoner University of the Arts, die er dann durch eine einjährige Assistenz beim Werbe- und Modefotografen Prasad Naik in Mumbai fortführte.

Nach einigen Jahren im Ausland und vielen Reisen zog es den Kölner mit italienischen Wurzeln wieder zurück in seine deutsche Heimat. Inspiriert von der Schönheit der Welt, deren Vielfalt er mit seiner Kamera immer wieder neu entdeckt, wagte er im Jahr 2006 den Sprung in die Selbstständigkeit und eröffnete 2013 in Köln eine Fotoschule. Seitdem gibt er sein Wissen und seine Erfahrungen an Hobbyfotografen weiter – in Workshops vor Ort und auf Fotoreisen. Dabei geht es ihm nicht nur um das reine Handwerk, sondern auch immer darum zu zeigen, dass verschiedene Sichtweisen in der Fotografie legitim sind. Es gibt kein Richtig oder Falsch, sondern viele individuelle Perspektiven, die immer wieder neue und überraschende Ergebnisse hervorbringen.

Stefano Paterna ist nach wie vor als Reisefotograf unterwegs und arbeitet als solcher regelmäßig für Magazine, Verlage, Fremdenverkehrsämter und Reiseveranstalter. Dabei führen ihn Projekte zu Orten auf der ganzen Welt. Seine Fotos von diesen Reisen wurden in einer Reihe von Magazinen und Zeitungen abgedruckt, u.a. National Geographic Traveler, Condé Nast Traveler, Merian, GEO, Vanity Fair, Harper's Bazaar, Financial Times und Wall Street Journal.

Seine Bilder und Workshop-Angebote, die u.a. in die Toskana, nach Venedig, Irland, Cornwall, Kirgisistan, Usbekistan und Namibia führen, finden Sie auf seiner Webseite:
www.stefanopaterna.com
Instagram @*stefano_paterna*

INHALTSVERZEICHNIS

ANREISE

ANREISE MIT DEM FLUGZEUG

Das Flugzeug stellt die einfachste und schnellste Form der Anreise dar. Es gibt zahlreiche Flugverbindungen von Deutschland aus und einige Unternehmen bieten günstige Direktflüge an.

Als Ziele bieten sich die Flughäfen Venedig Marco Polo (VCE) und Aeroporto di Treviso Antonio Canova (TSF) an.

Flughafen Venedig

Versuchen Sie beim Hinflug nach Venedig einen Sitzplatz auf der rechten Seite zu bekommen. Unter normalen Umständen liegt Venedig nämlich beim Anflug auf den Flughafen Marco Polo auf der rechten Seite. Der Flughafen befindet sich etwa 12 km nördlich des Zentrums in Mestre am Rand der Lagune. Nach der Landung lässt sich das Zentrum Venedigs dann mit dem Bus und per Boot erreichen.

Per Bus sind zwei Verbindungen empfehlenswert. Der ATVO Express Flughafenbus fährt direkt ohne weitere Stopps vom Flughafen zum Piazzale Roma. Die Fahrtzeit beträgt ca. 20 Minuten und kostet aktuell 8 Euro (einfach) bzw. 15 Euro (hin und zurück).

Der ACTV Bus ist der normale Linienbus (Linie 5) mit zahlreichen Haltestellen bis zum Piazzale Roma. Die Fahrtzeit verlängert sich entsprechend den angefahrenen Haltestellen und kostet ebenfalls aktuell 8 Euro (einfach) bzw. 15 Euro (hin und zurück). Die Haltestellen für die Busse befinden sich gleich hinter dem Ausgang vor dem Terminal.

Der Transfer mit den Shuttle-Booten von Alilaguna ist teurer, dafür bietet er aber die schönere Einfahrt in die Stadt. Die Fahrtzeit zum Markusplatz beträgt ca. 75 bis 90 Minuten und kostet aktuell 15 Euro (einfach) bzw. 27 Euro (hin und zurück). Vom Flughafengebäude führt ein überdachter, ca. zehnminütiger Fußweg bis zum Alilaguna-Anleger. Ein Transfer mit dem privaten Taxiboot kostet in der Regel über 100 Euro.

Flughafen Treviso

Der Flughafen Treviso liegt etwa 25 km nördlich von Venedig und wird hauptsächlich von

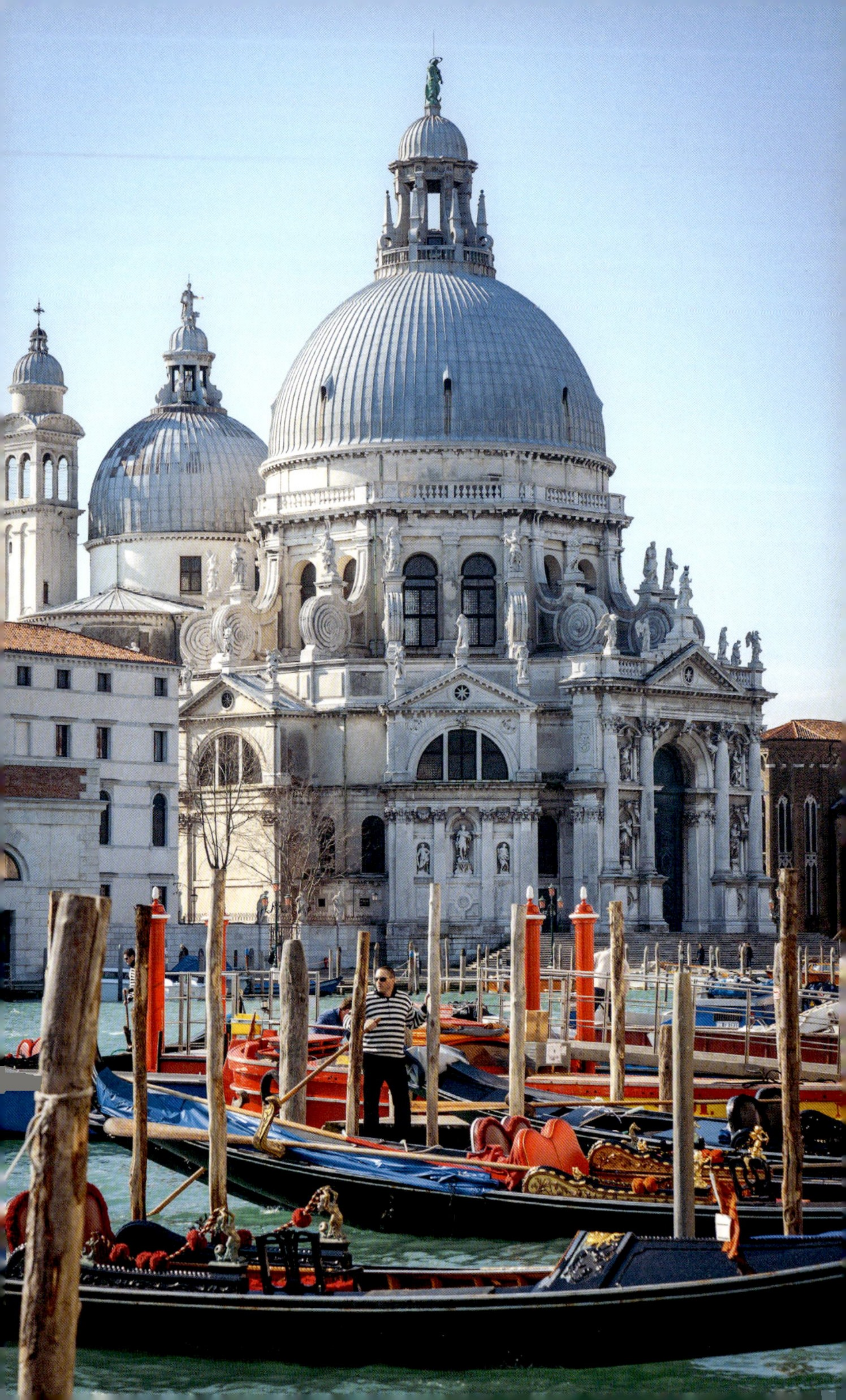

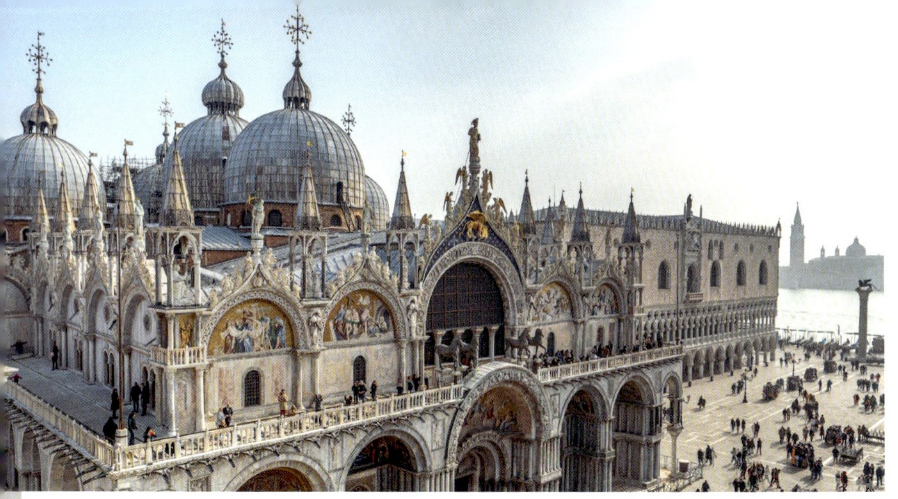

Billigfluggesellschaften angeflogen. Die Fahrtzeit mit dem ATVO Express Flughafenbus beträgt ca. 40 Minuten bis zum Piazzale Roma und kostet aktuell 10 Euro (einfach) bzw. 18 Euro (hin und zurück).

Vom Piazzale Roma geht es dann weiter mit dem Linienboot (Vaporetto).

ANREISE MIT DER BAHN

Venedig hat zwei wichtige Bahnhöfe: Venedig-Mestre (Stazione di Venezia Mestre) auf dem Festland und Venedig-Santa Lucia (Stazione di Venezia Santa Lucia) direkt am Canal Grande. Beide Bahnhöfe sind über die etwa 5 km lange Brücke Ponte della Libertà verbunden. Venedig verfügt über zahlreiche Zugverbindungen innerhalb Italiens, etwa nach Florenz, Mailand und Rom (sowohl mit Regional- als auch Hochgeschwindigkeitszügen) und ist auch aus dem deutschsprachigen Raum ohne Umsteigen erreichbar. Vom Bahnhof aus geht es bequem weiter mit dem Vaporetto.

ANREISE MIT DEM EIGENEN PKW

Venedig ist komplett autofrei, dennoch spricht nichts dagegen, mit dem eigenen Fahrzeug anzureisen. Das erweist sich dann als lohnend, wenn die Fahrtdauer nicht zu lang ist und Sie mit mehreren Personen anreisen. Das Auto muss für die Dauer des Aufenthaltes in Venedig in einer der Garagen abgestellt werden. Es ist verständlich, dass die Garagen umso teurer sind, je näher sie an Venedig liegen. Die Garage am Piazzale Roma kostet 30 Euro pro Tag. Garagen auf dem Festland z. B. in Mestre schlagen mit ca. 8 bis 12 Euro pro Tag zu Buche.

UNTERWEGS IN VENEDIG

Spätestens am Piazzale Roma ist für die Anreise mit dem eigenen Fahrzeug Schluss und es geht nur noch zu Fuß oder mit den öffentlichen Wasserbussen (Vaporetti) weiter. Venedig lässt sich gut zu Fuß erkunden, allerdings gibt es zahlreiche Brücken mit Treppen und nur einige der größeren Brücken haben eine Rampe.

Auf den Wasserstraßen sorgt das Vaporetto für einen reibungslosen Transport. Hauptverkehrsader ist der Canal Grande und alle wichtigen Inseln der Lagune sind durch regelmäßigen Linienbootverkehr mit Venedig verbunden.

Für das Vaporetto empfiehlt sich der Kauf einer Zeitkarte, die unbegrenzte Fahrten im Gültigkeitszeitraum erlaubt, da eine Einzelfahrt 7,50 Euro kostet. Die Zeitkarten werden für 1 Tag (20 Euro), 2 Tage (30 Euro), 3 Tage (40 Euro) oder 7 Tage (60 Euro) angeboten.

Eine Zeitkarte lässt sich bequem schon vor der Reise online kaufen. Mit dem erhaltenen QR-Code bekommen Sie Ihre Zeitkarte gleich am Automaten in der Ankunftshalle am Flughafen und können sie mit der ersten Fahrt aktivieren.

www.veneziaunica.it/de/e-commerce/services

Venedig ist im Vergleich zu den zahlreichen anderen Städten Italiens sehr sicher. Auch wenn die Spielfilme um Commissario Brunetti anderes suggerieren, so gibt es doch kaum Kriminalität in Venedig. Was nicht bedeutet, dass Sie Ihren Kamerarucksack unbeachtet stehen lassen können. Überall, wo sich zahlreiche Touristen aufhalten, sind auch immer Langfinger unterwegs und Taschendiebstahl keine Seltenheit.

Nehmen Sie bequeme Schuhe mit und lassen Sie Equipment, das Sie gerade nicht benötigen, im Hotel. Ihre Ausflüge sollen Spaß machen und zum Erlebnis werden. Ein vollgepackter und schwerer Fotorucksack ist da mehr als hinderlich.

UNTERKUNFT

In Venedig ist das Hotelangebot breit gefächert. Neben den zahlreichen Hotels gibt es viele Apartment-, Zimmer- und B&B-Anbieter. Vom Luxushotel bis zum Bett im Schlafsaal ist alles vertreten. Ein nettes Doppelzimmer mit Bad ist jedoch unter 100 Euro kaum zu finden. Hinzu kommt, dass in Venedig fast durchgehend Hochsaison herrscht und eine rechtzeitige Reservierung notwendig ist.

Während der Monate November bis März – mit Ausnahme des Karnevals sowie den Tagen vor Weihnachten bis Neujahr – sinken die Preise erheblich. Das ist aber auch die Zeit, in der zahlreiche Hotels schließen.

Ich möchte Ihnen keine bestimmte Unterkunft empfehlen, dafür finden Sie zahlreiche Reiseführer und Bewertungsportale im Internet. Dennoch gibt es einige Punkte, die Sie bei Ihrer Buchung idealerweise beachten sollten:

- Buchen Sie eine Unterkunft, die nur wenige Gehminuten von den wichtigsten Sehenswürdigkeiten entfernt ist, idealerweise in der Nähe vom Markusplatz, der Ponte dell'Accademia oder der Rialtobrücke. So sind die Wege zum Fotografieren bei Sonnenaufgang relativ kurz.
- Suchen Sie sich eine Unterkunft, die sich relativ nah an einer Vaporetto-Station befindet oder leicht mit dem Wassertaxi zu erreichen ist. Gerade mit einem schweren Rollkoffer ist es nicht angenehm, weite Strecken zurückzulegen und dabei zahlreiche Brücken mit den dazugehörigen Stufen überwinden zu müssen.
- Sollten Sie Probleme mit dem Treppensteigen haben, dann achten Sie bei der Buchung einer Ferienwohnung, auf welcher Etage sich diese befindet. Private Wohnhäuser haben grundsätzlich bis heute keine Aufzüge, und das gilt auch für einige der günstigeren Hotels.

RESTAURANTS

Zahlreiche Restaurants in Venedig sind für ihre Speisen ausgezeichnet. Sie sollten aber im Vorfeld etwas recherchieren, um sicherzustellen, dass das Preis-Leistungs-Verhältnis stimmt. Gerade Restaurants, die sich unmittelbar an den Sehenswürdigkeiten befinden, lassen es häufig an Qualität vermissen. Um Geld oder Ärger zu sparen, lohnt es sich auch, abseits der Haupttouristenrouten nach einem Restaurant zu suchen.

Von einer namentlichen Empfehlung möchte ich an dieser Stelle Abstand nehmen, da ich im Laufe der Jahre und nach zahlreichen Workshops festgestellt habe, dass die Geschmäcker und Erwartungen einfach zu unterschiedlich sind.

TIPP

Auf gar keinen Fall sollten Sie versäumen, eine der Bàcari, also der venezianischen Weinschenken, aufzusuchen. Schon am Vormittag herrscht dort reger Betrieb. Die Venezianer lassen es sich nicht nehmen, bei jeder sich bietenden Gelegenheit zu einem Gläschen Wein (ombra bzw. ombretta) zusammenzukommen. Bereits ab 1,50 Euro (0,1 l) bekommt man ein Gläschen Wein und isst dazu beliebig viele Cicchetti (auch Cicheti). Cicchetti sind kleine Häppchen (ab 1,50 Euro), die in der Regel auf Fisch bzw. Meeresfrüchten basieren und auf einer Baguette-Scheibe serviert werden. Aber auch Wurst, Käse, Eier und Gemüse sowie unzählige weitere Kombinationen sind möglich, da jeder Bàcaró seine eigenen Kreationen in Glasvitrinen bereithält.

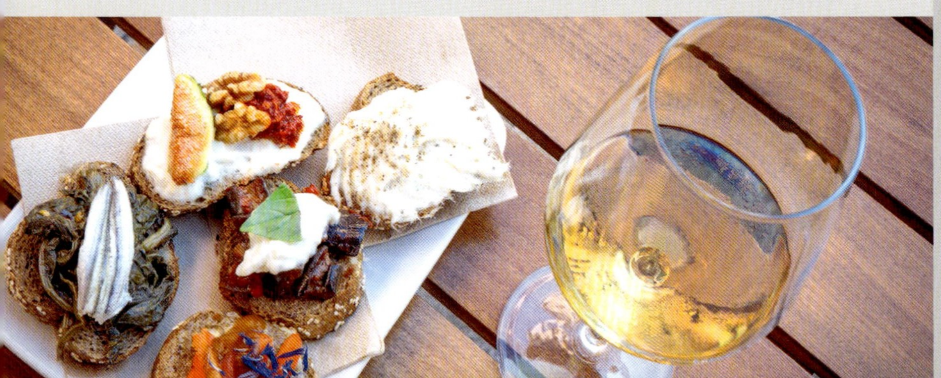

MOTIVWAHL

Venedig ist wie ein großes Freilichtmuseum, und lohnende Motive finden sich somit fast überall. Jahrhundertealte Architektur, interessante Türklopfer, alte Türen und Tore und natürlich die Gondeln mit ihren fotogenen Gondolieri sind nur einige Beispiele.

Im Allgemeinen ist das Fotografieren in den frühen Morgen- und Abendstunden am ertragreichsten. Tagsüber, bei scheinender Sonne, herrschen mitunter sehr schwierige Lichtverhältnisse gerade in den engen Gassen aufgrund der starken Kontraste.

Neben den bekannten Motiven sollten Sie auch durch die verschiedenen Sestiere von Venedig schlendern. Die meisten Besucher gelangen nicht aus dem Stadtzentrum heraus und bewegen sich nur zwischen Markusplatz und Rialtobrücke.

Nutzen Sie die Fahrten mit dem Vaporetto zum Fotografieren. Vom Wasser bieten sich zahlreiche einmalige Aufnahmeperspektiven. Insbesondere auf dem Canal Grande bieten sich viele wunderbare Palazzo-Fassaden als Motiv an. Achten Sie während der Bootsfahrt auf Ihren Standort, damit Sie dem Schaffner beim An- und Ablegen nicht im Weg stehen. Grundsätzlich müssen Rucksäcke während der Fahrt im Stehen ausgezogen werden.

In einigen Kirchen und Museen ist das Fotografieren verboten. Bitte halten Sie sich an diese Vorgaben und fragen Sie stets fremde Personen, bevor Sie sie fotografieren, oder holen sich zumindest nach der Aufnahme das Einverständnis ein. Abgesehen davon

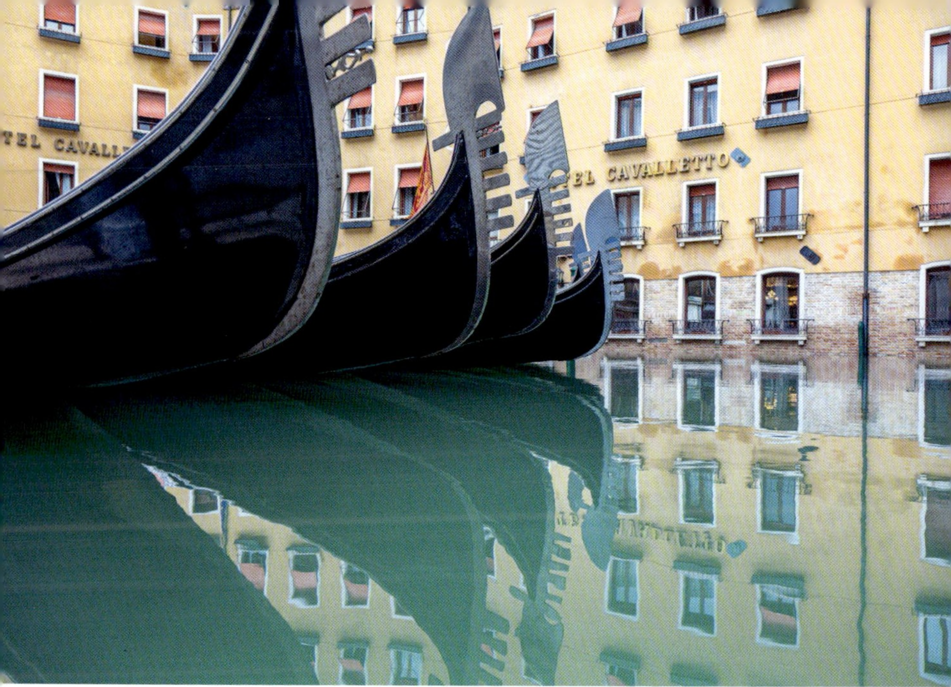

ist das Fotografieren in Venedig recht unkompliziert, wenn Sie erst einmal wissen, wie man sich fortbewegt.

Die Friedhofsinsel San Michele findet in diesem Buch keine nennenswerte Erwähnung, da dort das Fotografieren verboten ist. Bitte halten Sie sich grundsätzlich daran. Nichtsdestotrotz strahlt der Friedhof mit seinen Grabsteinen und Kapellen eine besondere Faszination aus. Der Besuch ist auf jeden Fall lohnenswert.

Eine erhöhte Aussicht zum Fotografieren finden Sie vom Campanile di San Marco, dem Campanile di San Giorgio Maggiore, dem Palazzo Contarini del Bovolo und von der Terrasse der Fondaco dei Tedeschi.

Planen Sie für Ihre Venedig-Reise wenigstens zwei Übernachtungen ein, dann können Sie zumindest die »klassischen Motive« abarbeiten. Drei bzw. vier Übernachtungen sind meine Empfehlung, denn dann können Sie sich an einem Tag den Inseln Murano und Burano widmen und Fotospots ein zweites Mal besuchen, falls die Wetterbedingungen an den ersten Tagen noch nicht Ihrer Vorstellung entsprochen haben.

ERKLÄRUNG ZU DEN AUFNAHMEDATEN

- **24 mm**: Angabe der Brennweite. Ich habe unterschiedliche Objektive bei den Aufnahmen verwendet, darunter Festbrennweiten, Zoomobjektive und ein Tilt-Shift-Objektiv. Diese Brennweite ist auf Basis eines Vollformatsensors angegeben.
- **ISO 100**: Angabe der ISO-Einstellung
- **f8**: Angabe der Blende
- **1/100 s**: Angabe der Belichtungszeit in Sekunden
- **GND**: Angabe, ob ein Grauverlaufsfilter zum Einsatz kam (mit Angabe der jeweiligen Filterstärke)
- **ND**: Angabe, ob ein Graufilter zur Verlängerung der Belichtungszeit zum Einsatz kam (mit Angabe der Filterstärke)
- **Polfilter**: Angabe, ob ein Polarisationsfilter zur Eliminierung von Reflexionen zum Einsatz kam
- **Stativ**: Angabe, ob ein Stativ zum Einsatz kam
- **Stativ a. A.**: Stativ nur auf Anfrage gestattet
- **45.433296, 12.339831**: GPS-Angabe für Google Maps. Bitte beachten Sie, dass diese Angabe nicht immer metergenau sein kann.

WICHTIG
Die angegebenen Koordinaten des jeweiligen Fotospots beziehen sich auf den Standort beim Fotografieren der gezeigten Aufnahme und nicht auf das zu fotografierende Objekt bzw. die Sehenswürdigkeit selbst.

VENEDIG FOTOGRAFIEREN BEI SONNE, REGEN UND SCHNEE

Die folgende Übersicht entspricht natürlich meinen eigenen Präferenzen. Grundsätzlich lassen sich überall in Venedig bei unterschiedlichen Wetterbedingungen großartige Bilder produzieren. Meine Darstellung soll als grober Leitfaden für den Leser dienen und hat mir in der Vergangenheit, je nach Wettersituation, gute Ergebnisse ermöglicht.

FOTOGRAFIEREN BEI SONNE

Während des Tages lässt sich überall in Venedig gut fotografieren. Zwischen 11:00 Uhr und 15:00 Uhr sind die Kontraste in der Regel zu stark, um Licht und Schatten in einem Bild zu kombinieren. Im Sommer erweitert sich dieses Zeitfenster um mindestens zwei Stunden von 10:00 Uhr bis 16:00 Uhr.

TIPP

Das Fotografieren in Kirchen, Geschäften und in den Scuole ist in der Regel grundsätzlich erlaubt. Es gibt aber auch Ausnahmen, dann befindet sich ein Hinweis auf das Fotografierverbot am jeweiligen Eingang.

Der Einsatz eines Stativs hingegen ist in den Kirchen, Geschäften und Scuole grundsätzlich untersagt. Ich habe im Vorfeld einer Venedig-Reise die jeweilige Lokalität angeschrieben und um eine Erlaubnis zur Stativbenutzung angefragt. Wenn Sie ebenfalls bestimmte Innenräume mit dem Stativ fotografieren möchten, sollten Sie rechtzeitig vor Ihrer Reise ebenso vorgehen. Bitte bedenken Sie dabei: Eine Stativgenehmigung kann, sie muss aber nicht gewährt werden.

Ich habe die jeweiligen Aufnahmedaten mit »Stativ a. A.« (Stativ auf Anfrage) gekennzeichnet.

Achten Sie tagsüber auf Spiegelungen und tanzende Spitzlichter in den Kanälen. Besonders schöne Spiegelungen entstehen, wenn das Wasser im Kanal ganz ruhig ist und dieser sich im Schatten befindet, die reflektierende Fläche aber von der Sonne angestrahlt wird. Tanzende Spitzlichter in den Spiegelungen entstehen, sobald das Wasser von einem vorbeifahrenden Boot in Bewegung versetzt wird.

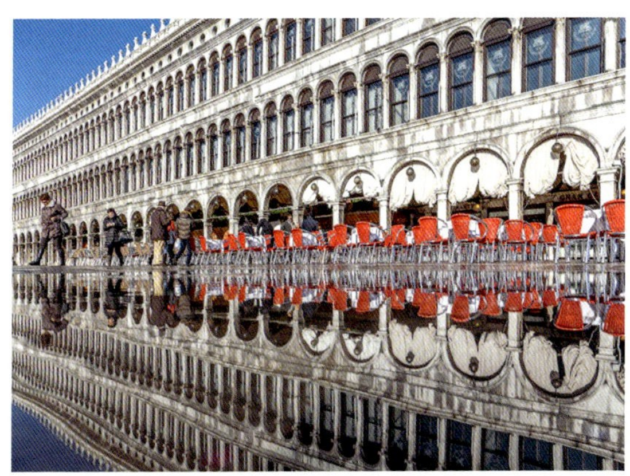

Bei strahlendem Sonnenschein und blauem Himmel lohnt sich das Fotografieren in Venedig beinahe überall. Die Fassade wird dabei von der Sonne schön angestrahlt. (24 mm · f 9 · 1/640 s · ISO 200) 45.434417, 12.338904

FOTOGRAFIEREN BEI BEWÖLKUNG

An bewölkten Tagen eignet sich das diffuse Licht ganz großartig für Schwarz-Weiß-Aufnahmen. Auch Langzeitbelichtungen funktionieren an bewölkten Tagen am besten. Die ziehenden Wolken sorgen dabei für eine interessante Textur im Himmel.

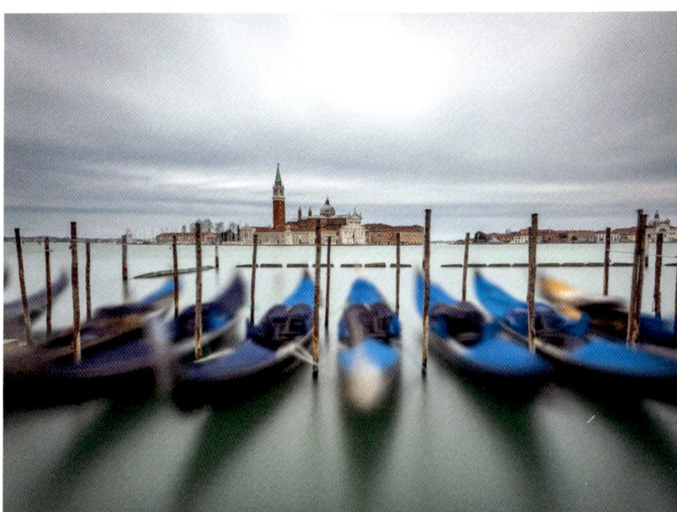

Langzeitbelichtung an der Riva degli Schiavoni mit geschlossener Wolkendecke (24 mm · f 11 · 225 s · ISO 100 · ND 3.6 · Stativ) 45.433259, 12.340099

FOTOGRAFIEREN BEI REGEN

Regentage eignen sich sehr gut zum Fotografieren in Venedig. Der nasse Boden bzw. die Steine bieten schöne Reflexionen. Regen und Regenschirme scheinen perfekt zum morbiden Charme Venedigs zu passen. Am Abend bzw. bei Nacht ermöglichen die starken Kontraste zwischen der Straßenbeleuchtung und ihren Reflexionen auf dem nassen Boden einzigartige Aufnahmen.

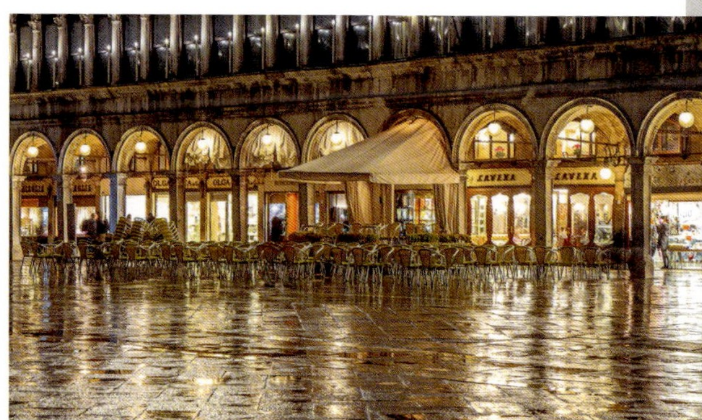

Der nasse Boden trägt maßgeblich zur stimmungsvollen Aufnahme bei. (58 mm · f 7.1 · 2,5 s · ISO 100 · Stativ) 45.434458, 12.338938

FOTOGRAFIEREN BEI SCHNEE

Sollten Sie jemals Gelegenheit haben, Venedig zum Zeitpunkt von Schneefall besuchen zu können, dann rate ich Ihnen zu fotografieren, was das Zeug hält. Venedig im weißen Schnee ist nämlich eine Rarität. Dabei ergeben sich zahlreiche Möglichkeiten für Straßenfotografie, Reisefotografie und Fine-Art-Aufnahmen. Lassen Sie sich von der besonderen Stimmung inspirieren.

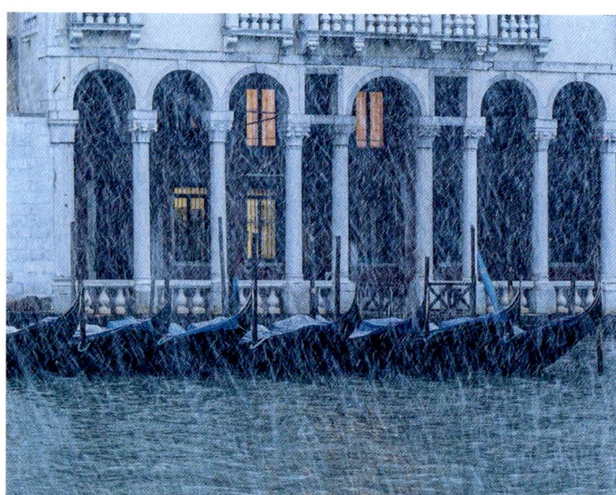

Starker Schneefall am Canal Grande (50 mm · f 9 · 1/13 s · ISO 1600 · Stativ) 45.439582, 12.334875

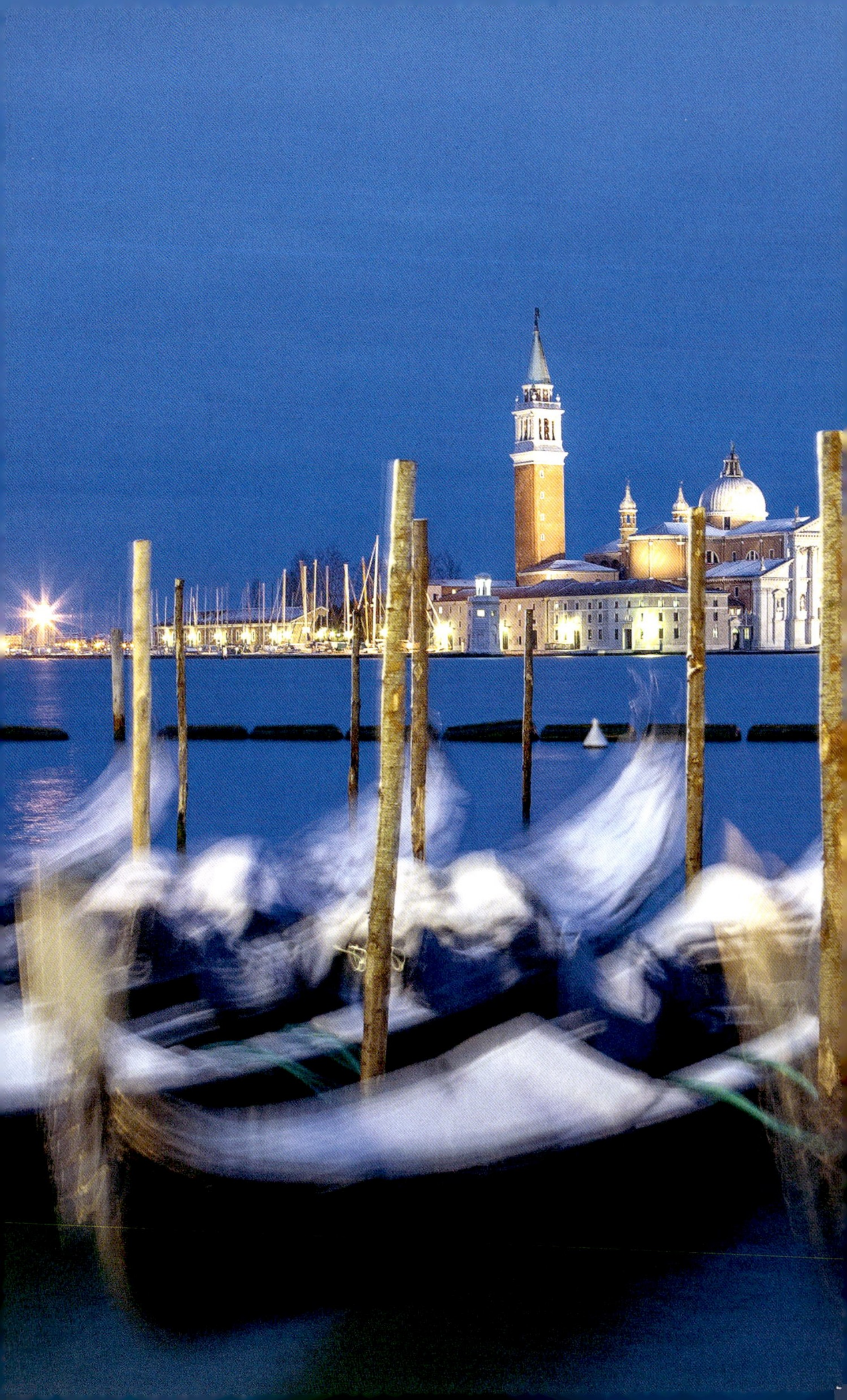

Schneebedeckte Gondeln in Venedig sind eine Seltenheit. (32 mm · f 8 · 5 s · ISO 400 · Stativ) 45.433259, 12.340099

FOTOGRAFIEREN BEI GUTER SICHT

An Tagen mit guter Sicht lassen sich die Voralpen (Dolomiten) von Venedig aus sehen. Von den Fondamente Nove im Sestiere Dorsoduro erstrahlen sie am Morgen im besten Licht. Eine gute Aufnahme ist von der Vaporetto-Station Celestia möglich mit den Inseln San Michele und Murano im Vordergrund. Mit einer langen Brennweite gelingt vom Lido aus eine schöne Aufnahme mit Venedig im Vorder- und den Alpen im Hintergrund.

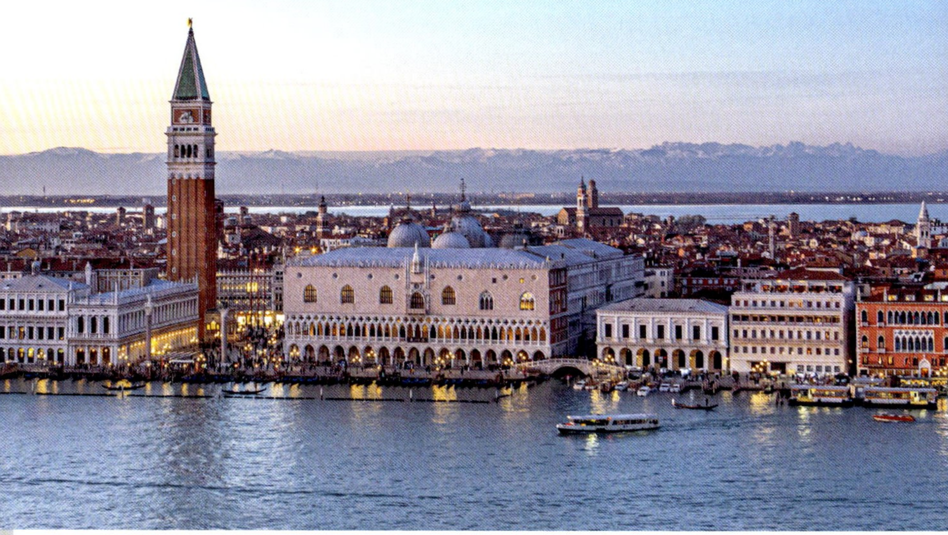

Auch der Blick vom Campanile San Giorgio Maggiore ist für Aufnahmen mit guter Weitsicht zu empfehlen. Im Hintergrund lassen sich die Voralpen erkennen.
(85 mm · f 7,1 · 1/25 s · ISO 400) 45.429469, 12.343850

VENEDIG FOTOGRAFIEREN BEI NEBEL

Für mich persönlich könnte es jeden Tag Nebel in Venedig geben. Die Stadt scheint dafür gemacht zu sein. Ich liebe diese Atmosphäre und könnte an solchen Tagen pausenlos mit der Kamera herumlaufen und fotografieren. Lassen Sie sich von dieser einzigartigen Atmosphäre anstecken. Solange der Nebel nicht zu dicht ist, lohnen sich Aufnahmen in Richtung San Giorgio Maggiore mit Gondeln im Vordergrund.

Bei dichtem Nebel sind Motive empfehlenswert, die sich gut vom weißen Hintergrund abheben, z. B. Straßenlaternen oder Gondeln. Auch nach Sonnenuntergang versprechen Aufnahmen vom Dogenpalast oder der Kirche Santa Maria della Salute noch außergewöhnliche Resultate.

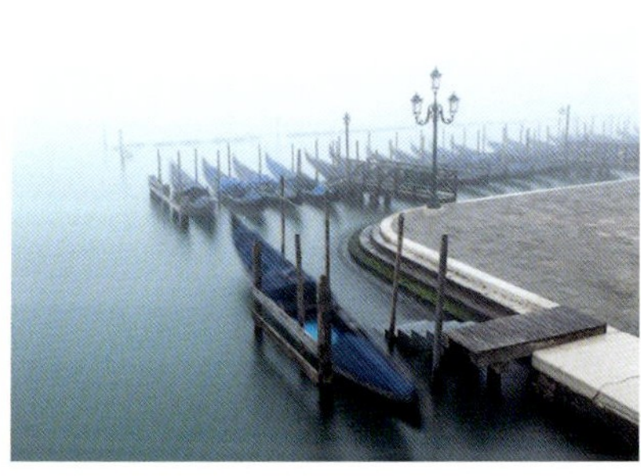

Der Nebel und eine längere Belichtungszeit vermitteln eine besondere Ruhe. (32 mm · f 22 · 6 s · ISO 50 · Stativ) 45.433630, 12.340973

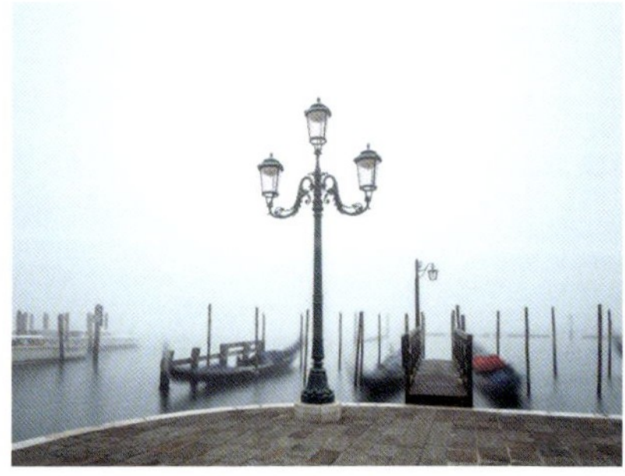

Bei dichtem Nebel sind Motive geeignet, die sich relativ nah am Aufnahmestandpunkt befinden und gut vom hellen Hintergrund abheben. (24 mm · f 11 · 30 s · ISO 100 · Stativ) 45.433542, 12.340903

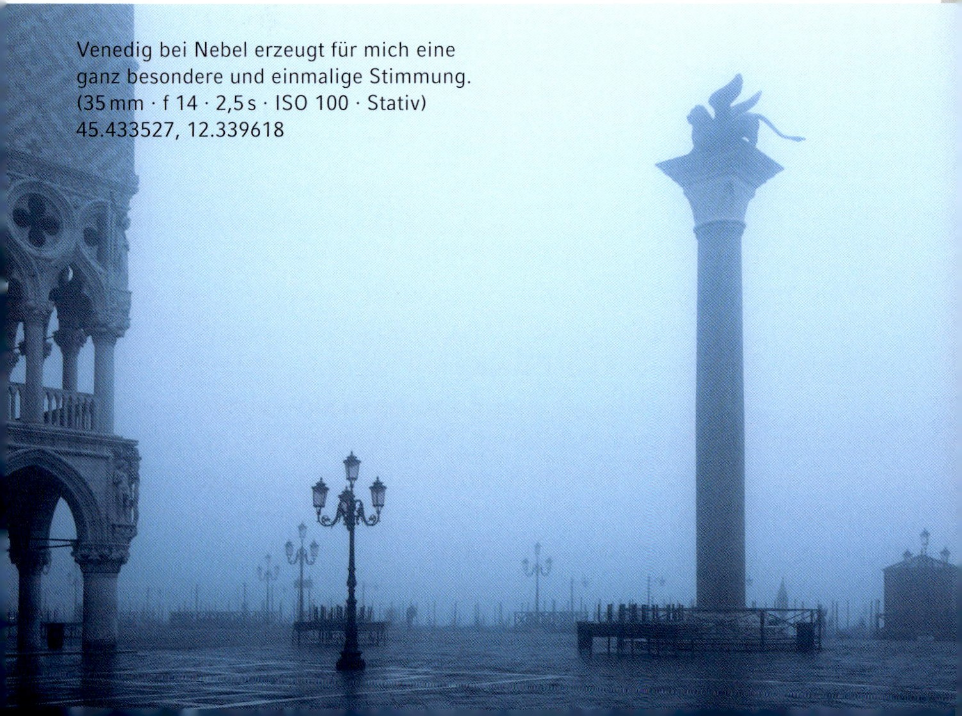

Venedig bei Nebel erzeugt für mich eine ganz besondere und einmalige Stimmung. (35 mm · f 14 · 2,5 s · ISO 100 · Stativ) 45.433527, 12.339618

VENEDIG FOTOGRAFIEREN BEI ACQUA ALTA

Trotz intensiver Bemühungen gibt es bisher noch keinen Hochwasserschutz in Venedig. Vor allem wenn der Schirokko das Meerwasser in die Lagune drückt, steigt die Flut nicht selten um das Doppelte an. Da der Markusplatz die tiefste Stelle in Venedig ist, macht sich das Hochwasser hier zuerst bemerkbar. Das Wasser beginnt aus den Gullys auf der Mitte des Platzes zu treten und füllt die Fläche. Für Touristen stehen Stege bereit, um den Markusplatz trockenen Fußes überqueren zu können.

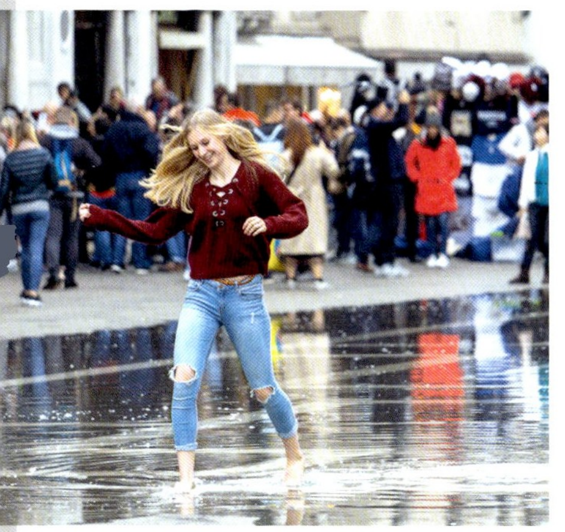

Viele Touristen nehmen das Hochwasser auch mit Humor. (200 mm · f 4 · 1/500 s · ISO 1000) 45.434298, 12.338669

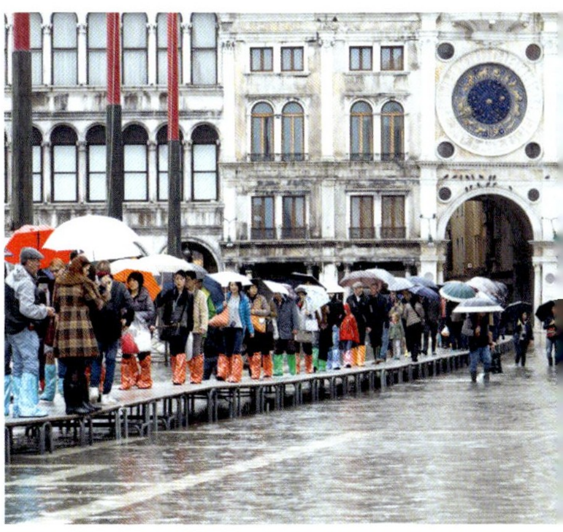

An zahlreichen Stellen in der Stadt werden Stege aufgestellt, damit die Menschen trockenen Fußes durch die Straßen und über die Plätze kommen. (105 mm · f 6,3 · 1/160 s · ISO 500) 45.433919, 12.339543

Für die Venezianer bedeutet das Hochwasser einen Fluch, für die Fotografen ist es ein Segen, da die Spiegelungen großartige Fotomotive bereithalten. Das Hochwasser tritt häufiger in den Wintermonaten auf und Sie sollten vor Ihrer Reise die Hochwasservorhersage genau studieren, um entsprechendes Schuhwerk einzupacken. Mit Gummistiefeln können Sie sich dann freier auf dem Markusplatz bewegen und sind nicht auf die Laufstege als Aufnahmestandpunkt limitiert. Das Stehenbleiben auf den Stegen ist ohnehin nicht erlaubt, geschweige denn die Benutzung eines Stativs.

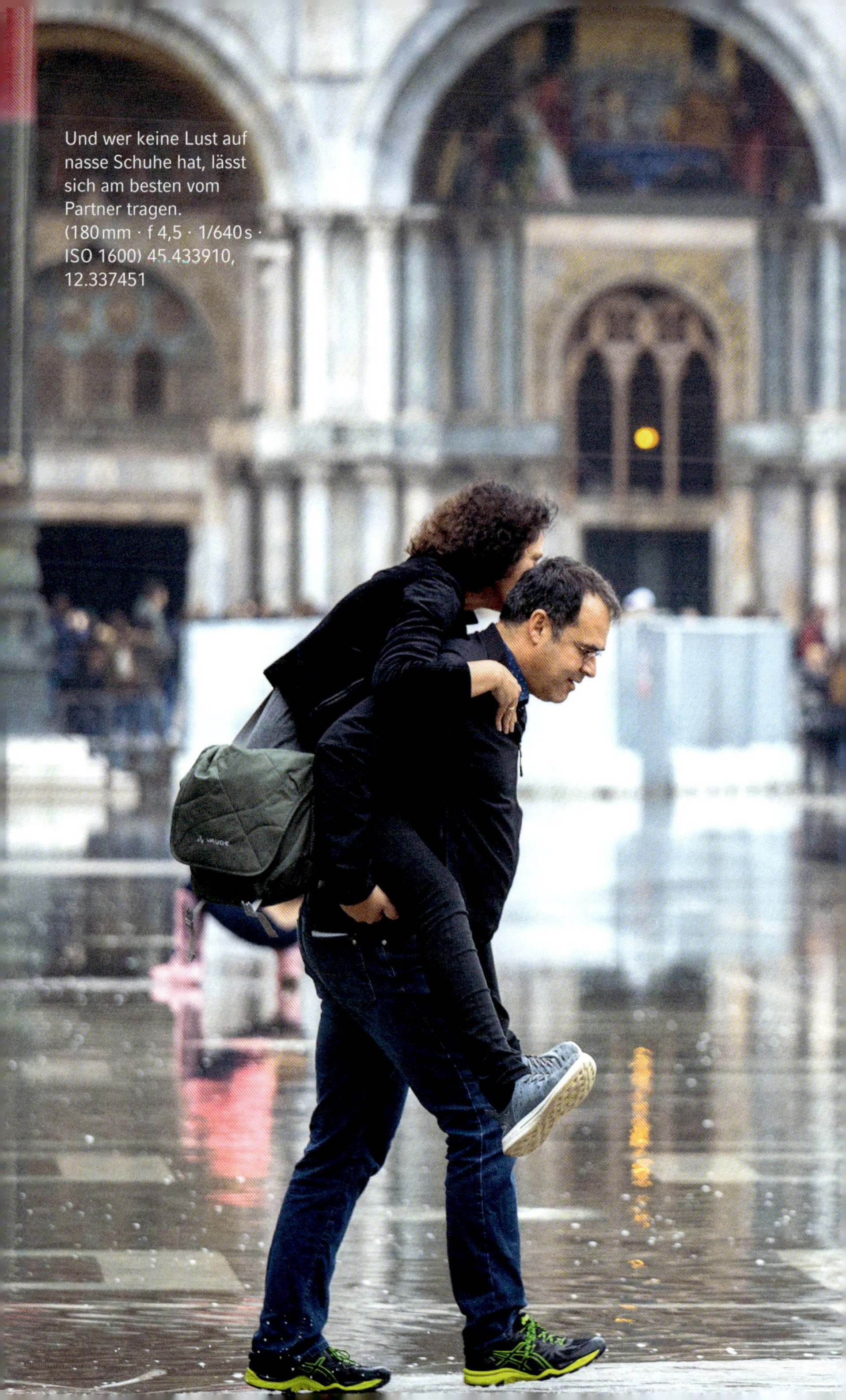

Und wer keine Lust auf nasse Schuhe hat, lässt sich am besten vom Partner tragen. (180 mm · f 4,5 · 1/640 s · ISO 1600) 45.433910, 12.337451

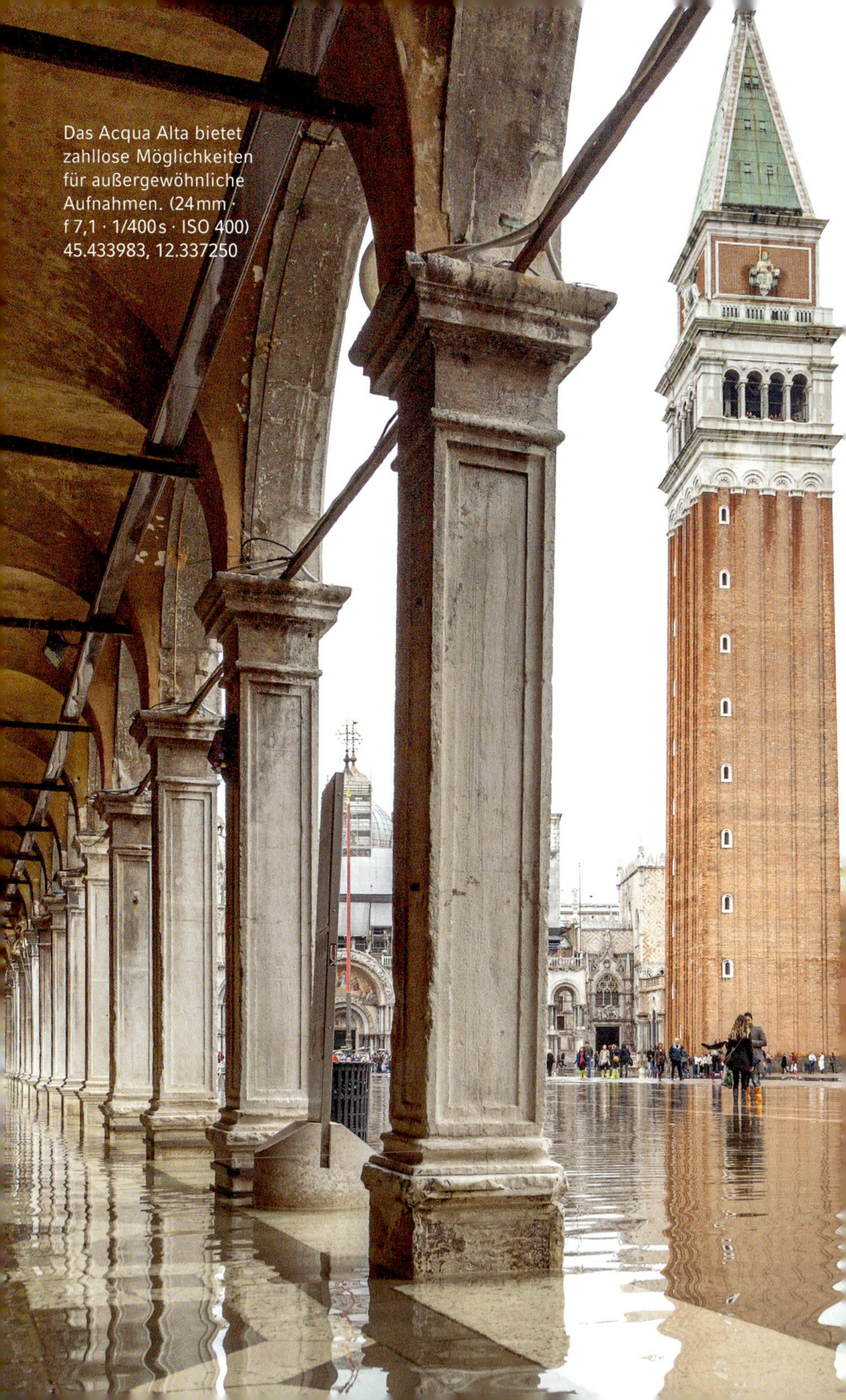

Das Acqua Alta bietet zahllose Möglichkeiten für außergewöhnliche Aufnahmen. (24 mm · f 7,1 · 1/400 s · ISO 400) 45.433983, 12.337250

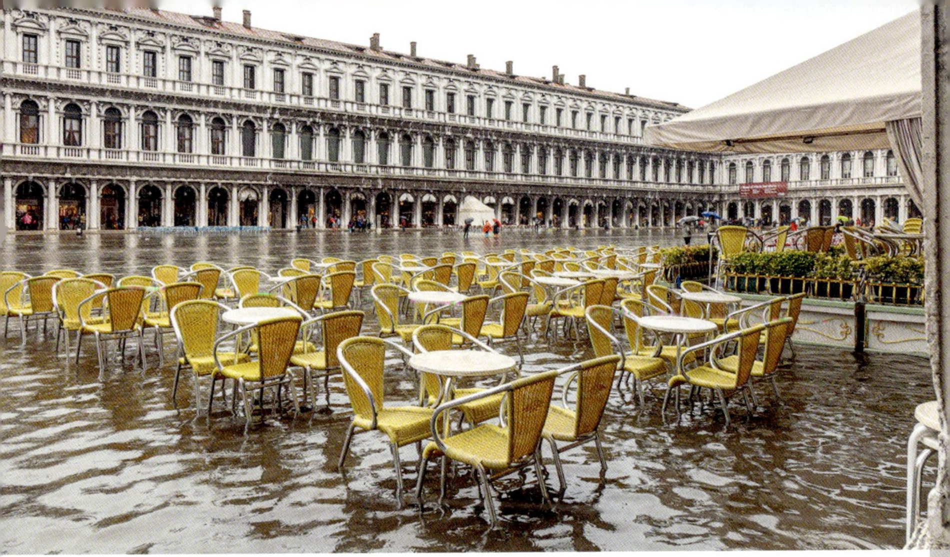

Die Anordnung der Tische und Stühle liefert auf dem weiten Markusplatz ein interessantes Vordergrundelement. (24 mm · f 6,3 · 1/800 s · ISO 500) 45.434569, 12.338726

Sollten Sie Ihre Gummistiefel vergessen oder diese einfach nicht mehr in den Reisekoffer gepasst haben, dann können Sie solche auch vor Ort erwerben.

Achten Sie beim Fotografieren während des Acqua Alta darauf, dass Ihre gesamte Ausrüstung sicher verstaut ist. Die Straßen können ziemlich rutschig werden. Zugleich sollten Sie einfach auf Ihr Equipment zugreifen können, ohne die Fototasche bzw. den Fotorucksack ablegen zu müssen ... diese(r) würde ja sonst im Wasser stehen.

Das Hochwasser tritt im normalen Rhythmus von Ebbe und Flut alle zwölf Stunden der Markusplatz ist dabei nur für wenige Stunden mit das Wasser bedeckt.

Zur Information gibt eine sehr zuverlässige offizielle Website und auch verschiedene Apps liefern eine gute Acqua-Alta-Prognose. Ab einer Wasserhöhe von 85 cm bilden sich erste größere Pfützen auf dem Markusplatz, da dies der niedrigste Ort der Stadt ist. Bei einer Wasserhöhe von 100 cm sind der Markusplatz und die benachbarten Gassen vollständig überflutet. Ab 110 cm und mehr breitet sich Acqua Alta immer weiter im Stadtgebiet aus.

Tagsüber eignet sich der Markusplatz bei Hochwasser ganz hervorragend für die Straßenfotografie. Halten Sie die Augen auf und Ihre Kamera bereit, um im richtigen Moment auszulösen.

VENEDIG FOTOGRAFIEREN BEI NACHT

Gerade nachts, wenn zahlreiche Gassen in der Altstadt nahezu verlassen sind, könnte man fast für einen Augenblick glauben, Venedig ganz für sich allein zu haben: eine große Stille, beinahe die perfekte Ruhe und die Möglichkeit, sich ganz der Fotografie hinzugeben.

Oftmals reicht eine einzelne Straßenlaterne, um eine Szene perfekt ins rechte Licht zu setzen. Und Orte, die bei Tag noch zu uninteressant für eine Aufnahme schienen, springen dem Betrachter nachts förmlich entgegen und müssen unbedingt fotografiert werden.

Das Fotografieren bei Nacht beinhaltet, dass der Himmel komplett dunkel ist. Diesen komplett schwarzen Anteil sollten Sie im Bildausschnitt dann möglichst gering halten.

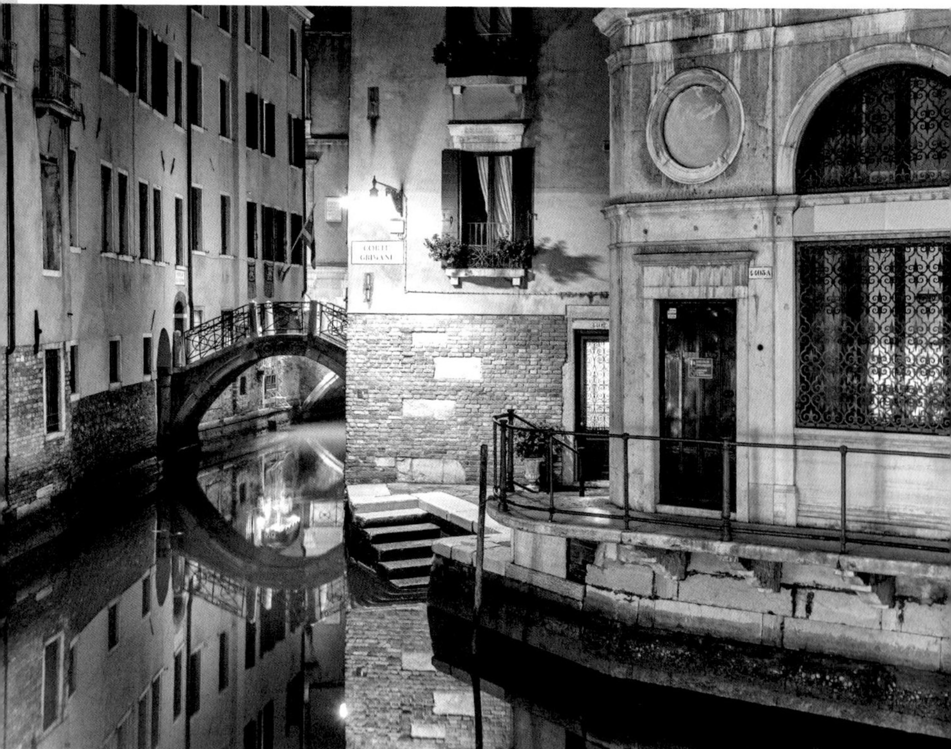

Eine Straßenszene ohne Publikum bei Nacht. Das ruhige Wasser ermöglicht so eine schöne Spiegelung der Fassade und Brücke. (45 mm · f 7,1 · 3,2 s · ISO 400 · Stativ · Schwarz-Weiß-Umwandlung) 45.434888, 12.335950

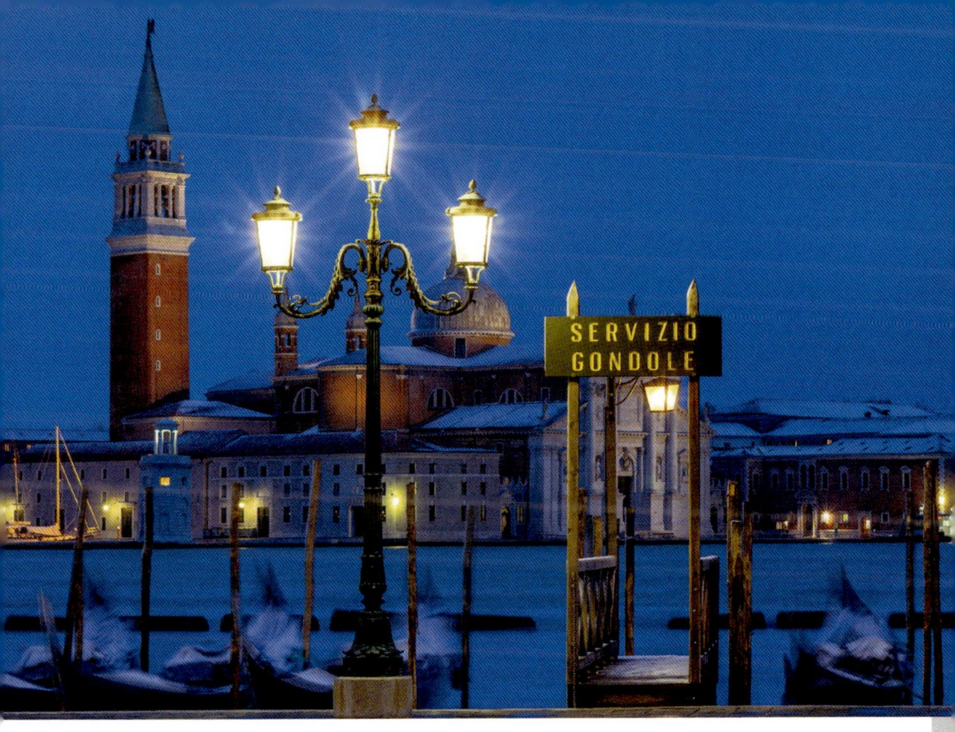

VENEDIG FOTOGRAFIEREN WÄHREND DER BLAUEN STUNDE

Die Blaue Stunde ist heute vor allem ein poetischer Begriff für die Zeit der Dämmerung zwischen Sonnenuntergang und nächtlicher Dunkelheit sowie kurz vor Sonnenaufgang. Während dieser Zeit besitzt der tiefblaue Himmel in etwa dieselbe Helligkeit wie das künstliche Licht von Gebäude- und Straßenbeleuchtungen.

Gegenüber Aufnahmen bei absoluter Dunkelheit ist die Umgebung leicht erhellt und somit besser sichtbar, die Kontraste zwischen Hell und Dunkel sind abgemildert und die Bilder weisen eine interessante Stimmung auf. Die Tatsache, dass die Beleuchtung innerhalb von Gebäuden in den fotografisch gleichen Kontrastumfang rückt wie die natürlich beleuchteten Fassaden und deren Umgebung, sowie der Farbkontrast zur Straßen und Gebäudebeleuchtung bieten fotografische Anreize. Die unterschiedlichen Farbtemperaturen (Blau des Himmels, Orange der Glühbirnen und Straßenbeleuchtung, Türkis der Leuchtstoffröhren) machen solche Fotos ungewöhnlich bunt. Dieser Effekt wird durch die notwendige längere Belichtungszeit noch verstärkt.

VENEDIG FOTOGRAFIEREN WÄHREND DER GOLDENEN STUNDE

Venedigs wundervolle Kulisse eignet sich besonders gut zum Fotografieren während der sogenannten Goldenen Stunde. Diese bezeichnet die Zeit des Sonnenaufgangs und -untergangs. Die Himmelsfarben erscheinen in diesen Momenten besonders kräftig und intensiv. Je nach Jahreszeit und Breitengrad spricht man ungefähr eine Stunde nach Sonnenuntergang und eine Stunde vor Sonnenuntergang von der Goldenen Stunde, die den Himmel in ein warmes orangerotes Licht taucht.

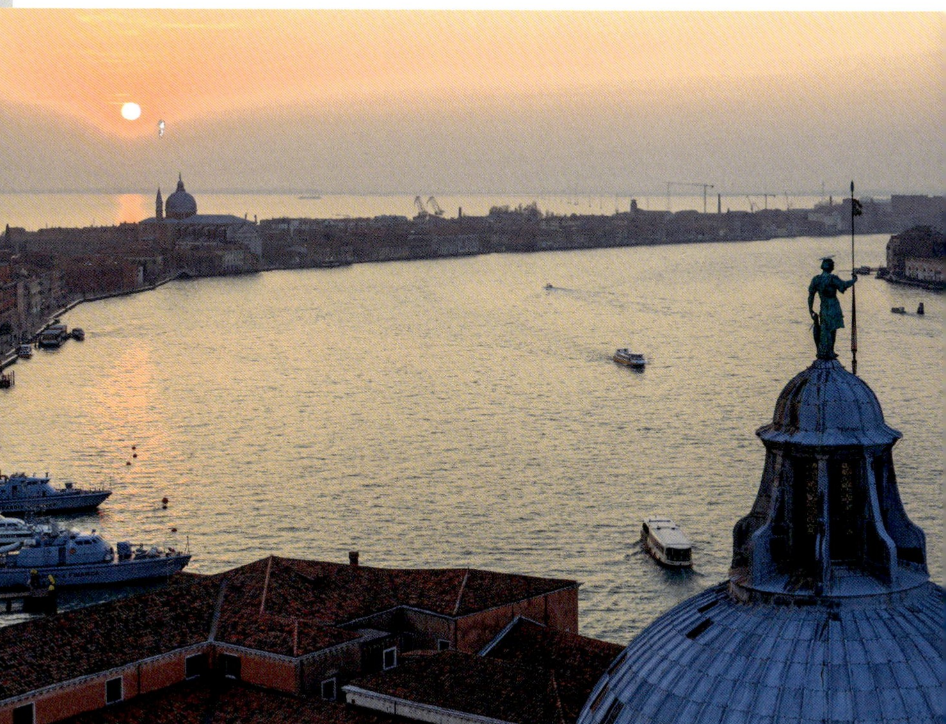

Vom Campanile San Giorgio Maggiore lässt sich besonders gut der Sonnenuntergang fotografieren. (58 mm · f 9 · 1/80 s · ISO 100) 45.429469, 12.343850

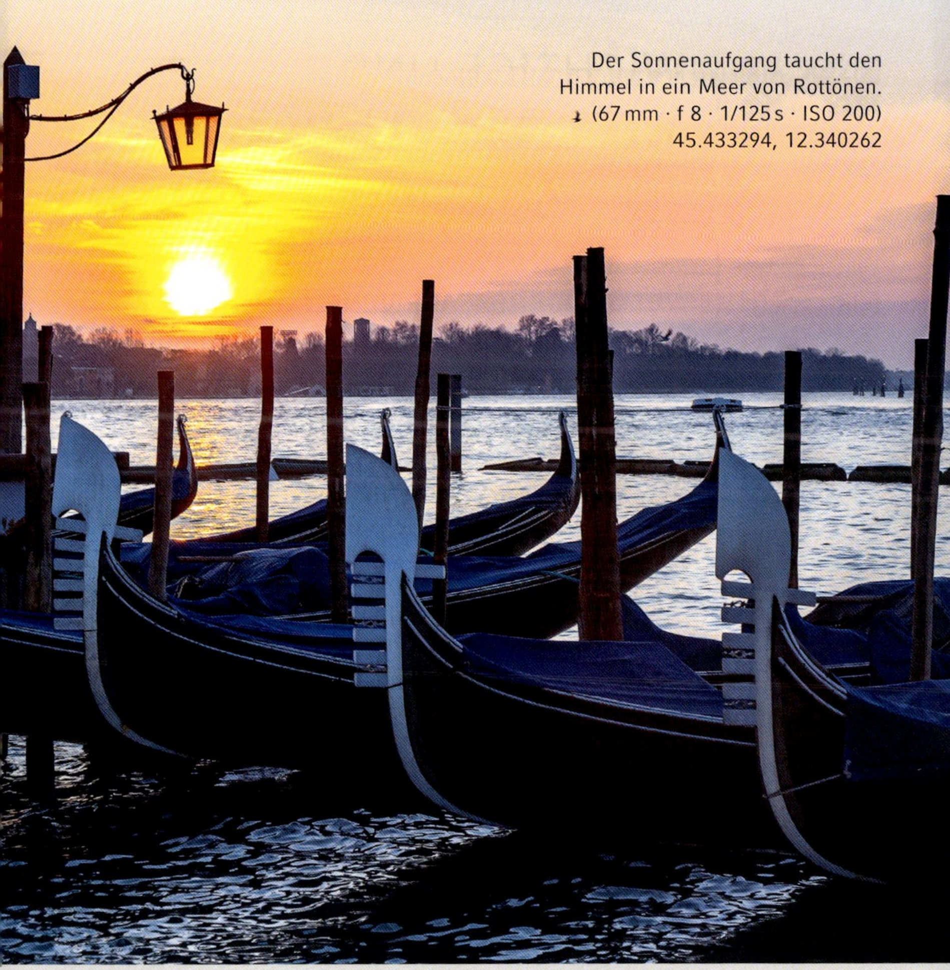

Der Sonnenaufgang taucht den Himmel in ein Meer von Rottönen.
(67 mm · f 8 · 1/125 s · ISO 200)
45.433294, 12.340262

TIPP

Grundsätzlich ist Venedig klein genug, um in zwei Tagen alle hier vorgestellten Fotospots abzulaufen und einmal zu fotografieren. Bedenken Sie aber, dass dann nicht möglich ist, alle Motive im besten Licht zum richtigen Zeitpunkt zu besuchen. Da schaffen Sie gerade einmal zwei: einen zum Sonnenauf- und einen zum Sonnenuntergang. Auch benötigen Langzeitbelichtungen das passende Wetter und ausreichend Zeit für eine vernünftige Umsetzung. Suchen Sie sich im Vorfeld Ihrer nächsten Venedig-Reise die für Sie interessantesten Fotospots aus und planen diese mithilfe des vorliegenden Buches.

Venedigs Sestieri

Die Stadt Venedig umfasst das historische Zentrum mit rund 7 km² Fläche sowie den größten Teil der Lagune mit ihren über 60 Inseln. Hinzu kommen die lang gestreckten Inseln Lido und Pellestrina, die die Lagune von der Adria abgrenzen, ferner die auf dem Festland gelegenen Stadtteile Favaro Veneto, Mestre, Chirignago und Zelarino sowie Marghera.

Das historische Zentrum, das im Deutschen vielfach nur »Altstadt« genannt wird, untergliedert sich in sechs Sestieri, von denen jeweils drei links und drei rechts des Canal Grande liegen. Dieser umfließt die Altstadt in Form eines breiten Fragezeichens von West nach Ost. Auf der westlichen und südlichen Seite des Canal Grande liegen die drei Sestieri San Polo, Dorsoduro (zu dem auch die Inseln der am Südrand der Altstadt gelegenen Giudecca gehören) und Santa Croce. Auf der östlichen und nördlichen Seite des Canal Grande liegen die Sestieri San Marco (zu dem auch die Insel San Giorgio Maggiore gehört), Cannaregio und Castello.

Neben den sechs Sestieri der Altstadt umfasst der Bezirk den mittleren und nördlichen Teil der Lagune mit zahlreichen Inseln, zu deren wichtigsten die Glasbläserinsel Murano, das nordöstliche Insel-Trio Burano, Mazzorbo und Torcello sowie die Gemüseinseln Sant'Erasmo und Vignole gehören.

Die Municipalità Lido-Pellestrina nimmt hingegen den östlichen Teil der Lagune mit der von Chioggia bis Jesolo reichenden Nehrung ein, die die Lagune zur Adria hin abschließt. Die beiden schmalen langen Sandbänke erstrecken sich über mehr als 20 km südwärts von Venedig. Der nördlichere Lido di Venezia entwickelte sich im 19. Jahrhundert zum mondänen Seebad mit luxuriösen Hotels und einem Spielcasino, Pellestrina lebt dagegen überwiegend von Fischfang und Muschelfischerei. Das am Südrand der Lagune gelegene Chioggia gehört nicht zu Venedig.

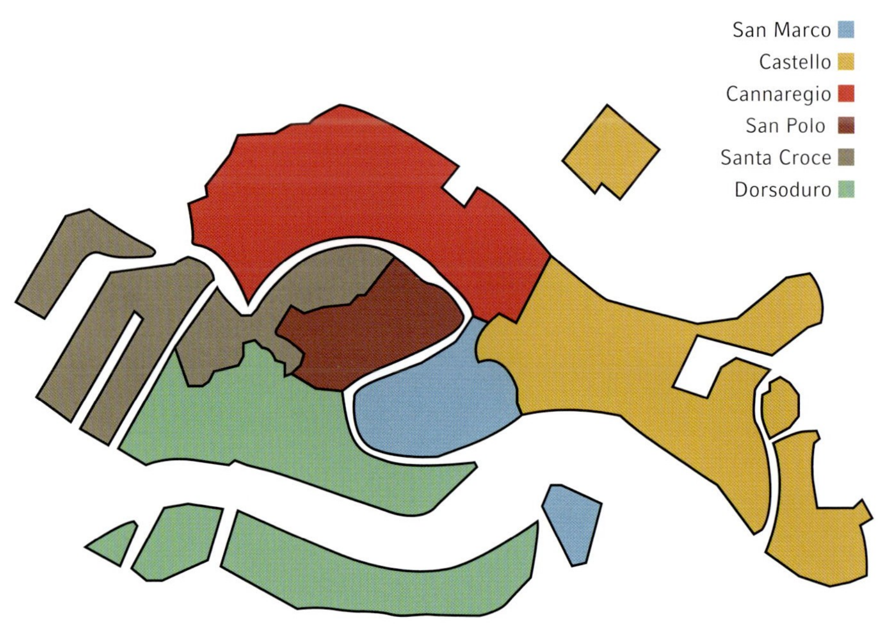

WISSENSWERTES

Die vorgestellten Fotospots beziehen sich auf den Standort bei der Aufnahme und sind in den jeweiligen Sestiere zusammengefasst sowie in entsprechende Kapitel unterteilt.

Die wichtigsten GPS-Koordinaten sind auch als QR-Codes am Seitenrand abgelegt. Wenn Sie auf Ihrem Smartphone neben Google Maps auch einen QR-Reader installiert haben, leitet ein Scan der Codes direkt zu Google Maps und Sie können sofort losnavigieren.

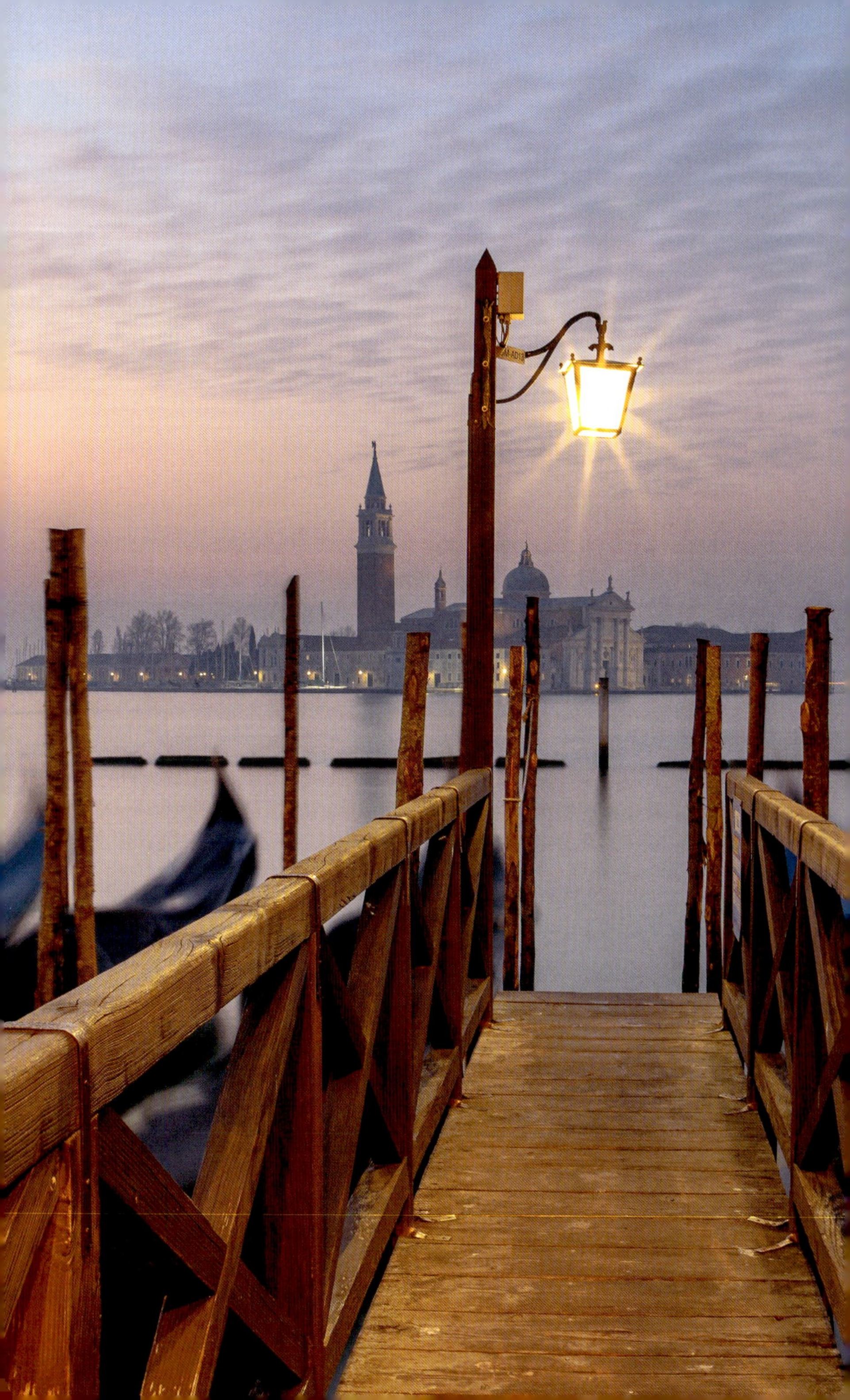

SAN MARCO
TOUR 1

San Marco ist sicherlich das bekannteste Sestiere der Altstadt von Venedig. Das Stadtsechstel gilt als geistiger und politischer Mittelpunkt, da dort die Regierung und Verwaltung der Republik Venedig ihren Sitz im Dogenpalast und den Bauten am Markusplatz einnahmen.

SAN MARCO
TOUR 1

1. PIAZZA DI SAN MARCO
2. BASILICA DI SAN MARCO
3. CAMPANILE DI SAN MARCO
4. PIAZZETTA SAN MARCO
5. PALAZZO DUCALE
6. PONTE DEI SOSPIRI
7. PONTE DEI SOSPIRI
8. RIVA DEGLI SCHIAVONI
9. BACINO ORSEOLO
10. TORRE DELL'OROLOGIO
11. TEATRO LA FENICE
12. PALAZZO CONTARINI DEL BOVOLO
13. CAMPO MANIN
14. CAMPO SAN MOISÈ
15. CORTE GRIMAN
16. FONDACO DEI TEDESCHI
17. HOTEL COLOMBINA
18. PONTE DE LE COLONNE
19. PONTE DELLA PAGLIA
20. PONTE MARIA CALLAS
21. RIO DELLA VESTE
22. SAN MARCO VALLARESSO
23. SOTOPORTEGO DE LA MALVASIA VECCHIA
24. PONTE DELLA SALUTE
25. TRINITA WATER TAXI PIER
26. SOTOPORTEGO DEL CAVALLETTO

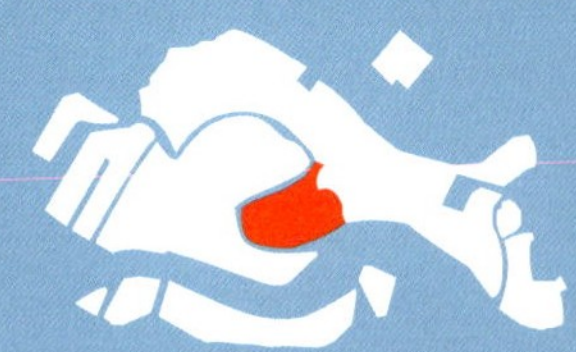

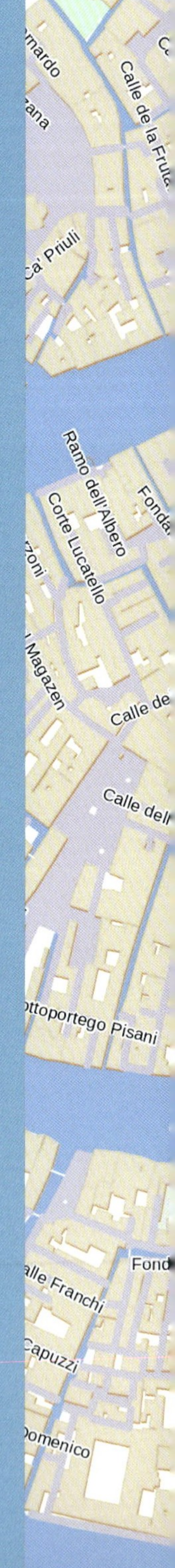

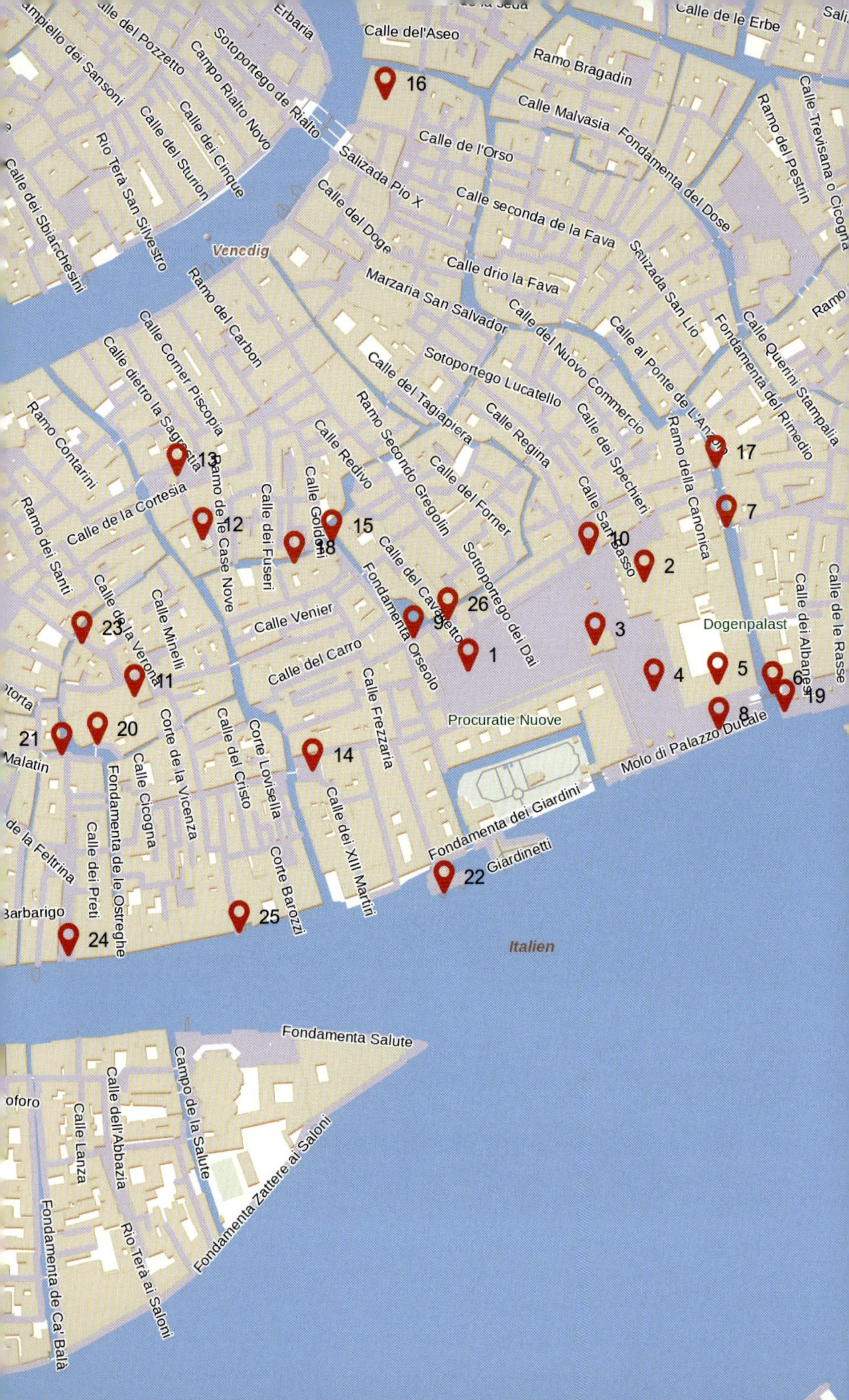

Calle de le Erbe
Erbaria
Calle dell'Aseo
16
Ramo Bragadin
Calle del Pozzetto
Sotoportego de Rialto
Campo Rialto Novo
Calle Malvasia
Fondamenta del Dose
Calle de l'Orso
Salizada Pio X
Calle dei Cinque
Calle del Sturion
Rio Terà San Silvestro
Calle dei Sbiacchesini
Calle del Doge
Calle seconda de la Fava
Ramo del Pestrin
Venedig
Calle drio la Fava
Marzaria San Salvador
Salizada San Lio
Ramo del Carbon
Calle del Nuovo Commercio
Calle al Ponte de L'Anzolo
Fondamenta del Rimedio
Calle Querini Stampalia
Sotoportego Lucatello
Calle Corner Piscopia
Calle del Tagiapiera
Calle dietro la Sagrestia
Ramo Secondo Gregolin
Calle Regina
Calle dei Spechieri
Ramo della Canonica
Ramo Contarini
Calle Redivo
Calle del Forner
13
17
7
Ramo del Santi
Calle de la Cortesia
12
Calle dei Fuseri
15
18
10
2
Calle del Cavalletto
Sottoportego dei Dai
26
Calle Venier
9
3
Dogenpalast
Calle dei Albanesi
Calle de le Rasse
23
Calle Minelli
Fondamenta Orseolo
1
Calle del Carro
4
5
6
19
11
Calle Frezzaria
Procuratie Nuove
8
21
20
Malatin
Corte de la Vicenza
Calle del Cristo
Corte Lovisella
14
Molo di Palazzo Ducale
Calle Cicogna
Calle dei XIII Martiri
Fondamenta dei Giardini
Calle de la Feltrina
Calle dei Preti
Fondamenta de le Ostreghe
Corte Barozzi
22
Giardinetti
Barbarigo
25
24
Italien
Fondamenta Salute
Campo de la Salute
Calle dell'Abbazia
Calle Lanza
Fondamenta Zattere ai Saloni
Rio Terà ai Saloni
Fondamenta de Ca' Balà

1 PIAZZA DI SAN MARCO

Beste Tageszeit: Sonnenaufgang, bei Nebel, bei Acqua Alta
Koordinaten: 45.433841000, 12.337570000
Adresse: Piazza San Marco, 30124 Venezia VE

Die Piazza San Marco (Markusplatz) ist der zentrale Ort Venedigs und dient als Ausgangspunkt für die Erkundung der anderen Stadtteile. Tagsüber wird der Markusplatz von den Touristenmassen regelrecht überrannt und kann deswegen zum Fotografieren frustrierend sein, besonders bei Veranstaltungen und in der Hauptsaison. Die besten Aufnahmen gelingen deswegen früh morgens vor und nach Sonnenaufgang. Zu dieser Zeit befinden sich dort so gut wie keine Menschen. Tagsüber eignet sich der Platz gut für Straßenfotografie und Schnappschüsse. Während Acqua Alta sind erstaunliche Aufnahmen von Spiegelungen während jeder Tages- und Nachtzeit möglich.

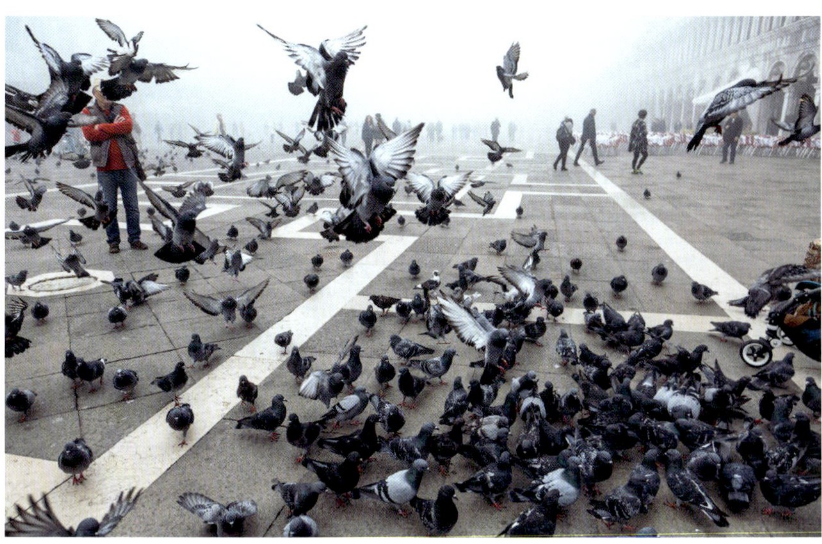

Um die Bewegung der Tauben im Flug einzufrieren, ist eine kurze Belichtungszeit notwendig. (24 mm · f 5,6 · 1/1600 s · ISO 500)
45.434318, 12.338521

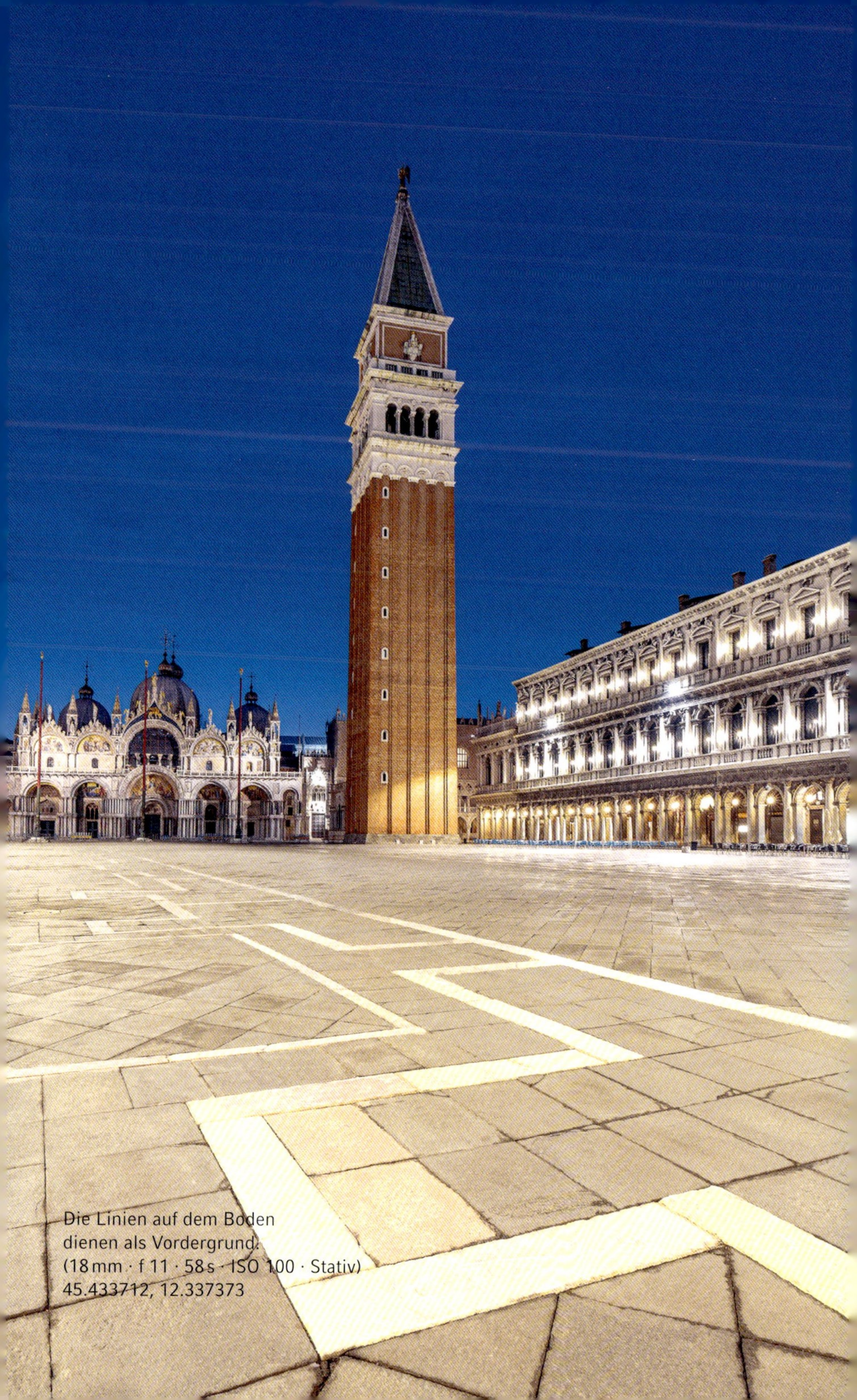

Die Linien auf dem Boden
dienen als Vordergrund.
(18 mm · f 11 · 58 s · ISO 100 · Stativ)
45.433712, 12.337373

Die Längsseiten der Piazza San Marco werden vollständig von den beiden Prokuratien beherrscht, den Verwaltungsgebäuden Venedigs. Hier hatten die höchsten Beamten ihre Amtsstuben.

Die auf dem Markusplatz ansässige Gastronomie erlaubt es sich, einen Premiumzuschlag für Musik und Aussicht zu erheben. Wundern Sie sich nicht, wenn Sie hier den vermutlich teuersten Espresso Ihres Lebens trinken werden.

Die Piazza San Marco lässt sich am besten mit dem Weitwinkelobjektiv erfassen. Auf dem Boden befinden sich interessante Muster, die als Leitlinien oder Vordergrundmotive dienen können.

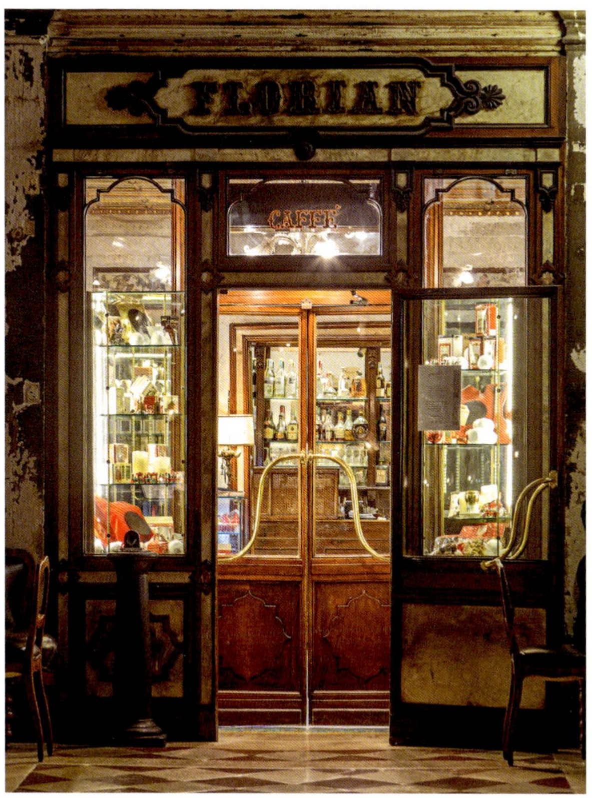

Das Caffè Florian ist ein berühmtes Kaffeehaus auf der Piazza San Marco. Es wurde 1720 eröffnet und bewahrt bis heute viel vom Dekor des 19. Jahrhunderts. (43 mm · f 10 · 10 s · ISO 100 · Stativ) 45.434213, 12.338170

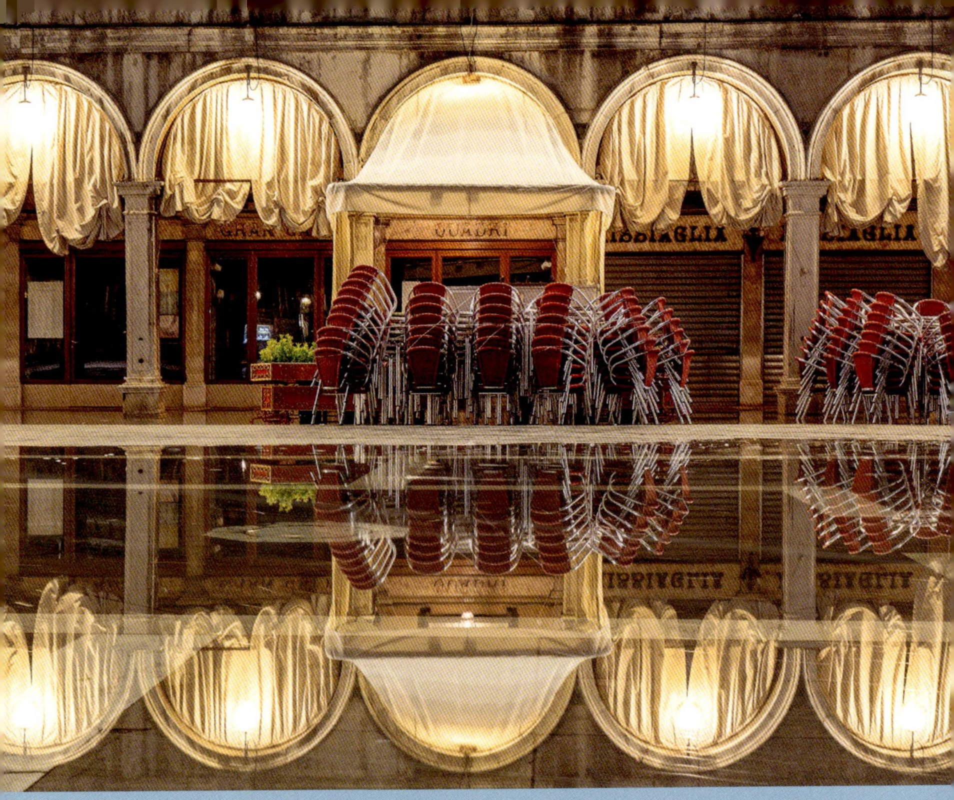

Hochwasser auf der Piazza San Marco bietet in den frühen Morgenstunden immer die Möglichkeit für interessante Spiegelfotos. Bei dieser Aufnahme ist die symmetrische Anordnung der Bildelemente sehr wichtig.
(43 mm · f 10 · 10 s · ISO 100 · Stativ) 45.434213, 12.338170

TIPP

Das Fotografieren am Abend lohnt sich aus zwei Gründen nicht: Zum einen befinden sich dann immer noch zu viele Menschen auf dem Markusplatz, zum anderen sind zahlreiche Straßenhändler vor Ort, die leuchtendes Kinderspielzeug feilbieten. Dabei handelt es sich um eine Art Helikopter bzw. Propeller, der mit einem Gummiband in die Luft geschossen wird und sich dann langsam wieder in Richtung Boden senkt.

Das führt zu schrecklichen senkrechten Lichtstreifen auf den Aufnahmen. Sie haben dann nur die Möglichkeit, diese sehr mühevoll aus den Bildern wegzuretuschieren oder sehr spät abends zu fotografieren, wenn die Straßenhändler Feierabend gemacht haben.

Ich rate Ihnen daher zu Aufnahmen am frühen Morgen.

2 BASILICA DI SAN MARCO

Beste Tageszeit: Sonnenaufgang, bei Nebel, bei Acqua Alta
Koordinaten: 45.434527, 12.339594
Adresse: Piazza San Marco, 30124 Venezia VE
Öffnungszeiten: Montag bis Samstag 9:30 bis 17:00 Uhr, Sonntags 14:00 bis 17:00 Uhr
Webseite: *www.basilicasanmarco.it*

Dieser wunderbare Kreuzkuppelbau mit seinem orientalischen Gewand beherrscht die Stirnseite der Piazza San Marco vollständig. Es wird sofort deutlich, dass es sich nicht um ein gewöhnliches Gotteshaus handelt, sondern um die Staatskirche Venedigs. Sie ist Sinnbild für die Macht, Größe und Unabhängigkeit Venedigs. Das Äußere der Basilica di San Marco (Markusdom) ist reich verziert und bietet zahlreiche Möglichkeiten für Detailaufnahmen. Für Letztere sollte man ein Teleobjektiv einsetzen.

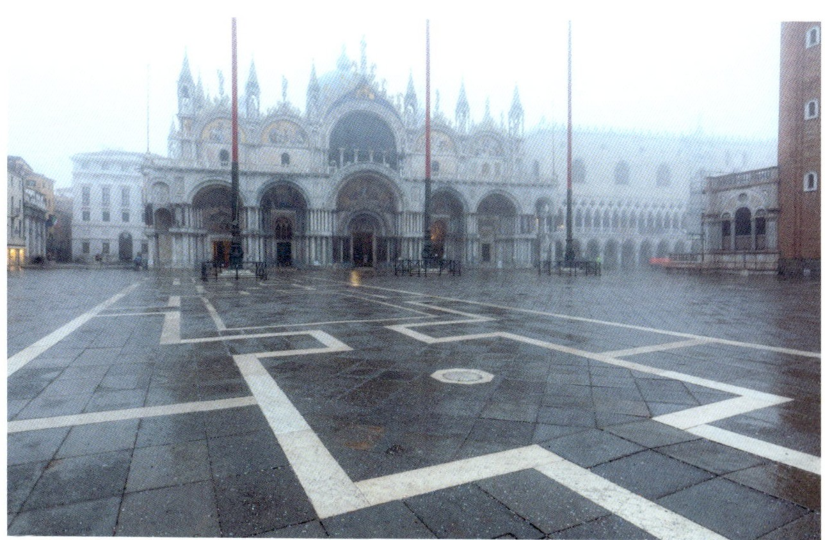

Die Basilica di San Marco im Nebel: Die Muster auf dem Boden dienen als Führungslinien und als Vordergrundelement. (19 mm · f 14 · 1,6 s · ISO 100 · Stativ) 45.434415, 12.338489

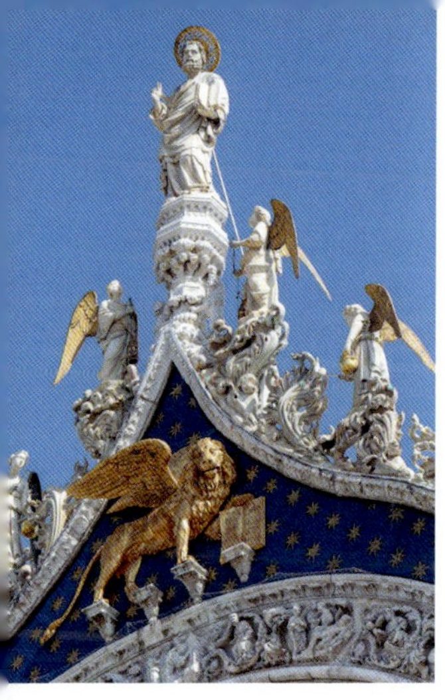

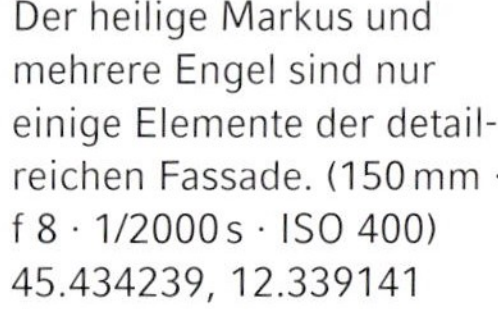

Der heilige Markus und mehrere Engel sind nur einige Elemente der detailreichen Fassade. (150 mm · f 8 · 1/2000 s · ISO 400) 45.434239, 12.339141

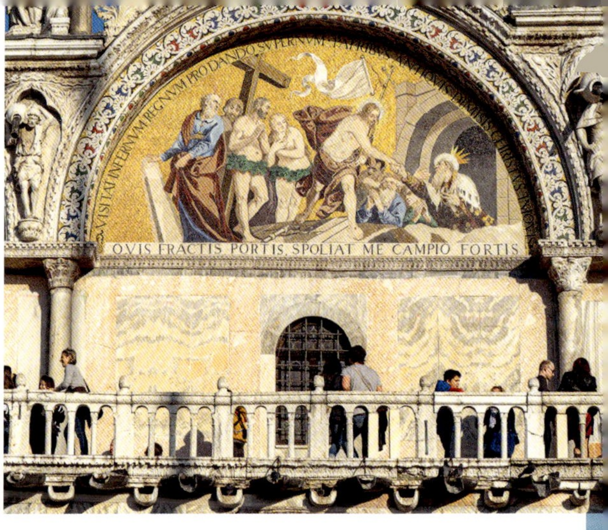

Die Hauptfassade besticht durch ihren Reichtum an verschiedenen Materialien, wie diesem Goldmosaik. Der Balkon der Basilika ist nur zu erreichen, wenn man den Eintritt für das Museum zahlt. (105 mm · f 8 · 1/2000 s · ISO 400) 45.434289, 12.338430

Der Eintritt in die Basilika ist frei, aber das Fotografieren im Inneren nicht erlaubt. Auch Taschen und Rucksäcke sind verboten und müssen an einer 50 Meter entfernten Garderobe abgegeben werden. Die Aufbewahrung ist kostenfrei.

Es befinden sich ein Museum (Eintritt 5 Euro) und die Schatzkammer (Eintritt 3 Euro) im Markusdom.

Aktuell (Ende 2020) ist die Basilica di San Marco wegen Restaurationsarbeiten geschlossen, das Museum aber weiterhin geöffnet und es befindet sich auf der oberen Etage der Basilika. Von dort lässt sich ebenfalls das Innere der Kirche sehr gut betrachten. Aktuell ist auch der Eintritt mit Taschen und Rucksäcken erlaubt, was jedoch Corona-bedingte Gründe zu haben scheint. Es bleibt abzuwarten, ob auch in Zukunft der Eintritt mit Taschen erlaubt sein wird.

Mit dem kostenpflichtigen Besuch des Museums besteht auch die Möglichkeit, auf den Balkon der Basilika zu gelangen. Von hier aus genießen Sie einen großartigen Blick auf die Piazzetta sowie die Piazza di San Marco und es lassen sich Detailaufnahmen der umliegenden Gebäude verwirklichen.

3 CAMPANILE DI SAN MARCO

Beste Tageszeit: Sonnenaufgang, später Nachmittag
Koordinaten: 45.434042, 12.339032
Adresse: Piazza San Marco, 30124 Venezia VE
Öffnungszeiten: Täglich,
Oktober und November 9:00 bis 19:00 Uhr,
November bis April 9:30 bis 15:45 Uhr,
April bis Juni 9:30 bis 19:00 Uhr,
Juli bis September 9:00 bis 21:00 Uhr
Eintritt: 10 Euro
Webseite: *www.basilicasanmarco.it/basilica/campanile/?lang=en*

Der Campanile di San Marco (Glockenturm) ist eines der imposantesten Wahrzeichen Venedigs und fast 100 m hoch. Von oben bietet sich ein sehr guter Blick über Venedig in alle Himmelsrichtungen, und an Tagen mit guter Weitsicht lassen sich die Dolomiten in Richtung Norden fotografieren.

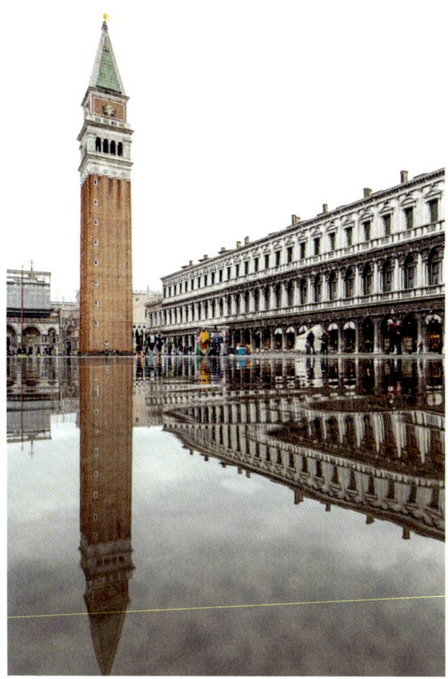

Ohne ein starkes Weitwinkel lässt sich der Campanile samt Spiegelung nur im Hochformat fotografieren. (24 mm · f 7,1 · 1/80 s · ISO 100 · Stativ) 45.433947, 12.337661

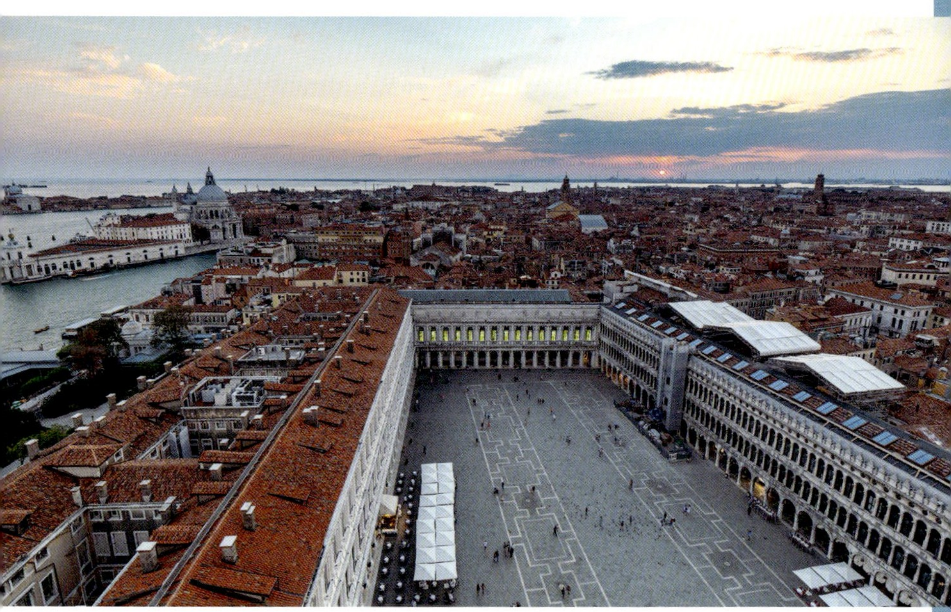

▲ Sonnenuntergang, vom Campanile aus fotografiert (16 mm · f 9 · 1/5 s · ISO 100 · GND Soft 0.9) 45.434028, 12.339047

An den Fenstern auf dem Turm befindet sich zwar ein Sicherheitszaun, aber die Öffnungen sind groß genug, um die Kamera samt Arm durchzustecken. Es gibt zudem eine Ablagemöglichkeit für die Kamera gleich nach dem Sicherheitszaun. So sind auch längere Belichtungszeiten während des Sonnenuntergangs oder zur Blauen Stunde möglich. Halten Sie Ihre Kamera aber unbedingt gut fest, da sie beim Herunterfallen zum tödlichen Geschoss werden kann.

Das Weitwinkel eignet sich gut, um die Umgebung samt Piazza di San Marco aufs Bild zu bannen. Mit einem Teleobjektiv fotografieren Sie entfernte Motive besser.

Nehmen Sie sich für den Besuch des Campanile ruhig ein bis zwei Stunden Zeit. Darin eingerechnet ist auch die Wartezeit, um auf die Aussichtsplattform zu gelangen. Auf der Plattform herrscht sehr viel Publikumsverkehr, aber mit etwas Geduld ergeben sich Möglichkeiten, um in alle Richtungen zu fotografieren.

4 PIAZZETTA SAN MARCO

Beste Tageszeit: Sonnenaufgang
Koordinaten: 45.433685, 12.339708
Adresse: Piazza San Marco, 30124 Venezia VE

Der »kleine« Markusplatz ermöglicht einige der klassischen Aufnahmen von Venedig. In der Regel ist es hier einfacher zu fotografieren als auf der eigentlichen Piazza, da er weniger überladen ist.

Wenn einfach zu viele Leute unterwegs sind, die eine anständige Fotoaufnahme verhindern, dann bewegen Sie sich in Richtung Wasserfront. Dort ist es einfacher, die Touristen von der Aufnahme auszuschließen.

Die Blaue Stunde am Morgen und der Sonnenaufgang funktionieren am besten, gerade weil sich dann weniger Menschen hier aufhalten und weniger los ist.

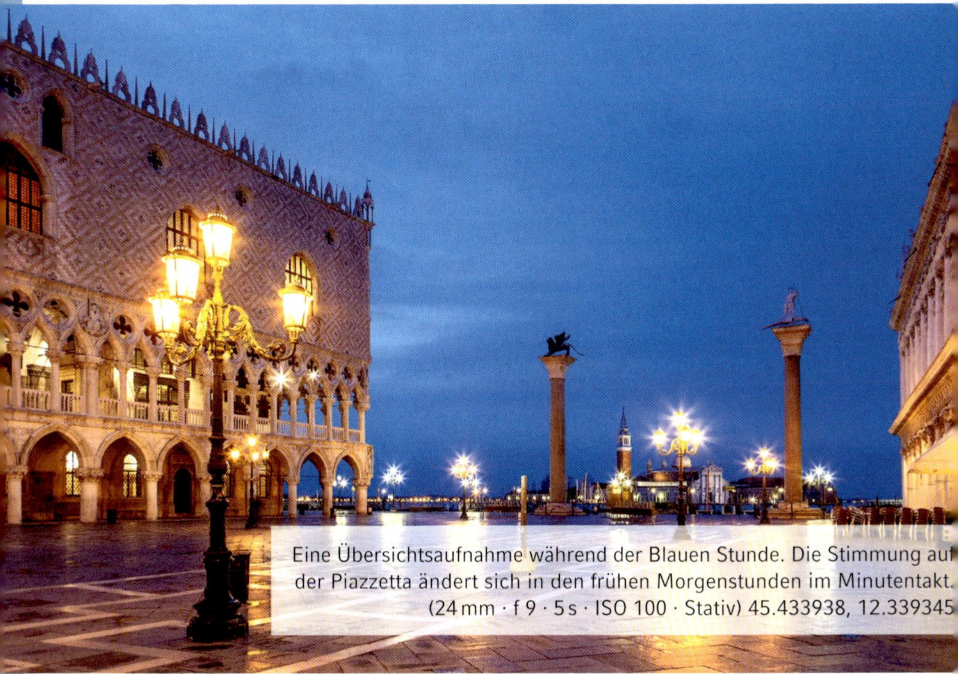

Eine Übersichtsaufnahme während der Blauen Stunde. Die Stimmung auf der Piazzetta ändert sich in den frühen Morgenstunden im Minutentakt. (24 mm · f 9 · 5 s · ISO 100 · Stativ) 45.433938, 12.339345

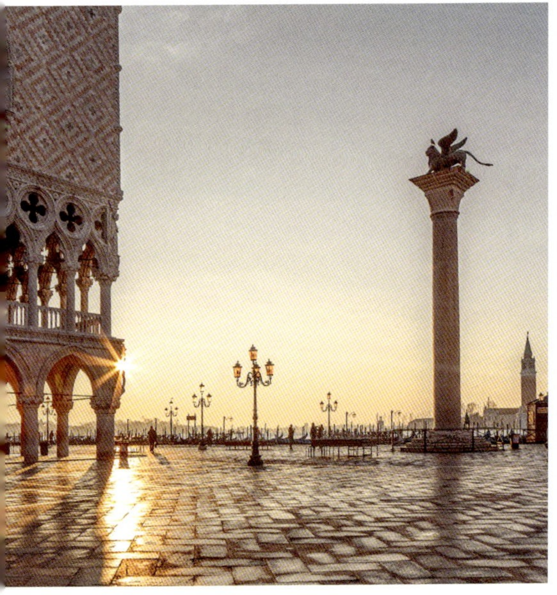

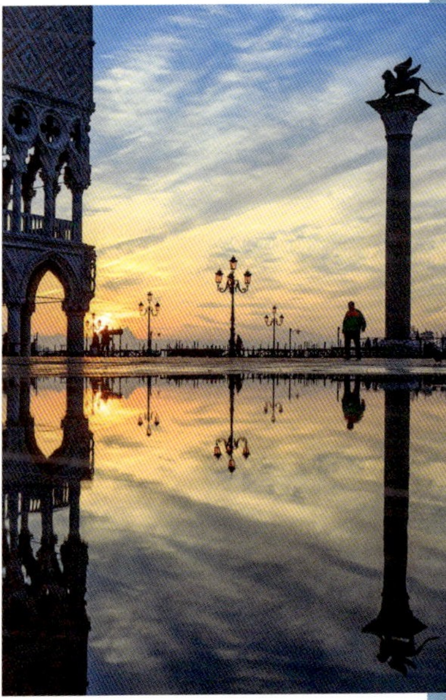

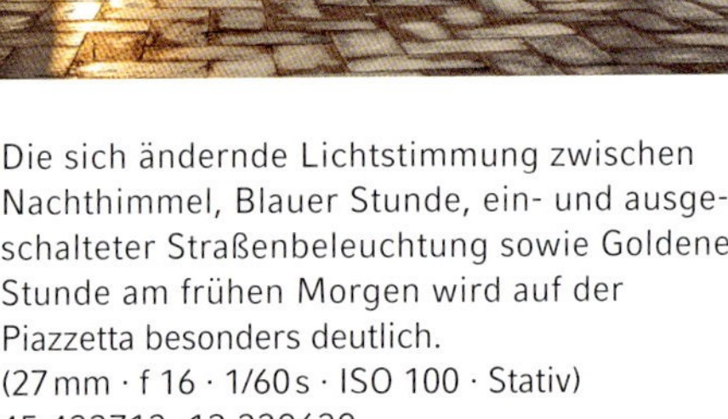

Die sich ändernde Lichtstimmung zwischen Nachthimmel, Blauer Stunde, ein- und ausgeschalteter Straßenbeleuchtung sowie Goldener Stunde am frühen Morgen wird auf der Piazzetta besonders deutlich.
(27 mm · f 16 · 1/60 s · ISO 100 · Stativ)
45.433713, 12.339639

Auf der Piazzetta lohnen sich insbesondere Fotos bei einer tollen Lichtstimmung wie hier. Und während Hochwasser funktionieren außergewöhnliche Aufnahmen doppelt so gut.
(32 mm · f 10 · 1/250 s · ISO 100 · Stativ) 45.433684, 12.339526

TIPP

Um den Sterneffekt der Sonne zu verstärken, sollte man eine möglichst kleine Blende wählen. Die Qualität des Effekts hängt auch von der Qualität und dem Modell des Objektivs ab. In der Regel lässt sich sagen, dass der Sterneffekt mit einer kleinen Brennweite (Weitwinkel) besser funktioniert als mit einer großen (Teleobjektiv). Zusätzlich sollte die Sonne am besten tief stehen.

Mithilfe des Tilt-Shift-Objektivs erreichte ich, dass bereits bei der Aufnahme das Gebäude senkrecht steht. Ich habe bewusst die Säule auf die Kante des Dogenpalasts gesetzt.
(24 mm · f 16 · 15 s · ISO 100 · Stativ · Tilt-Shift)
45.433296, 12.339831

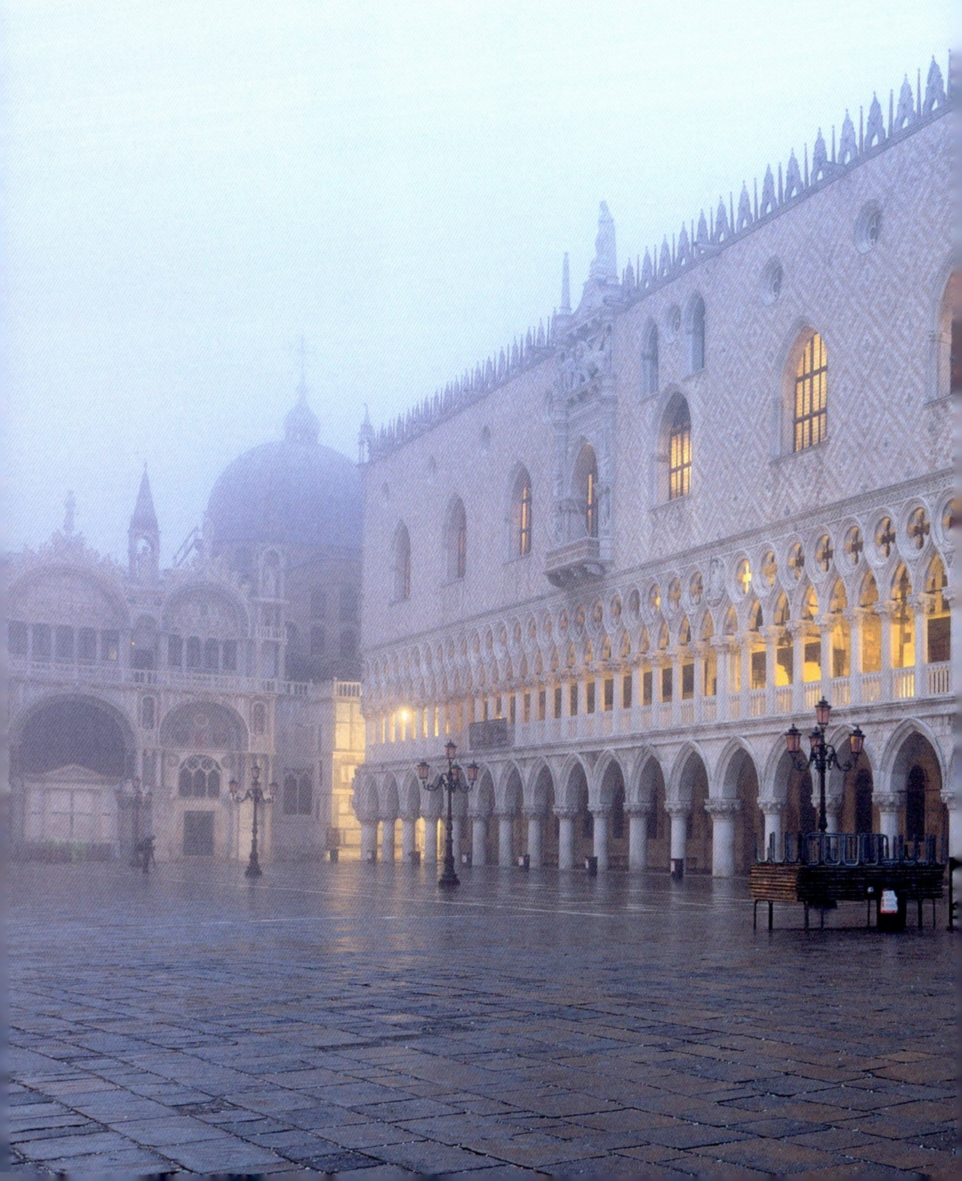

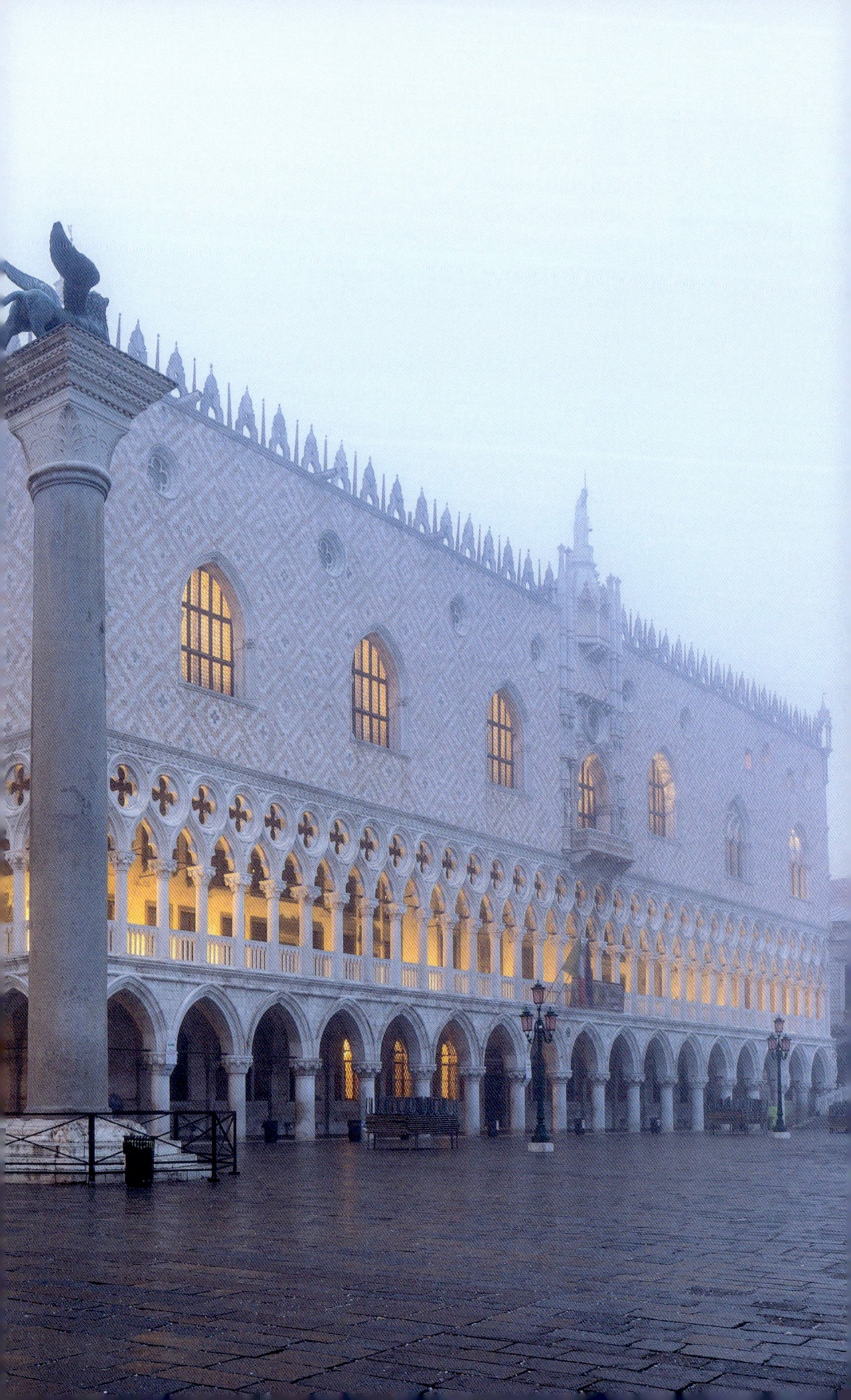

5 PALAZZO DUCALE

Beste Tageszeit: Sonnenaufgang
Koordinaten: 45.433736, 12.340436
Adresse: Piazza San Marco, 30124 Venezia VE
Öffnungszeiten: Täglich von 9 bis 18 Uhr
Eintritt: 26 Euro, 14 Euro ermäßigt
Webseite: *www.palazzoducale.visitmuve.it/de/home*

Der Palazzo Ducale (Dogenpalast) dominiert die Piazzetta San Marco und ist einer der bedeutendsten Profanbauten der Gotik und ein Glanzstück venezianischer Baukunst. Er war einst das Regierungsgebäude der Dogenrepublik und deren Selbstdarstellung der zeigt sich auch in der Ausstattung der Innenräume mit Stuck, vergoldeten Schnitzereien, Historiengemälden und Allegorien.

Der Palast gehört sicherlich zu den Sehenswürdigkeiten, die jeder Venedig-Besucher in Augenschein nehmen sollte, und ist daneben für jeden interessant, der sein Verständnis für die historische, kulturelle und politische Bedeutung Venedigs vertiefen möchte.

Das Fotografieren lohnt sich vor und nach Sonnenaufgang, wenn auf der Piazzetta am wenigsten los ist. Der Dogenpalast selbst lässt sich tagsüber besuchen.

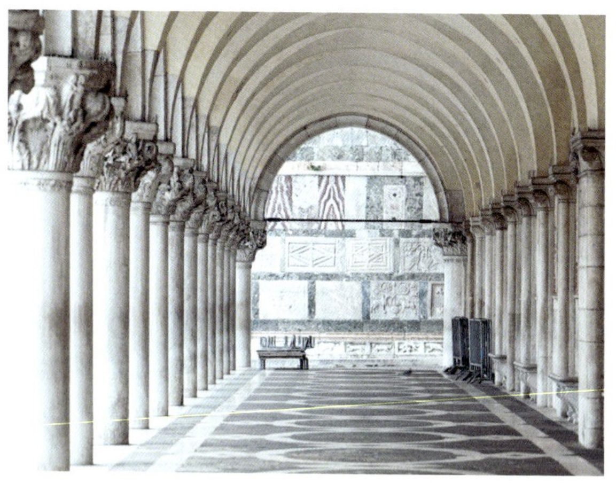

Das Motiv funktioniert auch gut als gerade Aufnahme mit dem Hauptelement der Wiederholung. Die Stauchung der Perspektive wird durch eine lange Brennweite erreicht.
(180 mm · f 5 · 1/5 s · ISO 200 · Stativ)
45.433508, 12.340055

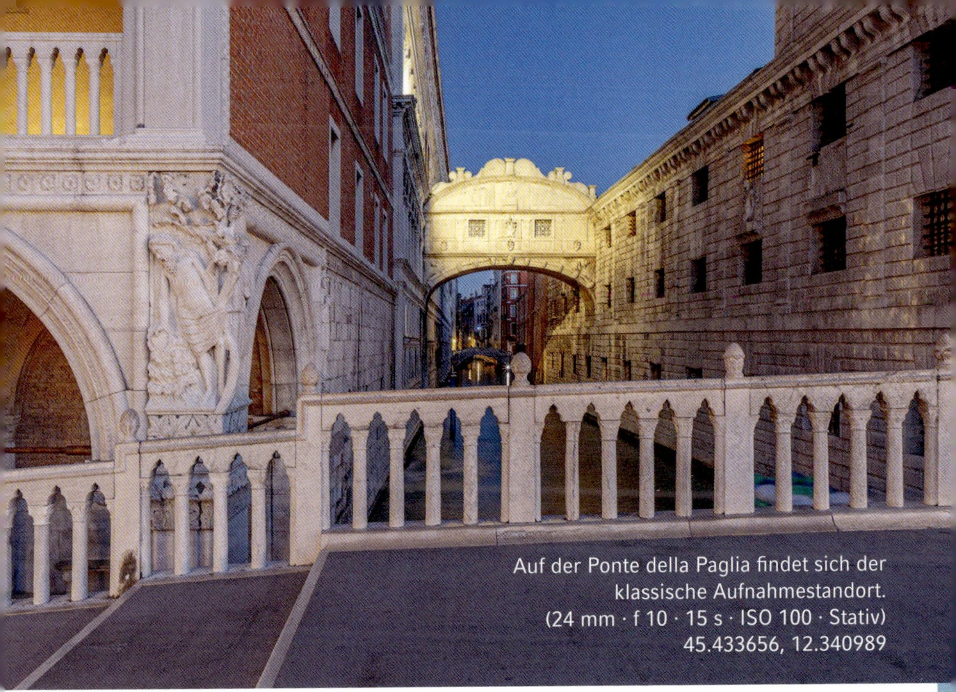

Auf der Ponte della Paglia findet sich der klassische Aufnahmestandort.
(24 mm · f 10 · 15 s · ISO 100 · Stativ)
45.433656, 12.340989

6 7 PONTE DEI SOSPIRI

Beste Tageszeit: Sonnenaufgang
1. Aufnahmestandort: Ponte della Paglia
Koordinaten: 45.433656, 12.340989
Adresse: Piazza San Marco, 30100 Venezia VE
2. Aufnahmestandort: Rughetta S. Apollonia
Koordinaten: 45.434950, 12.340537

Vom Dogenpalast führt eine Bogenbrücke in das venezianische Staatsgefängnis. Durch die filigranen Fensteröffnungen der überdachten Ponte dei Sospiri (Seufzerbrücke) konnten die Gefangenen einen letzten Blick in die Freiheit werfen, bevor sie in die Zellen gebracht wurden.

Der Eintritt in die Ponte dei Sospiri ist mit dem Kauf einer Eintrittskarte in den Dogenpalast gedeckt. Einige Teile der Brücke sind aber nur im Rahmen einer geführten Sonderbesichtigung zu besuchen.

Der erste und klassische Aufnahmestandort für die Ponte dei Sospiri ist von der Ponte della Paglia

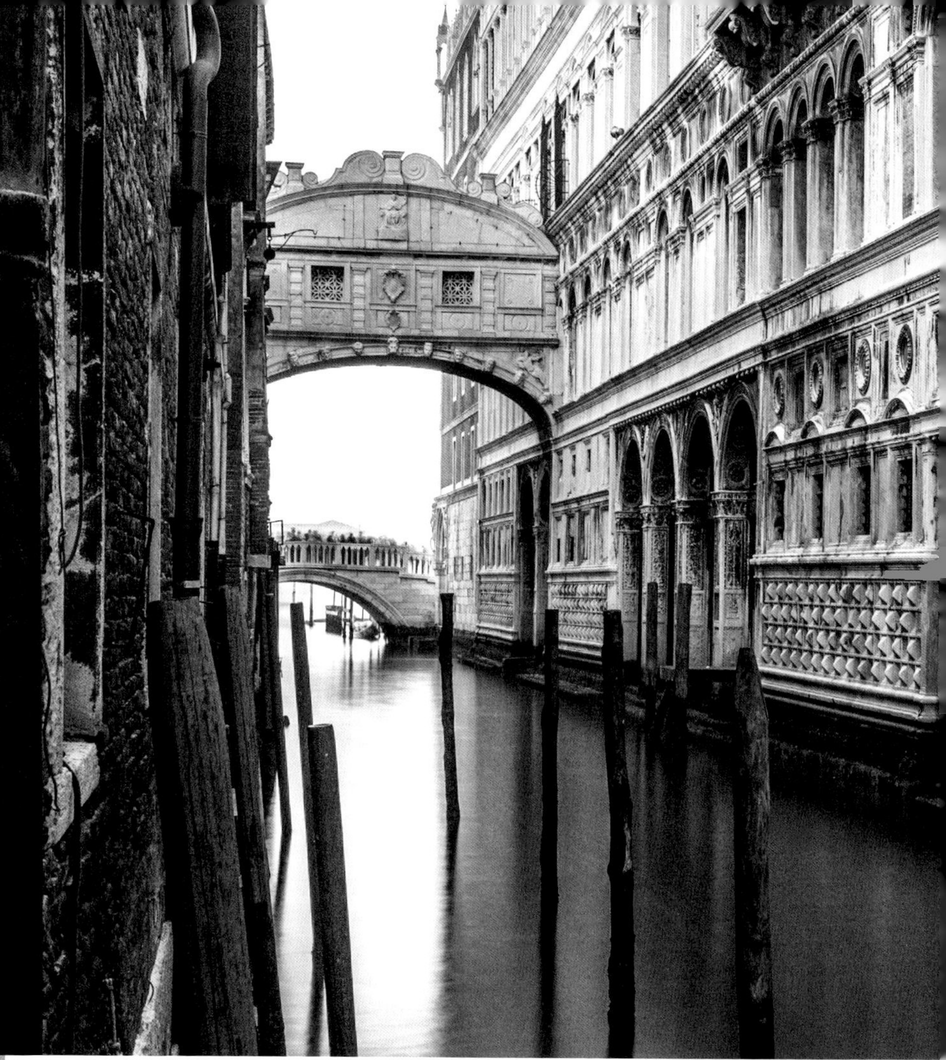

aus. Das beste Licht findet sich dort am frühen Morgen, wenn die Brücke von der Sonne angestrahlt wird.

Dabei handelt es sich um eine Aufnahme, die jeder Venedig-Besucher machen muss. Wahrscheinlich wird deswegen die Ponte della Paglia den ganzen Tag über von den Touristen belagert, die für ihre Selfies Schlange stehen.

Der zweite Aufnahmestandort ist die Ponte de la Canonica zwischen Fondamenta de la Canonica und der Rughetta S. Apollonia und ist nördlich der Ponte dei Sospiri gelegen. Nur wenige Meter von der Rughetta S.

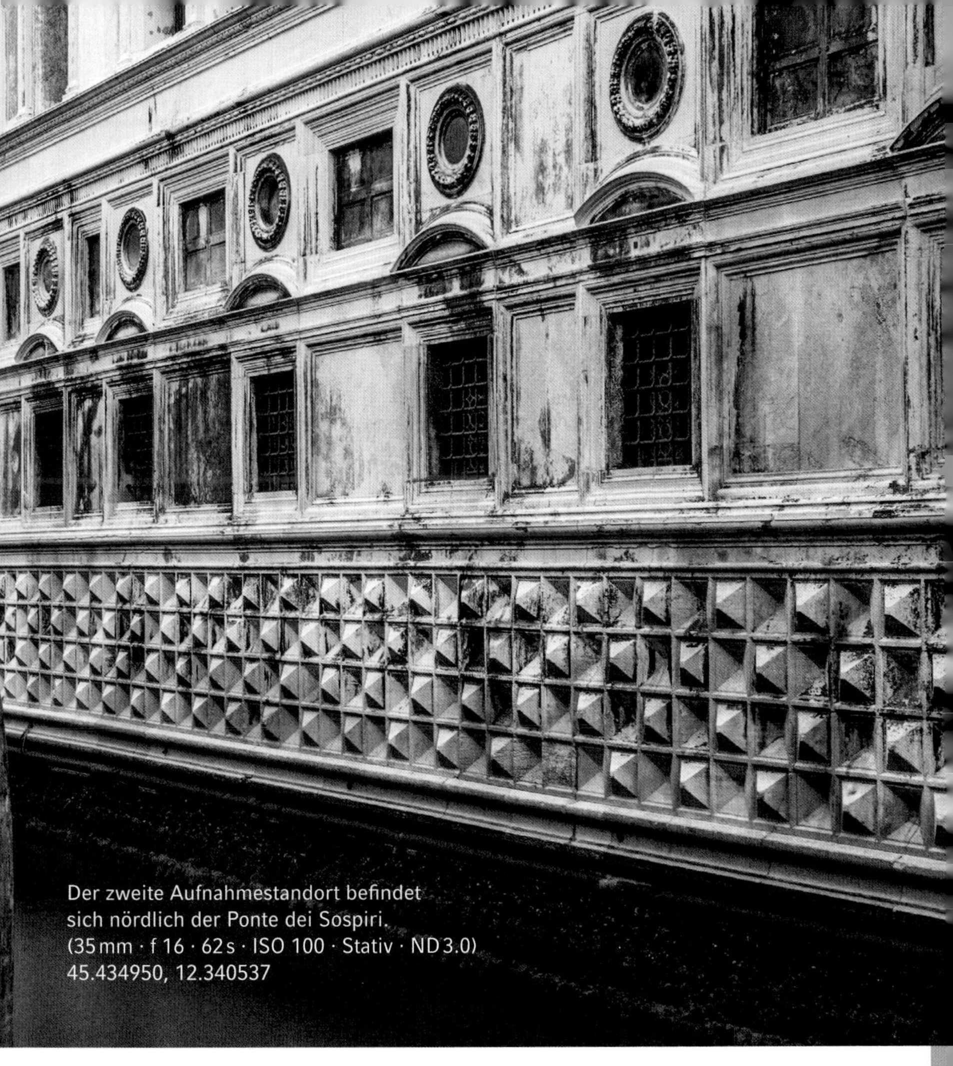

Der zweite Aufnahmestandort befindet sich nördlich der Ponte dei Sospiri. (35 mm · f 16 · 62 s · ISO 100 · Stativ · ND 3.0) 45.434950, 12.340537

Apollonia entfernt finden Sie eine kleine Anlegestelle, die sich ebenfalls als Standort zum Fotografieren anbietet. Es gibt hier einige Dalben, die sich gut als Vordergrund in den Bildausschnitt einbauen lassen.

Tagsüber fahren viele Gondeln unter der Brücke hindurch. Versuchen Sie die Gondel mit der Seufzerbrücke zu kombinieren, um eine interessantere Aufnahme zu erzielen.

Die Blaue Stunde ist eine der besten Zeiten, um die Brücke zu fotografieren, da sie nachts gut beleuchtet ist.

8 RIVA DEGLI SCHIAVONI

Beste Tageszeit: Sonnenaufgang
Koordinaten: 45.433386, 12.340451
Adresse: Riva degli Schiavoni, 30100 Venezia VE

Die Riva degli Schiavoni gilt als einer der bedeutenden Kais in Venedig. Sie erstreckt sich von der Piazzetta San Marco ostwärts bis zu den Giardini Pubblici. Fünf Kanäle durchbrechen von Norden die Riva. Die Brücken über diese Kanäle sind verhältnismäßig hoch (bis zu 40 Stufen), damit auch bei hohem Wasserstand die Boote jederzeit die Brücken unterqueren können.

Die Riva degli Schiavoni ist die bedeutendste Flaniermeile der Stadt, da sie in den kühleren Jahreszeiten tagsüber von der Sonne beschienen wird und so erheblich wärmer als die angrenzenden Gassen ist. Im Sommer wird es hier dafür umso heißer.

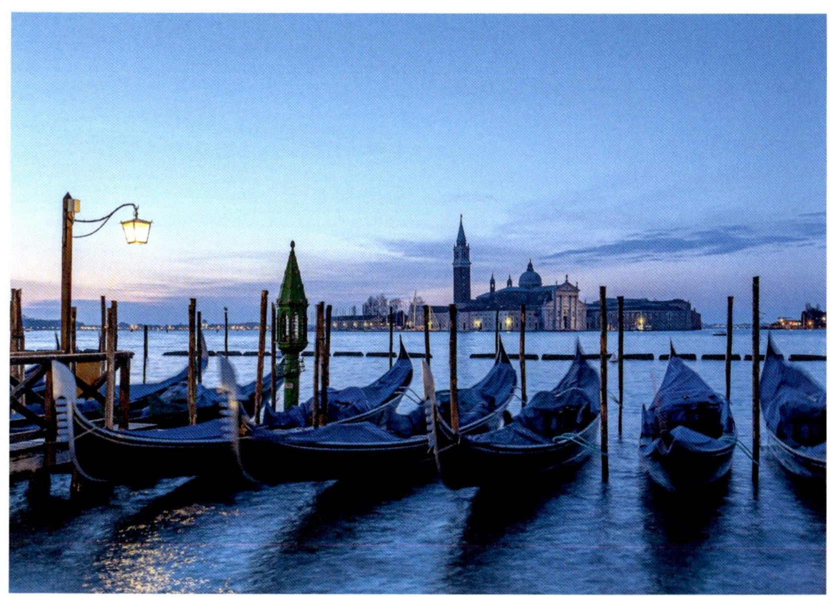

(32 mm · f 9 · 0,6 s · ISO 400 · Stativ) 45.433121, 12.339644

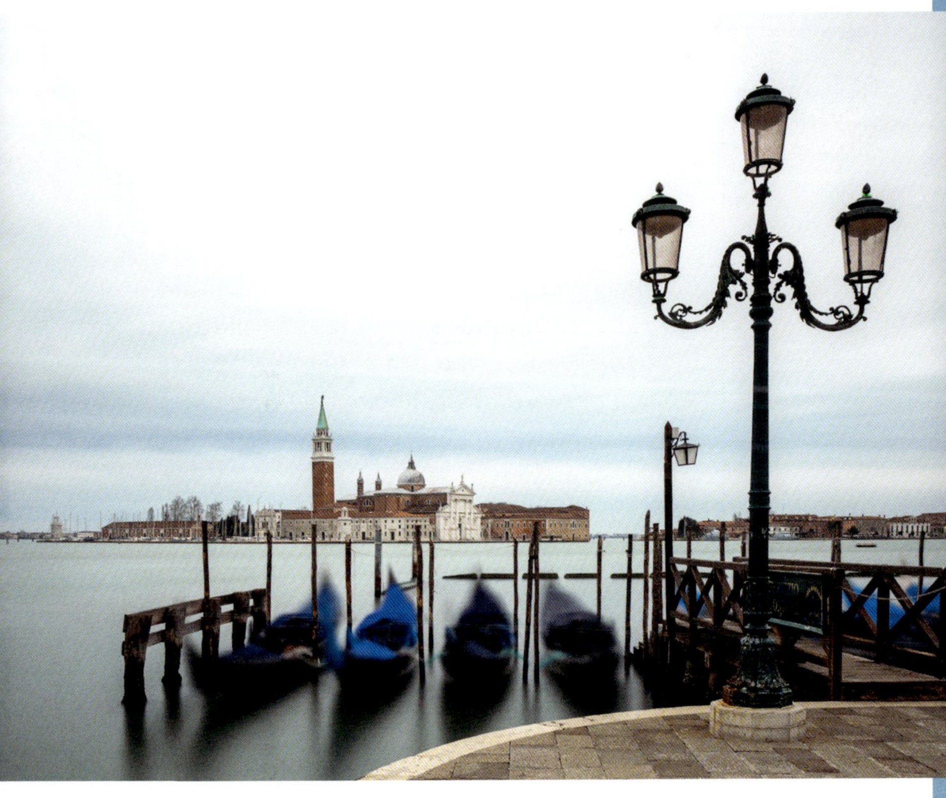

(28 mm · f 16 · 220 s · ISO 100 · Stativ · ND 3.0) 45.433588, 12.340917

Dieser Aufnahmestandort ist wohl für das bekannteste Venedig-Motiv schlechthin bekannt. Die Aussicht über den Giudecca-Kanal in Richtung San Giorgio Maggiore mit den Gondeln im Vordergrund ist einfach fantastisch. Ich habe bereits hunderte Aufnahmen von diesem Standort in meinem Portfolio, und trotzdem mache ich bei jeder Venedig-Reise neue Aufnahmen von hier.

Ein »Muss« ist hier die Langzeitbelichtung von Gondeln mit der Kirche San Giorgio Maggiore im Hintergrund. Es gibt verschiedene Blickwinkel, von denen Sie dies tun können, u. a. von der Brücke Ponte della Paglia. Experimentieren Sie mit möglichst vielen unterschiedlichen Kompositionen.

Der frühe Morgen eignet sich am besten, da weniger Touristen unterwegs sind und noch nicht viele Boote den Giudecca-Kanal bevölkern. Die Sonne geht dabei vorteilhaft von der linken Seite auf. Tagsüber scheint die Sonne dagegen für den Fotografen unvorteilhaft frontal auf die Riva. Die Abendfotografie kann sich auch lohnen, allerdings ist dann auf dem Kanal wesentlich mehr los.

Es lohnt sich, entlang der Riva in Richtung Osten zu gehen. Nicht weit vom Markusplatz entfernt befindet sich ein interessantes Denkmal von König Viktor Emanuel II.

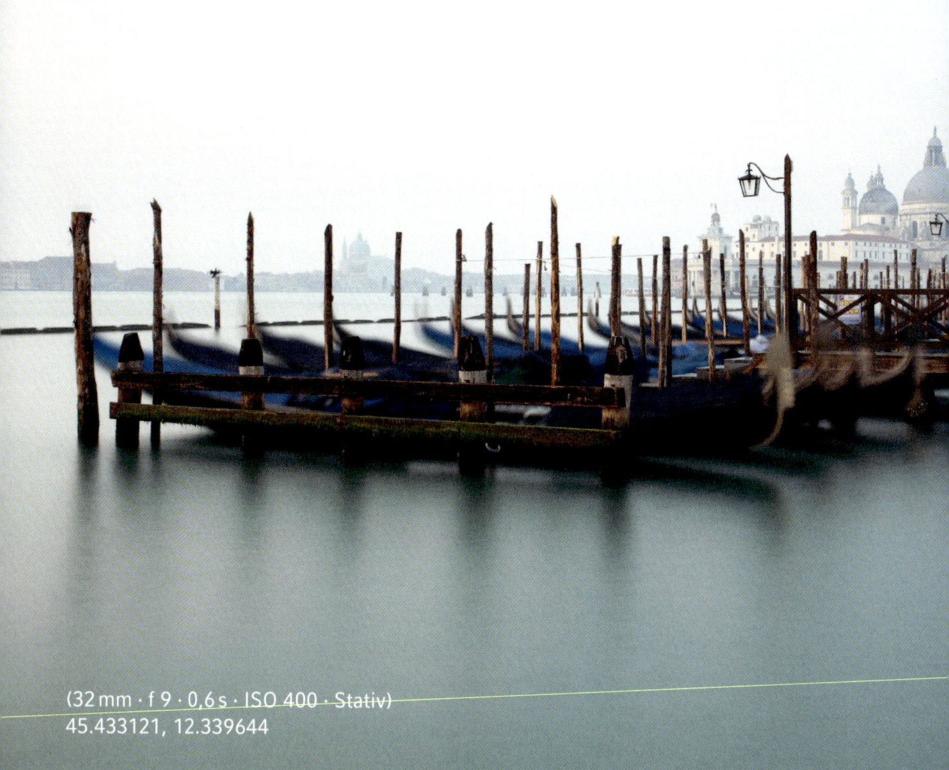

(32 mm · f 9 · 0,6 s · ISO 400 · Stativ)
45.433121, 12.339644

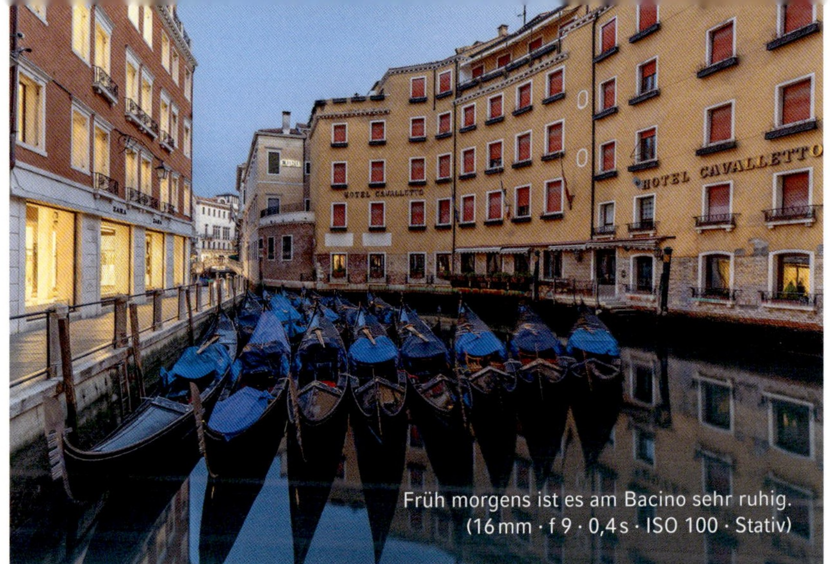

Früh morgens ist es am Bacino sehr ruhig.
(16 mm · f 9 · 0,4 s · ISO 100 · Stativ)

9 BACINO ORSEOLO

Beste Tageszeit: tagsüber
Koordinaten: 45.434097000, 12.336945000
Adresse: Calle Salvadago, 1218, 30124 Venezia VE

Der Bacino Orseolo ist ein Gondelparkplatz gleich neben dem Markusplatz. Er ist umgeben von einigen Palästen, in denen heute Hotels und Geschäfte untergebracht sind. Dieser Ort eignet sich sehr gut, um einige Detailaufnahmen von Gondeln festzuhalten.

Sie kommen hier sehr nah an die Gondeln heran und haben die Möglichkeit, aus verschiedenen Blickwinkeln zu fotografieren. Dafür kann auch das Teleobjektiv zum Einsatz kommen. Am Vormittag wird die farbige Fassade eines Hotels schön von der Sonne angestrahlt, wenn diese denn scheint. Mit dem Weitwinkel lassen sich tolle Spiegelungen und Reflexionen der farbenfrohen Fassade im Wasser und auf den dunklen Gondeln fotografieren.

Tagsüber präsentiert sich der Bacino Orseolo als ein sehr geschäftiger Ort und wirkt auf manchen vielleicht zu chaotisch. Am Abend oder früh morgens ist es hier aber sehr ruhig und ideal für Langzeitbelichtungen.

10 TORRE DELL'OROLOGIO

Beste Tageszeit: tagsüber
Koordinaten: 45.434741, 12.338954
Adresse: Piazza San Marco, 288, 30124 Venezia VE
Öffnungszeiten: Führungen zwischen 10 und 17 Uhr
Eintritt: 12 Euro, ermäßigt 7 Euro
Anmeldungen: *www.torreorologio.visitmuve.it/de/home/*

Der Torre dell'Orologio (Uhrenturm) steht rechts neben den Alten Prokuratien (Procuratie Vecchie). Der Mechanismus der vergoldeten Turmuhr wurde damals als Wunderwerk bestaunt. Das große Zifferblatt zeigt nicht nur die Stunde an, sondern auch die Mondphasen und den Sonnenverlauf in den jeweiligen Tierkreiszeichen. Der Uhrenturm darf nur im Rahmen einer Führung betreten werden, aber der Blick von der Terrasse lohnt sich und liefert eine weitere interessante Perspektive auf den Markusplatz.

Der Torbogen des Torre dell'Orologio dient als Passage vom Markusplatz kommend und als Eingang in den Geschäftsbezirk Richtung Rialto.

Flaniermeile der Stadt, da sie in den kühleren Jahreszeiten tagsüber von der Sonne beschienen wird und so erheblich wärmer als die angrenzenden Gassen ist. Im Sommer wird es hier dafür umso heißer.

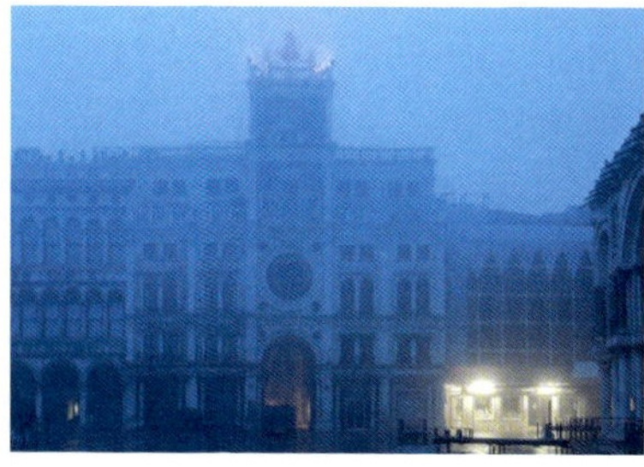

Eine frontale Aufnahme lohnt sich besonders in den frühen Morgenstunden, wenn noch keine Menschen auf dem Markusplatz unterwegs sind.
(32 mm · f 14 · 10 s · ISO 100 · Stativ)
45.434021, 12.339350

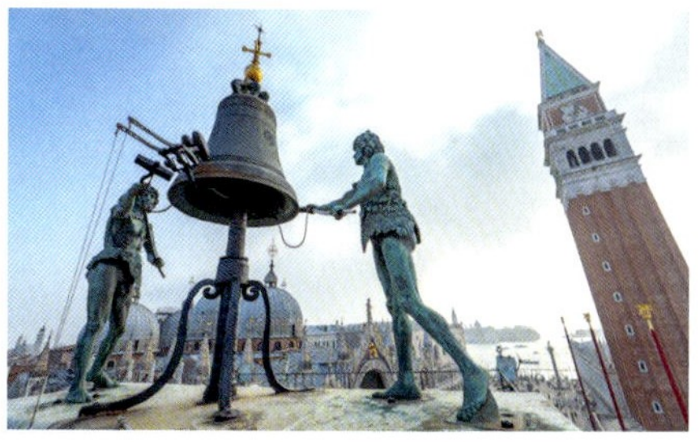

Auf dem obersten Stockwerk, der Terrazza dei Mori, schlagen zwei überlebensgroße Bronze-Hirten, wegen ihrer mittlerweile verdunkelten Bronzierung »Mohren« genannt, jede volle Stunde die Zeit an.
(14 mm · f 7,1 · 1/8000 s · ISO 400)

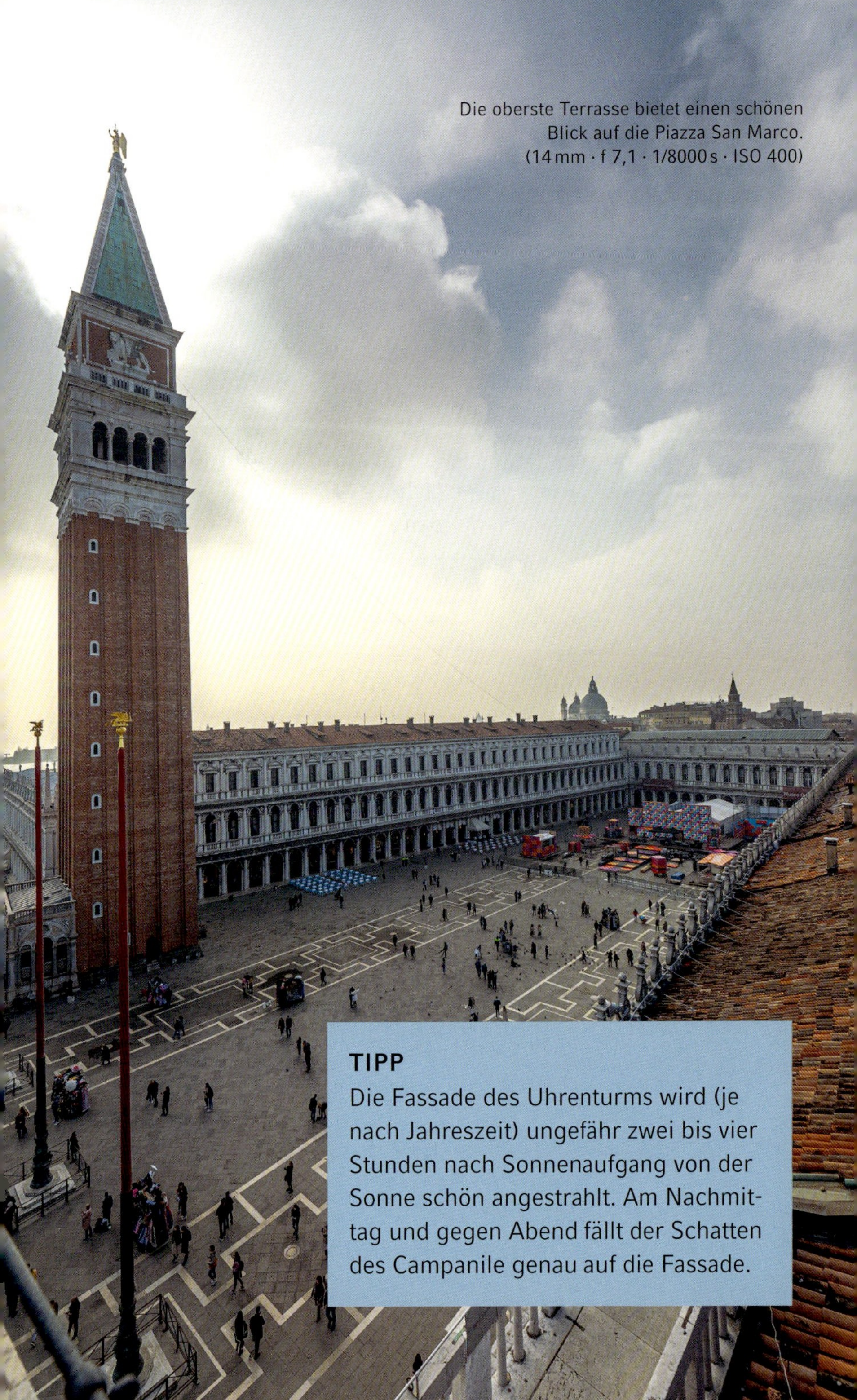

Die oberste Terrasse bietet einen schönen Blick auf die Piazza San Marco. (14 mm · f 7,1 · 1/8000 s · ISO 400)

TIPP

Die Fassade des Uhrenturms wird (je nach Jahreszeit) ungefähr zwei bis vier Stunden nach Sonnenaufgang von der Sonne schön angestrahlt. Am Nachmittag und gegen Abend fällt der Schatten des Campanile genau auf die Fassade.

11 TEATRO LA FENICE

Beste Tageszeit: tagsüber
Koordinaten: 45.433644, 12.333761
Adresse: Campo San Fantin, 1965, 30124 Venezia VE
Öffnungszeiten: Tägliche Führungen von 9:30 bis 18:00 Uhr
Ticketverkauf direkt an der Theaterkasse.
Webseite: *www.teatrolafenice.it/en/*

Das Teatro La Fenice gehört zu den renommiertesten Bühnen der Welt. Im 19. Jahrhundert komponierten Rossini, Bellini, Donizetti und Verdi einige ihrer bedeutendsten Opernwerke exklusiv für dessen Bühne. Im Laufe der Jahrhunderte ist es mehrfach abgebrannt und wurde immer wieder neu aufgebaut, wodurch es den Namen La Fenice (Phönix) erhielt.

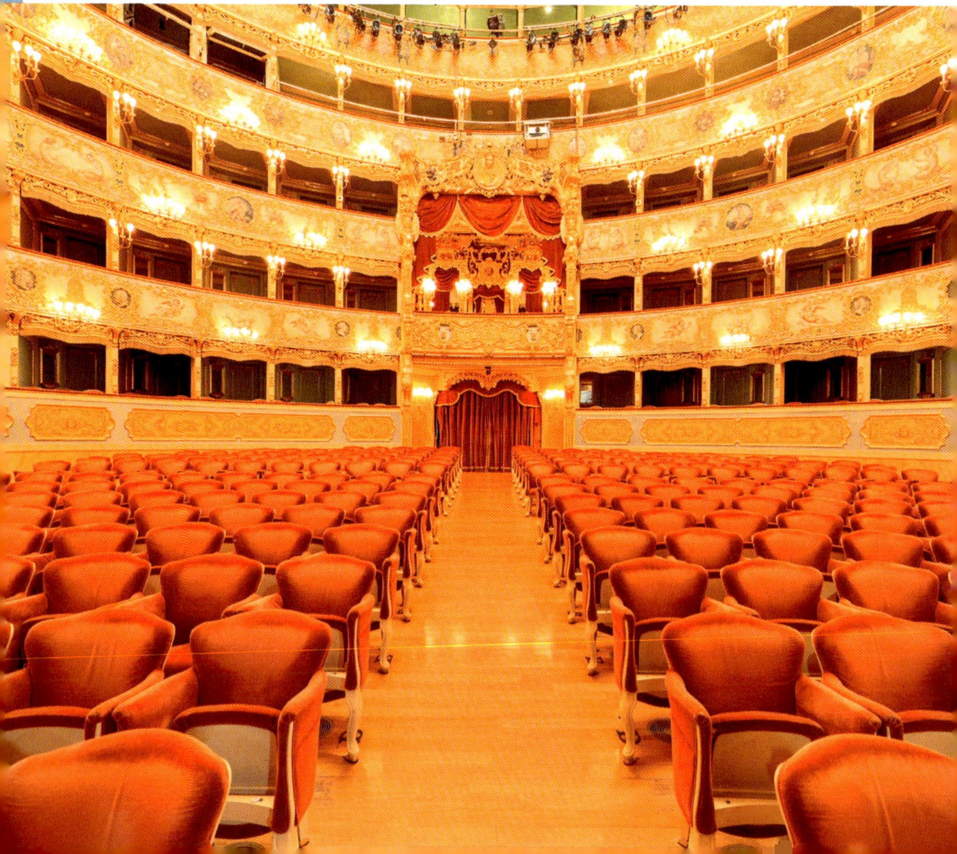

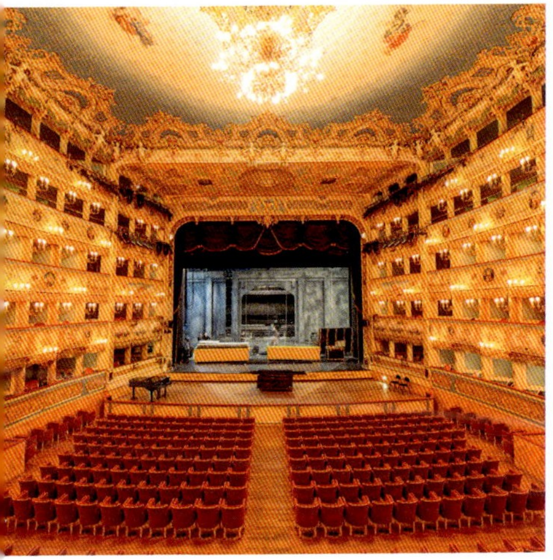

Eine Aufnahme aus der Ehrenloge
(14 mm · f 9 · 6 s · ISO 100 · Stativ a. A.)

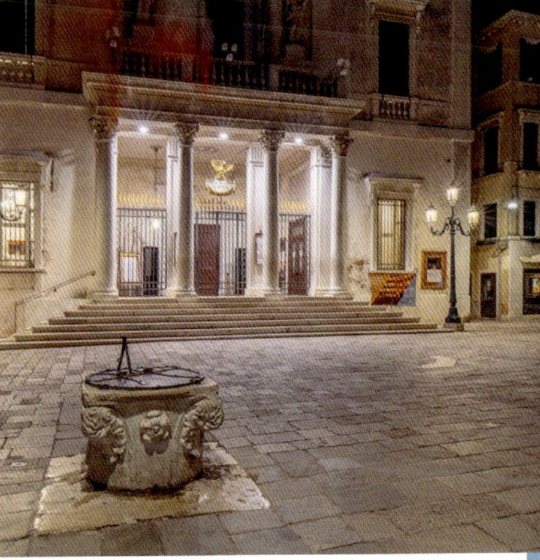

Die Außenansicht des Teatro La Fenice
(20 mm · f 13 · 0,4 s · ISO 100 · Stativ)

◀ Die Farben Rot und Gold dominieren im Zuschauersaal. (14 mm · f 9 · 13 s · ISO 100 · Stativ a. A.)

Das Theater gehört sicherlich zu den schönsten Opernhäusern der Welt, die dominierenden Farben sind Rot und Gold. Unter den Logen befindet sich ein großer bestuhlter Zuschauerraum.

Der Eintritt in das Teatro La Fenice zu einer Besichtigung kostet 10 Euro – natürlich ohne anschließende Vorstellung. Dazu erhalten Sie einen Audio Guide und können das Theater ohne Führung erkunden und auch fotografieren. Ich empfehle Ihnen möglichst früh da zu sein, wenn im Zuschauersaal noch nicht viel los ist. Es braucht aber auch dann etwas Geduld, wenn Sie keine Personen auf Ihren Bildern haben wollen.

Sie benötigen ein möglichst starkes Weitwinkel, um die Größe des Zuschauersaals einzufangen. Die Benutzung eines Stativs ist nicht erlaubt, aber es gibt zahlreiche Möglichkeiten, um die Kamera für eine Aufnahme abzulegen.

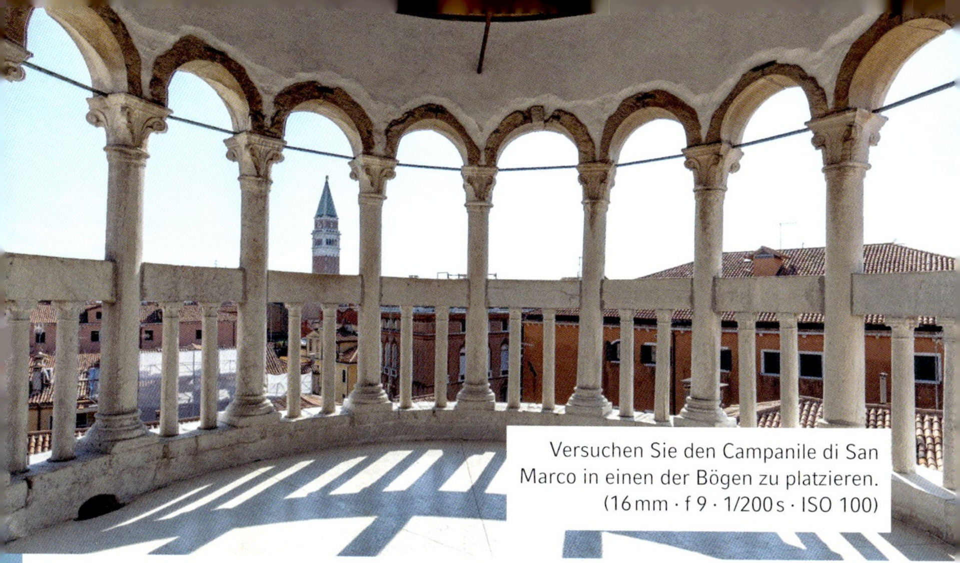

Versuchen Sie den Campanile di San Marco in einen der Bögen zu platzieren. (16 mm · f 9 · 1/200 s · ISO 100)

12 PALAZZO CONTARINI DEL BOVOLO

Beste Tageszeit: tagsüber
Koordinaten: 45.434855, 12.334542
Adresse: Corte del Bovolo, Corte Contarina, 4303, 30124 Venezia VE
Öffnungszeiten: 10 bis 18 Uhr
Eintritt: 7 Euro, ermäßigt 6 Euro
Webseite: *www.gioiellinascostidivenezia.it/en/*

Dieser Palazzo ist vor den Blicken der meisten Touristen gut versteckt und befindet sich am Schnittpunkt von drei Kanälen. Über den landseitigen Eingang betritt man den zu besichtigenden Innenhof. Der Wendeltreppenturm im Hof ist aber die eigentliche Attraktion des Palazzo und ein Beispiel kunstvoller Innenhofgestaltung auf engstem Raum. Der spiralförmig ansteigende Bogengang nimmt das Arkadenmotiv auf und wirkt wie eine Verlängerung der Fassade.

Der Palazzo Contarini del Bovolo kann sehr voll werden, deshalb sollten Sie entweder sehr früh oder sehr spät kommen. Während der Karnevalszeit ist dies ein beliebter Ort für Porträtaufnahmen.

Es bieten sich hier Aufnahmen der architektonischen Details des Palastes und der Treppe an. Oben vom Turm hat man eine gute Aussicht. Versuchen Sie den Glockenturm des Markusplatzes in den Bögen der Treppe einzurahmen.

Jedes Wetter ist für das Fotografieren der architektonischen Details des Palazzo Contarini del Bovolo geeignet, für die Aussicht vom Dach ist jedoch sonniges Wetter am besten. Wenn Sie den Palazzo während der Wintermonate besuchen, ist er möglicherweise noch während der Blauen Stunde geöffnet, da es früher dunkel wird. Leider ist die Nutzung eines Stativs aber verboten.

Am Vormittag scheint die Sonne frontal auf den Palazzo. Das führt zu schwierigen Gegenlichtaufnahmen, aber es fällt genügend Licht in das Treppenhaus. Am Nachmittag befindet sich der Palazzo im Schatten und die Aufnahmen von innen nach außen führen zu starken Kontrasten.

Diese Bilder entstanden am Vormittag, da mir die das erhellte Treppenhaus für die Aufnahmen besser gefällt.

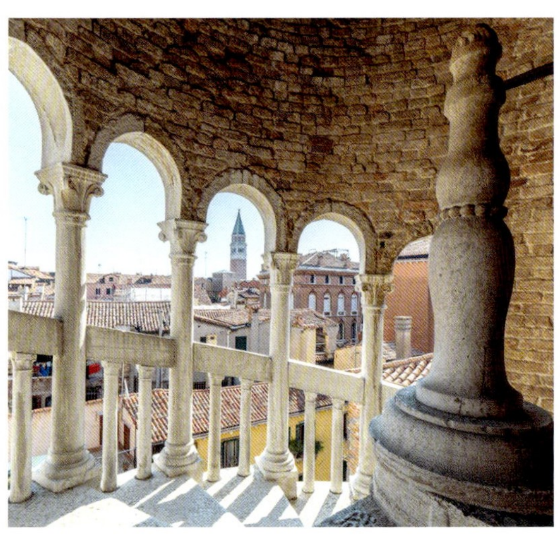

Campanile im Bogen
(16 mm · f 8 · 1/400 s · ISO 100)

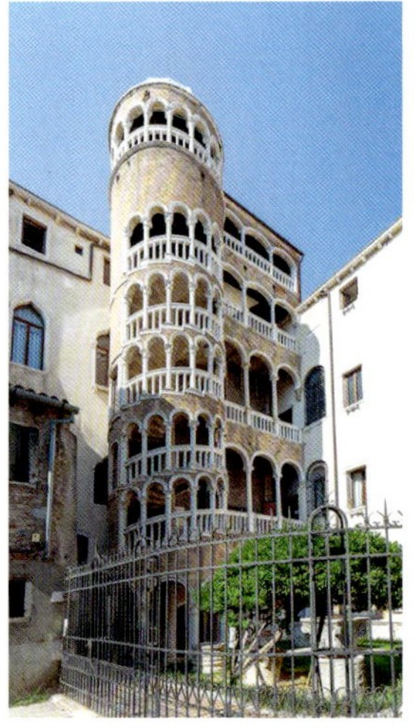

Der Hof ist sehr klein und Sie können sich für Aufnahmen der gesamten Fassade nicht weit genug entfernen. Morgens wird die Fassade schön von der Sonne angestrahlt.
(16 mm · f 7,1 · 1/160 s · ISO 100)

13 CAMPO MANIN

Beste Tageszeit: morgens, abends
Koordinaten: 45.435349, 12.334243
Adresse: Campo Manin, 30100 Venezia VE

Der Campo Manin ist ein kleiner Platz mit einer Statue von Daniele Manin und einem geflügelten Löwen am Sockel. Der auch als »der letzte Doge« in die Geschichte eingegangene Venezianer spielte 1848 im Aufstand gegen Österreich eine bedeutende Rolle. Auf der südwestlichen Seite des Platzes befindet sich ein Kanal mit zwei schönen Brücken, die beide ein lohnenswertes Motiv bieten.

Ponte de la Cortesia (16 mm · f 6,3 · 40 s · ISO 100 · Stativ)
45.435158, 12.333983

14 CAMPO SAN MOISÈ

Beste Tageszeit: tagsüber, abends
Koordinaten: 45.433070, 12.335801
Adresse: Campo San Moisè, 30100 Venezia VE

Die Chiesa di San Moisè zeichnet sich durch ihre prunkvolle und mit Figurenschmuck verzierte Fassade aus. Südlich des Campo liegt das berühmte »Bauer Palazzo«. Dabei handelt es ich um ein Fünf-Sterne-Deluxe-Hotel am Canal Grande. Es gehört zu den »Leading Hotels of the World«. Auf dem Campo San Moisè steht der eher schlicht anmutende und in den 1940er Jahren errichtete Zubau. Zum Canal Grande hin hat das Hotel aber seine wunderschöne gotische Fassade natürlich behalten.

Aktuell (Ende 2020) ist die Chiesa di San Moisè komplett eingerüstet und wird es auch für die nächsten Jahre bleiben.

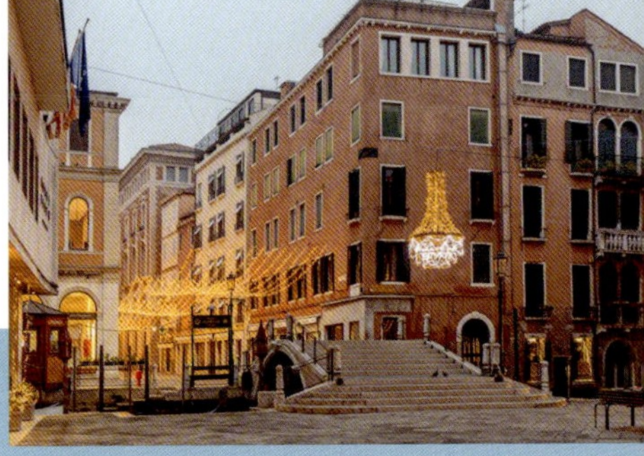

Der Campo San Moisè in den frühen Morgenstunden (35 mm · f 11 · 3,2 s · ISO 100 · Stativ)

TIPP

Immer wieder sind Sehenswürdigkeiten und Kirchen eingerüstet. Ärgern Sie sich nicht und fotografieren Sie das Motiv dann einfach während einer Ihrer nächsten Reisen nach Venedig. Im Laufe der Jahre habe ich miterlebt, dass alle berühmten Sehenswürdigkeiten zeitweise komplett oder teilweise eingerüstet waren.

Wenn Sie nicht schon am Vortag die Zeit haben, sich das Motiv für den nächsten Sonnenaufgang anzuschauen, empfehle ich Ihnen sich ein Ersatzmotiv in der Nähe aussuchen, falls Ihr Wunschmotiv unerwartet eingerüstet sein sollte. So ist es mir mit der Chiesa di San Moisè passiert: Nachdem ich vom Gerüst überrascht wurde, bin ich zum Teatro La Fenice gegangen und habe dort die Außenansicht fotografiert.

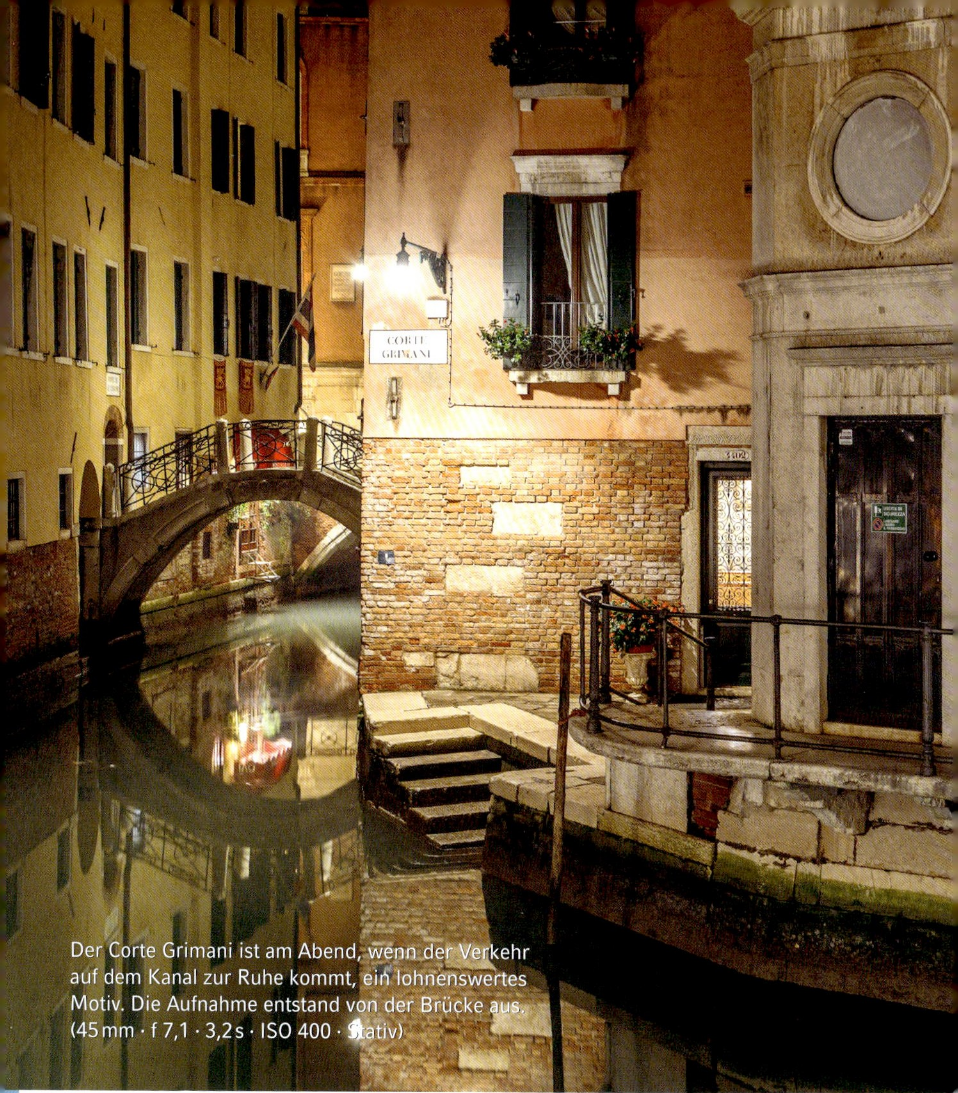

Der Corte Grimani ist am Abend, wenn der Verkehr auf dem Kanal zur Ruhe kommt, ein lohnenswertes Motiv. Die Aufnahme entstand von der Brücke aus. (45 mm · f 7,1 · 3,2 s · ISO 400 · Stativ)

15 CORTE GRIMANI

Beste Tageszeit: morgens, abends
Koordinaten: 45.434892, 12.335953
Adresse: San Marco, 30100 Venezia VE

Nur wenige Meter vom Bacino Orseolo entfernt und der Fondamenta Orseolo folgend befindet sich der Corte Grimani – ein kleiner Hof mit dem gleichnamigen Hotel.

16 FONDACO DEI TEDESCHI

Beste Tageszeit: tagsüber, abends
Koordinaten: 45.438255, 12.336616
Adresse: Calle del Fontego dei Tedeschi, 30100 Venezia
Webseite: *www.dfs.com/en/venice/t-fondaco-rooftop-terrace*

Der Fondaco dei Tedeschi war die 1228 gegründete deutsche Handelsniederlassung am Canal Grande direkt neben der Rialtobrücke. Von 1870 bis 2011 beherbergte das Gebäude das Hauptpostamt von Venedig. Bereits 2008 war es an die Benetton Group verkauft worden, die das Gebäude in ein Einkaufszentrum umbaute. Im Oktober 2016 wurde das Kaufhaus eröffnet und wird seitdem vom Luxuskonzern LVMH betrieben.

Die Dachterrasse bietet einen sehr guten Blick über Venedig. Der Besuch ist kostenlos und in der Nebensaison ergibt sich normalerweise nicht die Erfordernis einer Reservierung. Ich empfehle Ihnen dies trotzdem zu tun. Auf der Webseite lassen sich

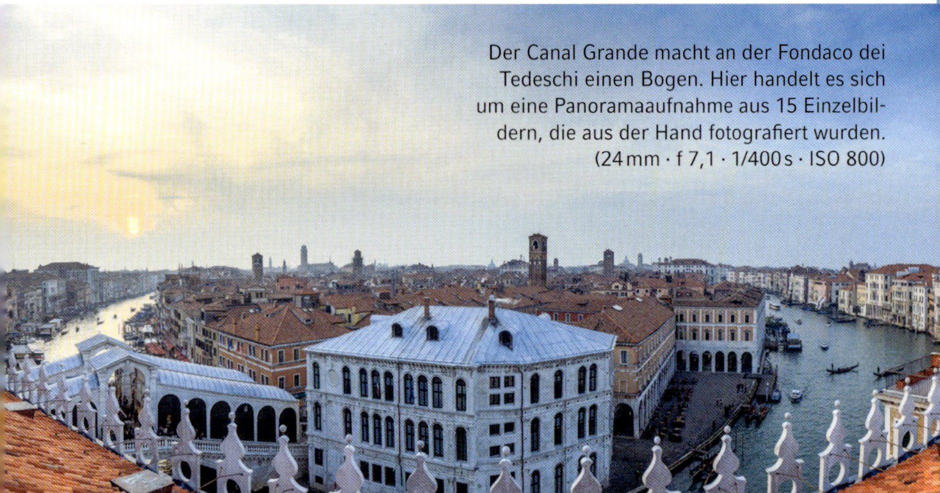

Der Canal Grande macht an der Fondaco dei Tedeschi einen Bogen. Hier handelt es sich um eine Panoramaaufnahme aus 15 Einzelbildern, die aus der Hand fotografiert wurden. (24 mm · f 7,1 · 1/400 s · ISO 800)

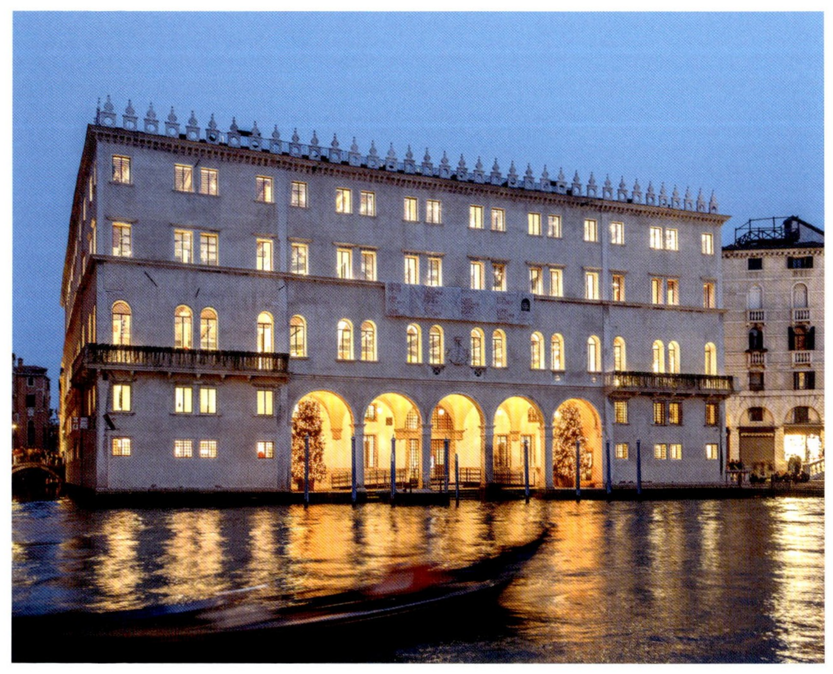

Von der anderen Seite des Canal Grande – und damit eigentlich im Sestiere San Polo – lässt sich das Gebäude selbst gut fotografieren. (24mm · f 9 · 0,8s · ISO 1000 · Stativ) 45.438357, 12.335928

das Datum und die gewünschte Uhrzeit bequem buchen. Sie brauchen die Reservierung dann lediglich dem Sicherheitspersonal zu zeigen und umgehen so die Schlange von Besuchern ohne Reservierung.

In der Hauptsaison ist eine Reservierung unbedingt erforderlich, da dann niemand ohne vorherige Anmeldung auf die Terrasse gelassen wird. Die Verweildauer dort beträgt nur 15 Minuten. Je nachdem, wie groß der Andrang ist, wird dieses Zeitfenster auch strikt kontrolliert bzw. durchgesetzt.

Auf der Dachterrasse ist die Nutzung eines Stativs aktuell erlaubt, aber achten Sie darauf, niemanden mit dem Stativ zu behindern oder dieses bei viel Publikum zur Stolperfalle werden zu lassen.

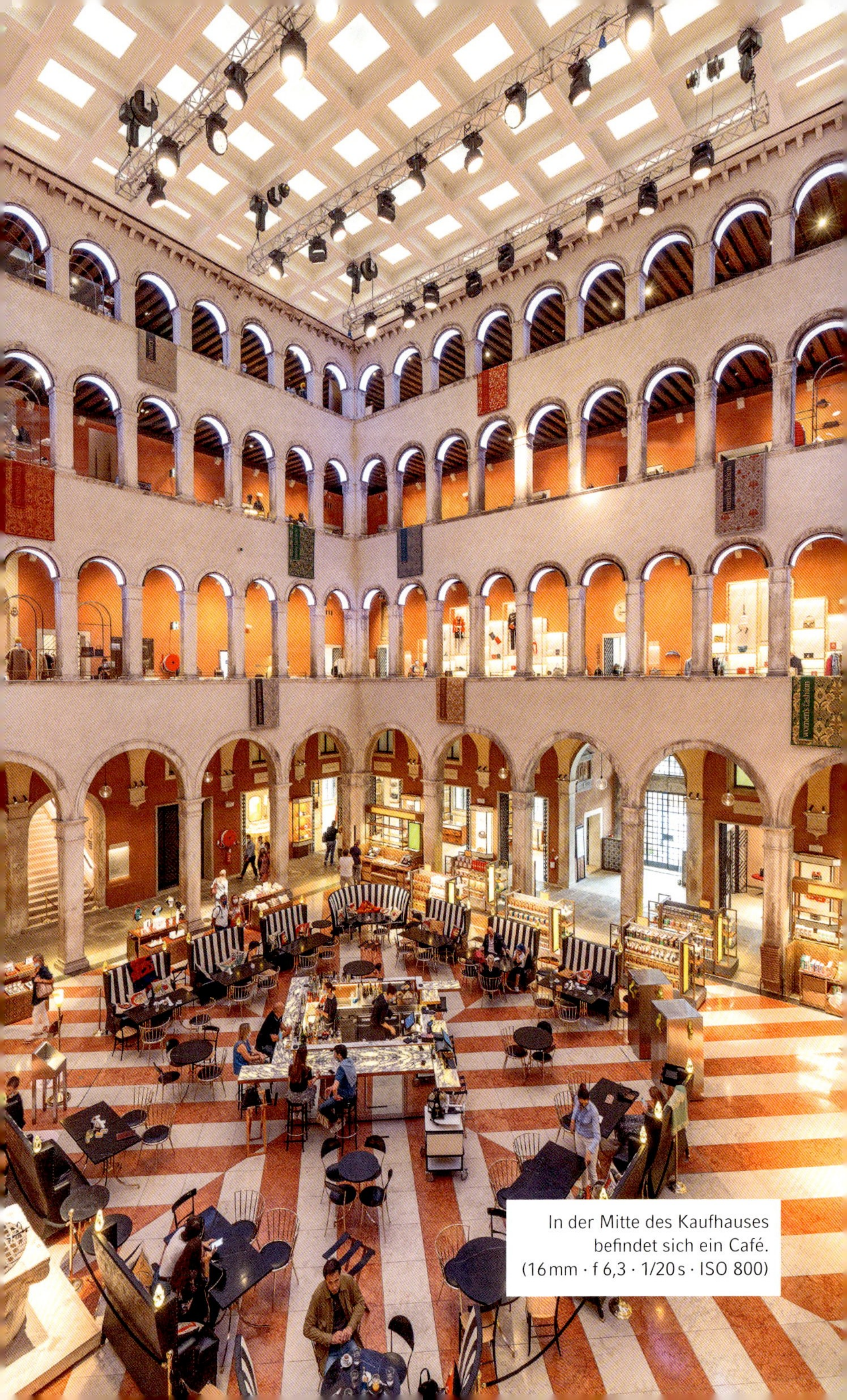

In der Mitte des Kaufhauses befindet sich ein Café.
(16 mm · f 6,3 · 1/20 s · ISO 800)

17 HOTEL COLOMBINA

Beste Tageszeit: tagsüber, abends
Koordinaten: 45.435409, 12.340412
Adresse: Calle Larga S. Marco, 383, 30122 Venezia VE

Am Ende der Calle Larga S. Marco führt eine kleine Brücke über den Rio di Palazzo. Die Brücke bietet einen interessanten Standort für Aufnahmen von vorbeifahrenden Gondeln in einem reizvollen Kanal.

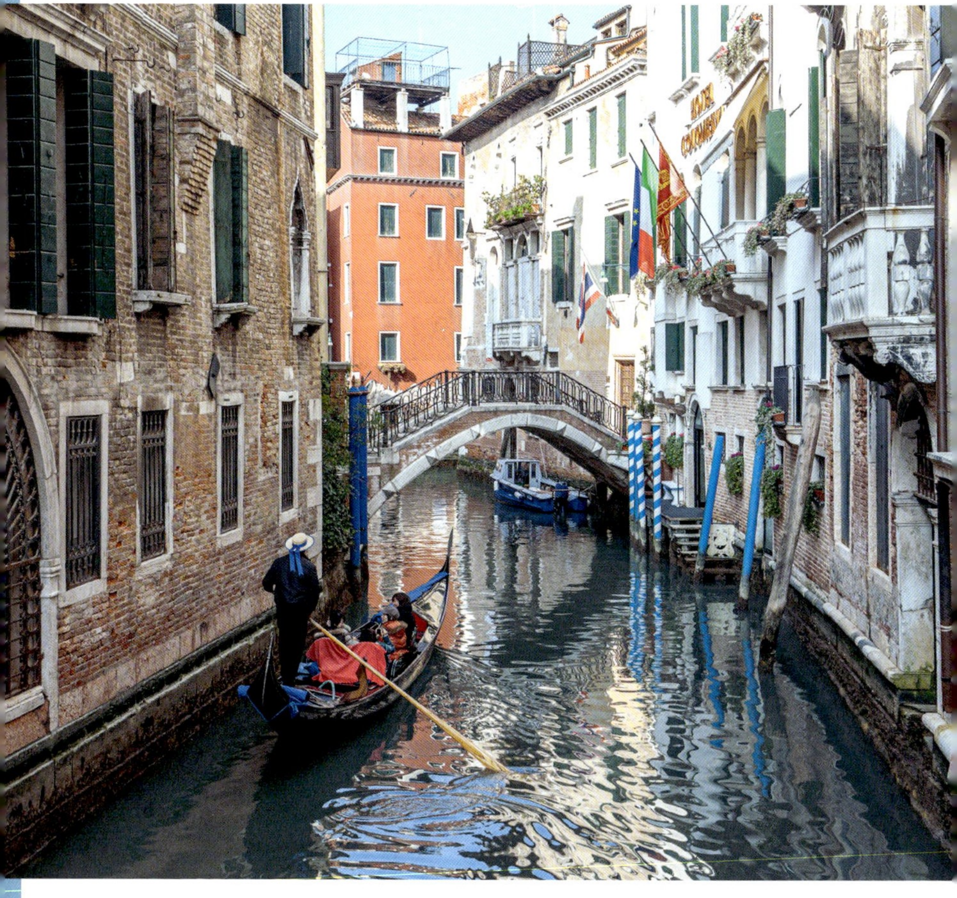

Gerade an schönen Fassaden an einem Kanal lohnt langes Warten, bis sich dann ein umso schöneres Motiv ergibt. (40 mm · f 9 · 1/200 s · ISO 400)

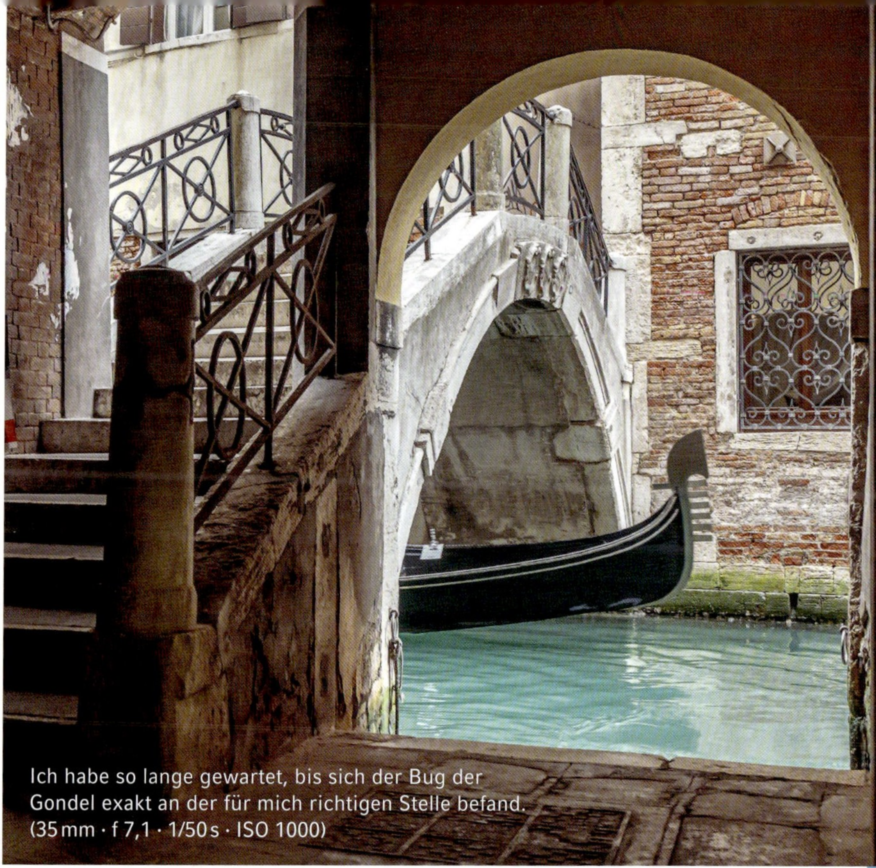

Ich habe so lange gewartet, bis sich der Bug der Gondel exakt an der für mich richtigen Stelle befand. (35 mm · f 7,1 · 1/50 s · ISO 1000)

18 PONTE DE LE COLONNE

Beste Tageszeit: tagsüber, abends
Koordinaten: 45.434673, 12.335591
Adresse: Calle de le Colonne, 30100 Venezia VE

Nicht weit vom Bacino Orseolo und dem Corte Grimani befindet sich die Ponte de le Colonne. Interessant ist diese Fotolocation auch deshalb, weil die Brücke an einem Sotoportego anknüpft. Sotoportego bezeichnet in Venedig einen Fußweg, der unter einem Gebäude, gelegentlich auch nur unter einem Bogen hindurchführt. Diese Form des Durchgangs oder der Unterführung stammt aus der Zeit der Venezianischen Republik und existiert mit dieser Bezeichnung auch nur in dieser Stadt.

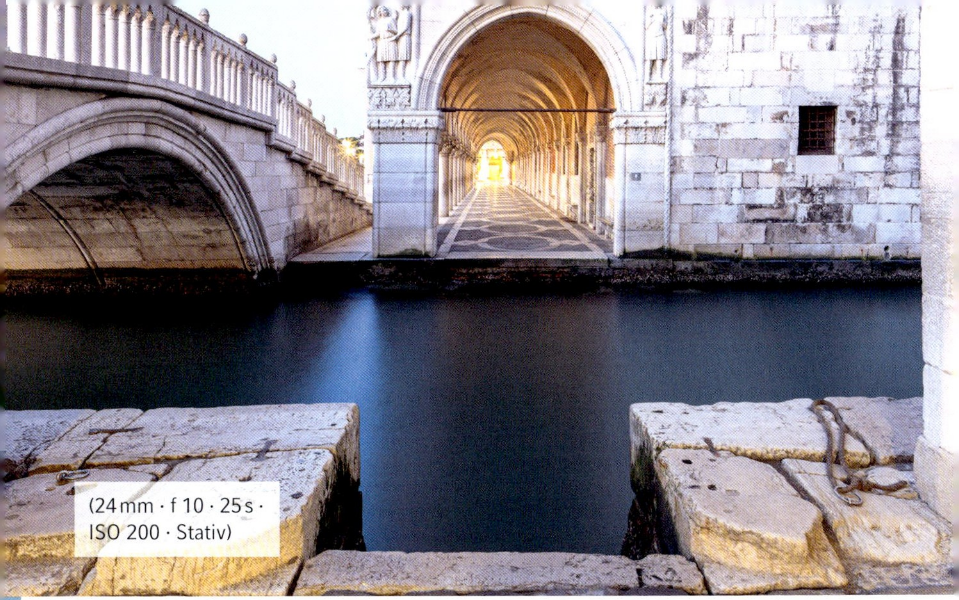

(24mm · f 10 · 25s · ISO 200 · Stativ)

19 PONTE DELLA PAGLIA

Beste Tageszeit: morgens
Koordinaten: 45.433657, 12.341015
Adresse: 30124 Venezia VE

Die Ponte della Paglia könnte ihren Namen von den Booten erhalten haben, die hier früher anlegten und Stroh (Paglia) transportierten. Die Brücke wurde ursprünglich 1360 errichtet und 1847 rundum erneuert. Von hier bietet sich der beste Blick auf die Seufzerbrücke in Richtung Norden und liefert einen guten Blickwinkel in Richtung Süden für Aufnahmen von San Giorgio Maggiore.

Tagsüber herrscht auf der Brücke ein reges Treiben, denn die Menschen stehen hier Schlange, um sich vor der Seufzerbrücke fotografieren zu lassen.

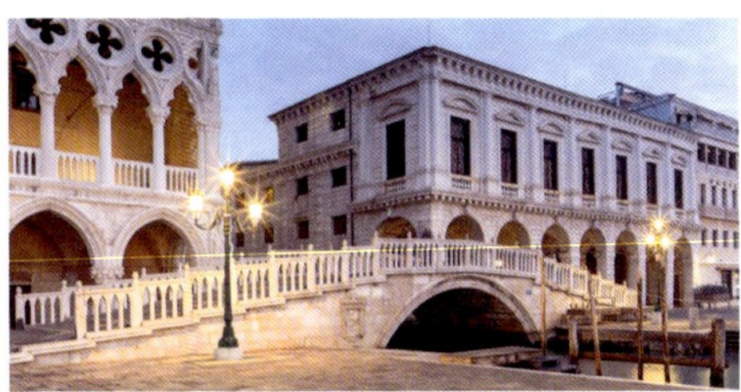

In den frühen Morgenstunden ist die Brücke noch menschenleer. (30mm · f 16 · 30s · ISO 100 · Stativ)

20 PONTE MARIA CALLAS

Beste Tageszeit: tagsüber
Koordinaten: 45.433274, 12.333335
Adresse: Fondamenta Maria Callas, 30100 Venezia VE

Die Ponte Maria Callas ist die einzige Brücke, die nach einer Sängerin benannt wurde. Maria Callas trat zwischen 1947 und 1954 viele Male im angrenzenden Teatro La Fenice auf und ihr wurde die besondere Ehre als Namenspatin zuteil. Die Brücke sieht angemessen elegant aus und wurde in weißem Stein mit geformten Steinbalustraden renoviert. Sie erleichtert Besuchern den Zugang zum Teatro La Fenice.

Im Allgemeinen herrscht in dieser Gegend nur wenig Bootsverkehr, sie ist aber eine umso beliebtere Gondelroute.

Die weiße Brücke ist eine sehr geeignete Stelle, um Gondeln fotografisch in Szene zu setzen. Ein interessanter Anschnitt lenkt den Fokus zusätzlich auf die Gondel.

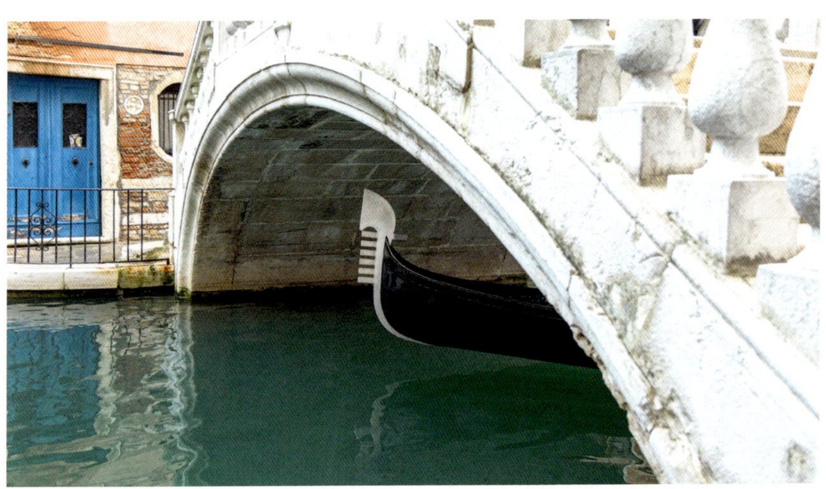

Die Brücke ist ein idealer Ort, um Gondeln in Szene zu setzen. (32 mm · f 4 · 1/320 s · ISO 1000)

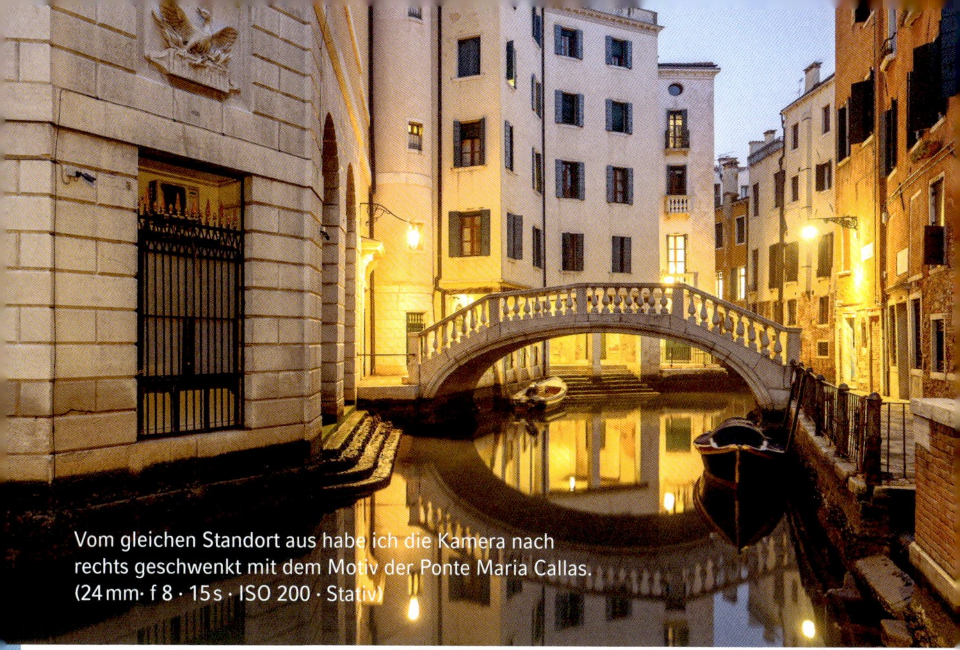

Vom gleichen Standort aus habe ich die Kamera nach rechts geschwenkt mit dem Motiv der Ponte Maria Callas. (24 mm · f 8 · 15 s · ISO 200 · Stativ)

21 RIO DELLA VESTE

Beste Tageszeit: tagsüber, abends
Koordinaten: 45.433193, 12.332928
Adresse: Fondamenta Fenice, 2557, 30124 Venezia VE

Einige Meter entfernt von der Ponte Maria Callas bietet sich dieser Blick auf die Rückseite des Teatro La Fenice, das einen eigenen Anleger besitzt, über den früher die Besucher direkt in das Theater zu den Vorstellungen gelangen konnten.

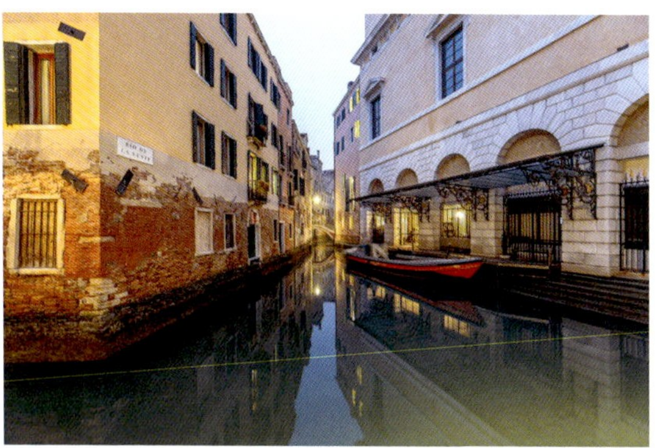

Abends ist auf diesen Nebenkanälen nicht mehr viel los. (14 mm · f 8 · 30 s · ISO 200 · Stativ)

22 SAN MARCO VALLARESSO

Beste Tageszeit: morgens, tagsüber, abends
Koordinaten: 45.432126, 12.337297
Adresse: Haltestellennummer 5053, Venezia VE

Ein weiterer Standort, um die Kirche Santa Maria della Salute in Szene zu setzen, ist diese Vaporetto-Anlegestelle. Gehen Sie an der Anlegestelle San Marco Vallaresso ganz ans Ende, bis Sie an die Servizio Gondole Dogana gelangen. Dort müssen Sie durch den »Ausgang« der Anlegestelle gehen, um freie Sicht auf die Kirche Santa Maria della Salute zu haben.

Sie können auch direkt am Ufer an der Servizio Gondole Dogana fotografieren. Dann bieten sich die Dalben als Vordergrundelement für Ihre Aufnahmen an.

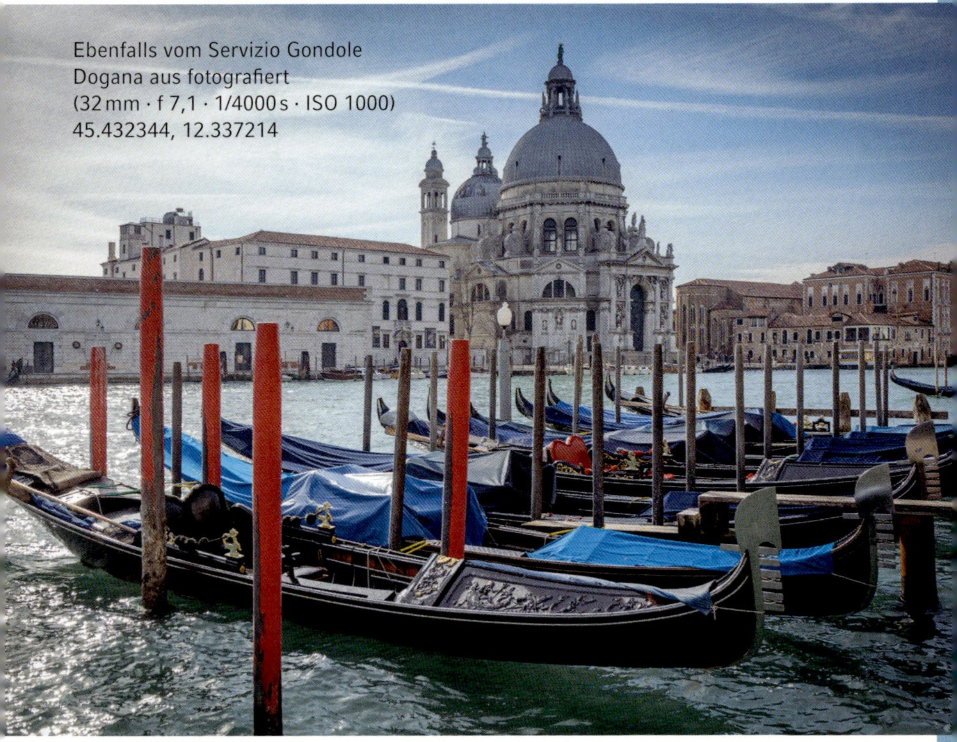

Ebenfalls vom Servizio Gondole Dogana aus fotografiert (32 mm · f 7,1 · 1/4000 s · ISO 1000) 45.432344, 12.337214

23 SOTOPORTEGO DE LA MALVASIA VECCHIA

Beste Tageszeit: tagsüber
Koordinaten: 45.434053, 12.333154
Adresse: Campiello Fenice, 30124 Venezia VE

In der Nähe des Teatro La Fenice befindet sich der Sotoportego de la Malvasia Vecchia. An diesen Durchgang knüpft die Brücke Ponte de la Malvasia Vecchia an. Lassen Sie sich nicht irritieren, denn in der Nähe gibt es weitere Brücken mit dem gleichen Namen. Dies liegt wohl daran, dass es hier ein bekanntes Weinlokal gegeben haben muss. Ein Sotoportego ist ein Fußweg in Venedig, der unter einem Gebäude, in der Regel unter einem Wohnzimmer, hindurchführt.

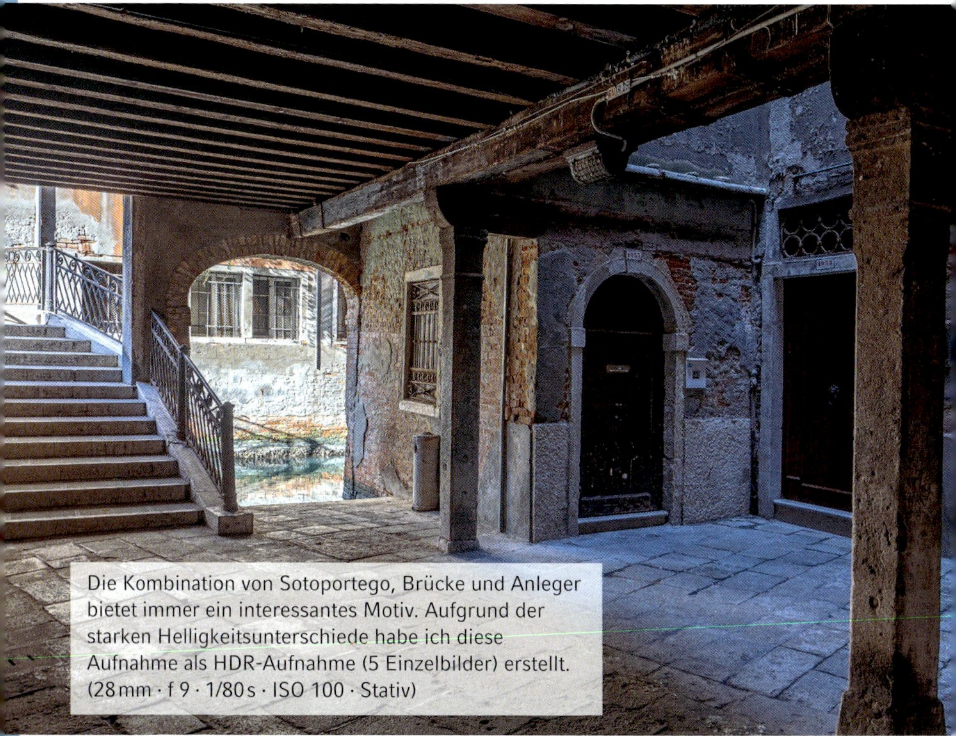

Die Kombination von Sotoportego, Brücke und Anleger bietet immer ein interessantes Motiv. Aufgrund der starken Helligkeitsunterschiede habe ich diese Aufnahme als HDR-Aufnahme (5 Einzelbilder) erstellt. (28 mm · f 9 · 1/80 s · ISO 100 · Stativ)

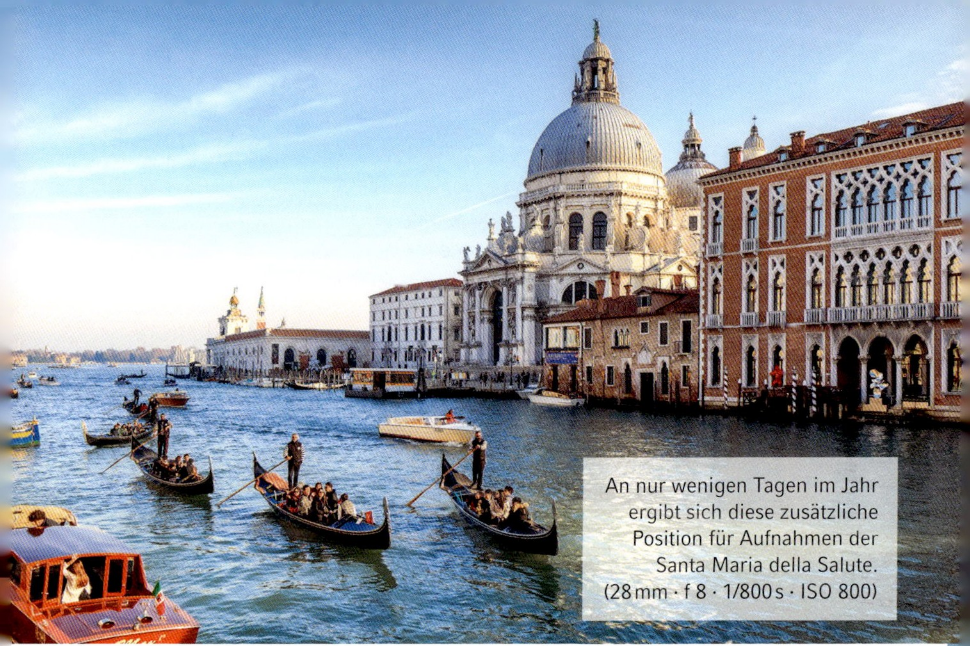

An nur wenigen Tagen im Jahr ergibt sich diese zusätzliche Position für Aufnahmen der Santa Maria della Salute. (28 mm · f 8 · 1/800 s · ISO 800)

24 PONTE DELLA SALUTE

Beste Tageszeit: tagsüber
Koordinaten: 45.431640, 12.333008
Adresse: Campiello Traghetto, 30124 Venezia VE

Die Ponte della Salute ist eine temporäre hölzerne Behelfsbrücke über den Canal Grande. Sie ermöglicht eine kurze Wegstrecke zwischen der Kirche Santa Maria del Giglio und der Kirche Santa Maria della Salute während der Festa della Madonna della Salute. Dabei handelt es sich um eine alljährlich am 21. November stattfindende Feier zur Erinnerung an das Ende der schweren Pestwellen der Jahre 1630 und 1631.

Kern dieser Feier ist eine Dankesprozession zur Basilika Santa Maria della Salute.

Das Fotografieren von der Behelfsbrücke eröffnet weitere Perspektiven auf die Basilika. Aufnahmen mit dem Stativ und längeren Belichtungszeiten sind aber nicht möglich, da sich die Brücke bewegt. Sie steht auf schwimmenden Pontons.

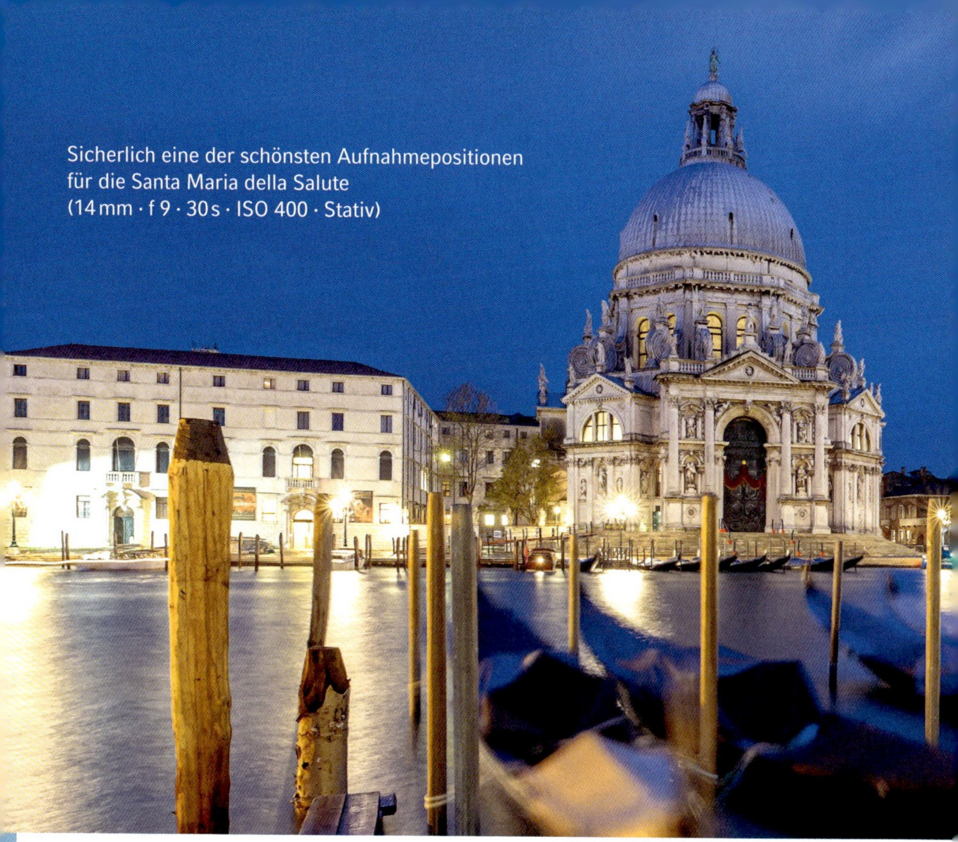

Sicherlich eine der schönsten Aufnahmepositionen für die Santa Maria della Salute (14 mm · f 9 · 30 s · ISO 400 · Stativ)

25 TRINITA WATER TAXI PIER

Beste Tageszeit: Sonnenaufgang, Sonnenuntergang
Koordinaten: 45.431819, 12.334966
Adresse: Calle Traghetto Vecchio, 30100 Venezia VE

Von der luxuriösen Einkaufsstraße Calle Larga XXII Marzo geht die kleine Gasse Calle Traghetto Vecchio ab. Der Eingang zur Gasse ist sehr schmal und die Gefahr groß, daran vorbeizulaufen. Achten Sie auf ein Bodenmosaik mit der Aufschrift »Regina«, zudem hängt und in ca. 2,5 m Höhe ein Schild mit der Aufschrift »Europa & Regina«. Folgen Sie der Gasse, bis Sie am Ende auf einen kleinen Pier treffen.

Der Pier bietet höchstens Platz für zwei bis drei Stative, entschädigt aber mit einem der schönsten

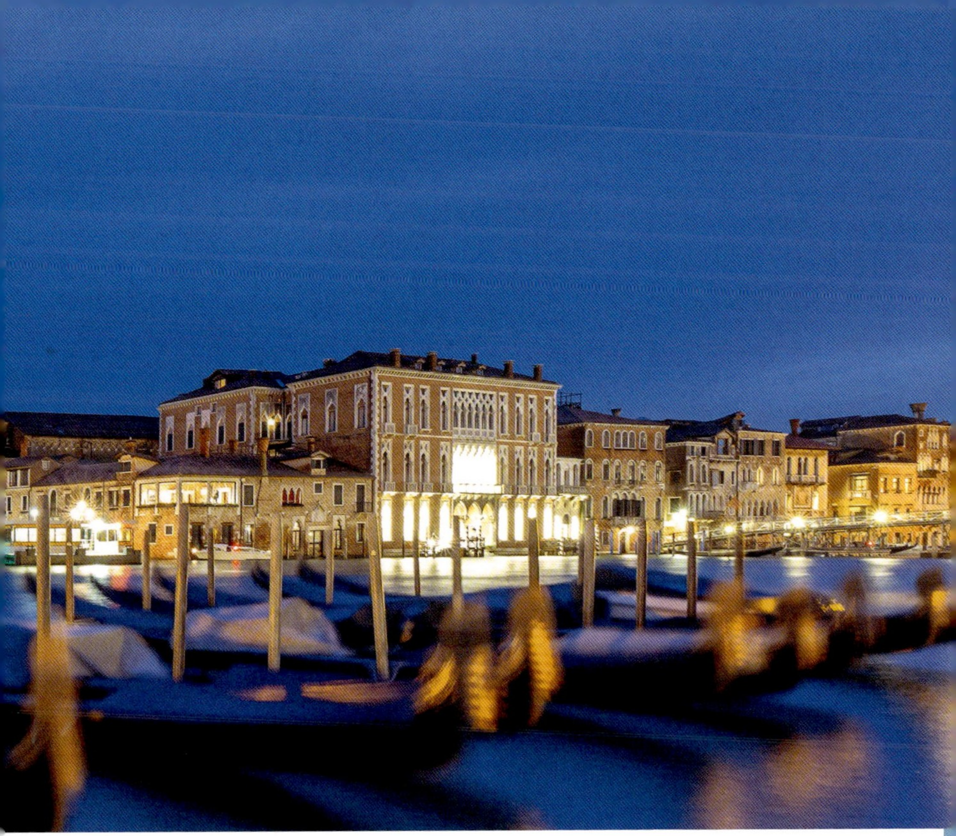

Aussichten auf die Basilika Santa Maria della Salute mit Gondeln und dem Canal Grande im Vordergrund.

Aufnahmen bei Sonnenaufgang und -untergang funktionieren hier gut. Tagsüber herrscht dagegen zu viel Verkehr auf dem Kanal.

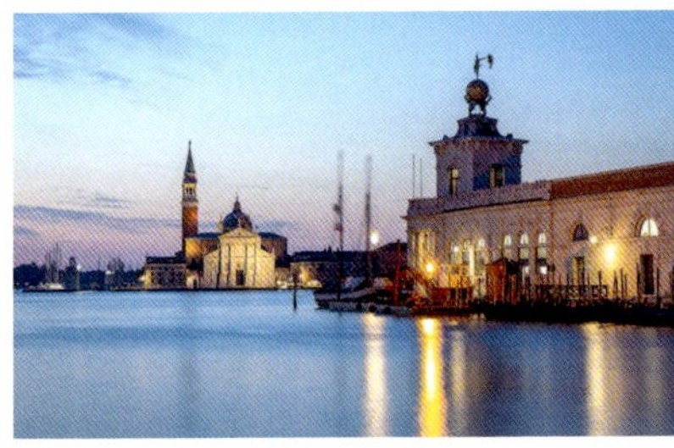

Vom gleichen Standort aus lässt sich für eine Aufnahme die Punta della Dogana mit der Kirche San Giorgio Maggiore kombinieren. (70 mm · f 10 · 30 s · ISO 100 · Stativ)

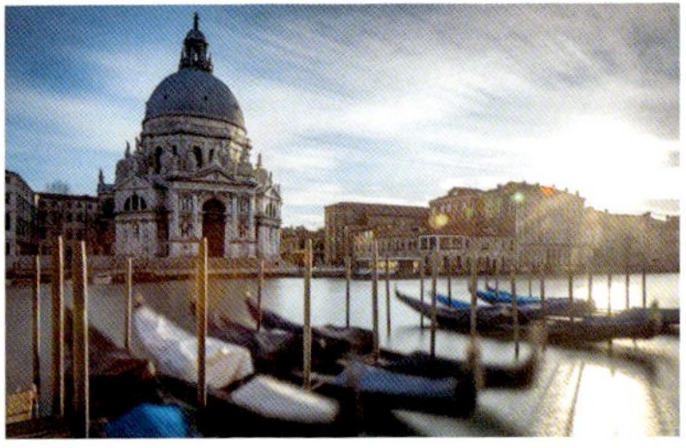

Auch für eine Langzeitbelichtung lohnt sich der Standort. (24 mm · f 16 · 124 s · ISO 100 · Stativ · ND 3.0)

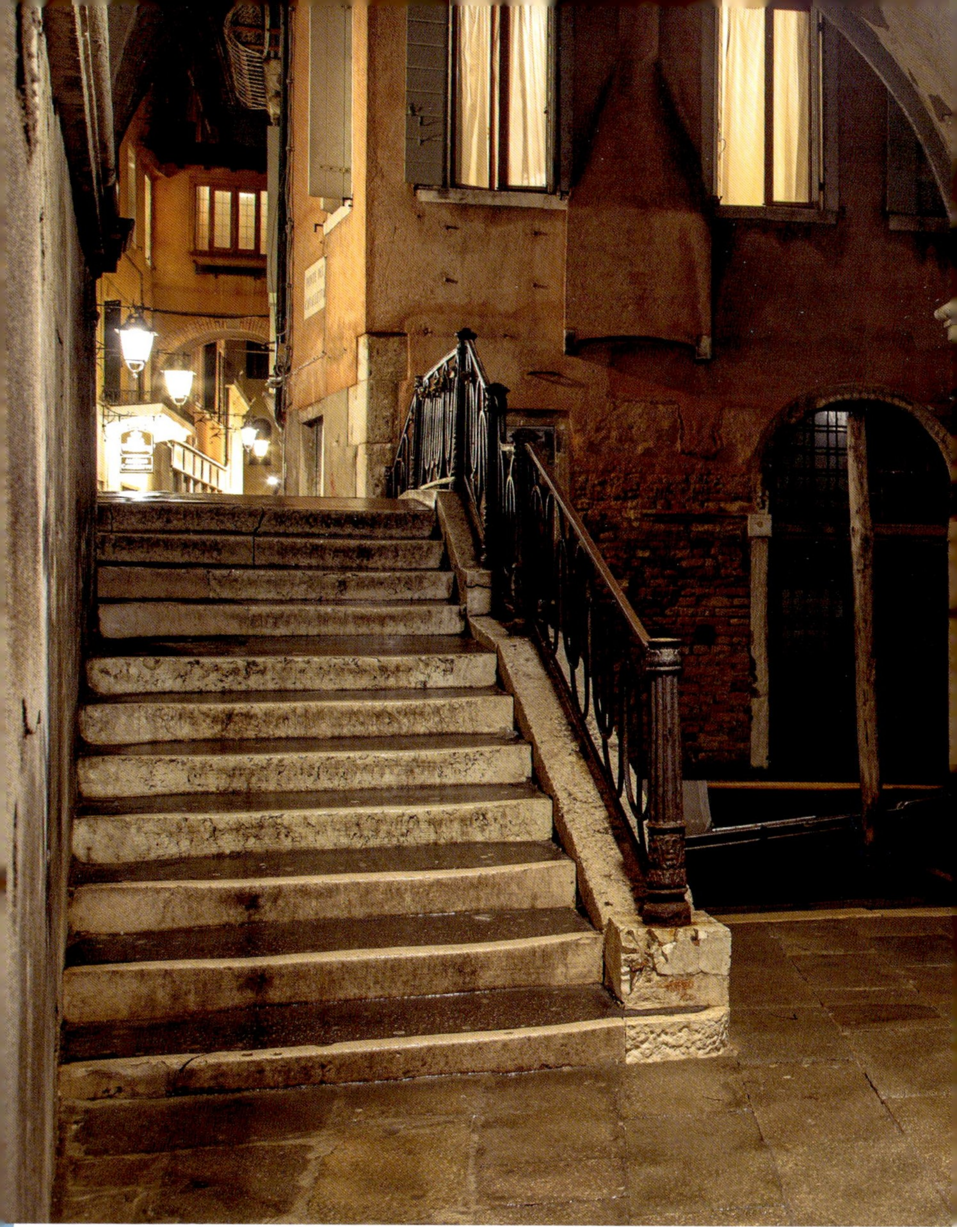

26 SOTOPORTEGO DEL CAVALLETTO

Beste Tageszeit: morgens, abends
Koordinaten: 45.434235, 12.337337
Adresse: Sotoportego del Cavalletto, 30124 Venezia VE

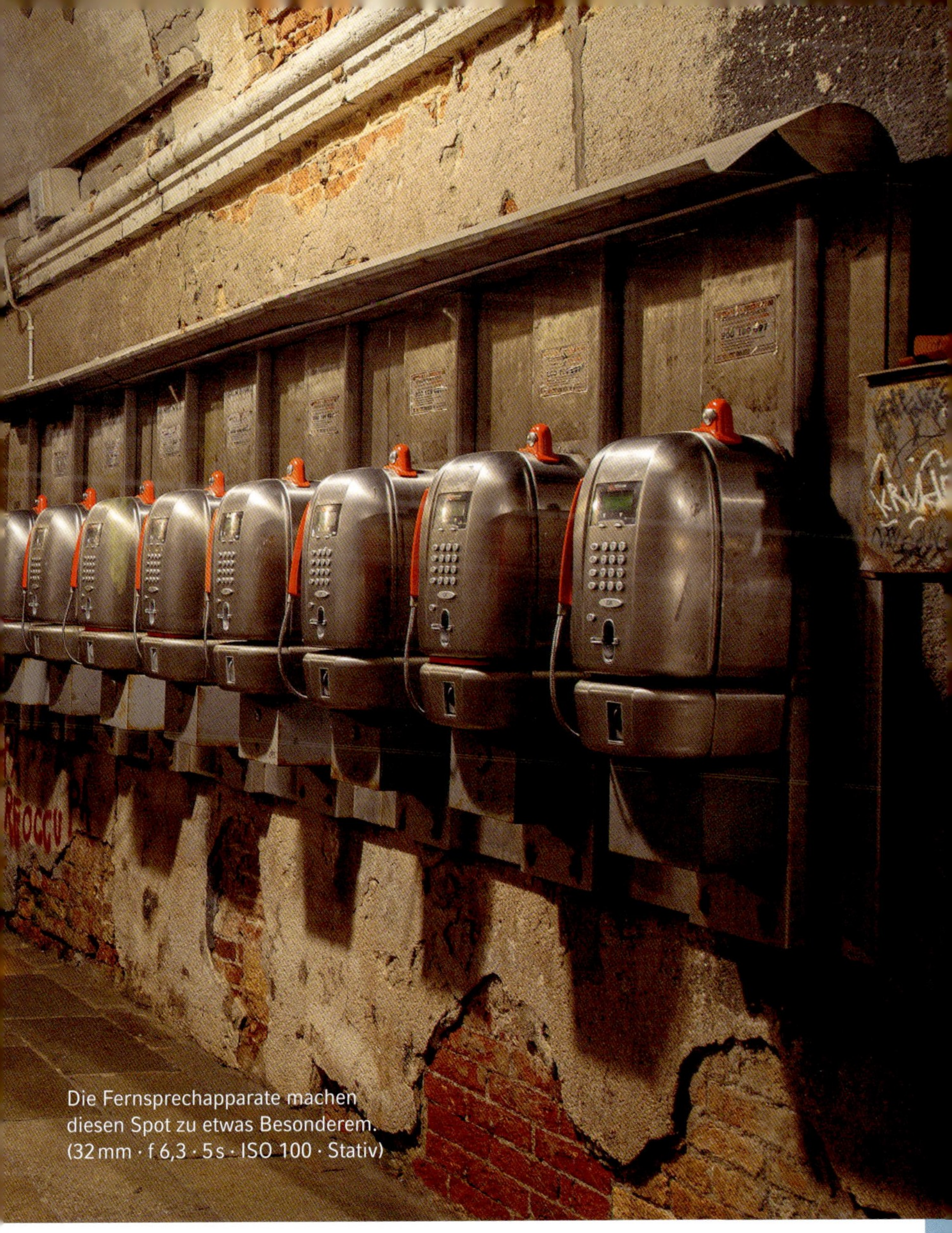

Die Fernsprechapparate machen diesen Spot zu etwas Besonderem. (32 mm · f 6,3 · 5 s · ISO 100 · Stativ)

Ein weiterer Sotoportego mit Brücke und Anlegestelle gleich in der Nähe des Markusplatzes: Das Besondere an diesem ist die Reihe mit den Fernsprechapparaten.

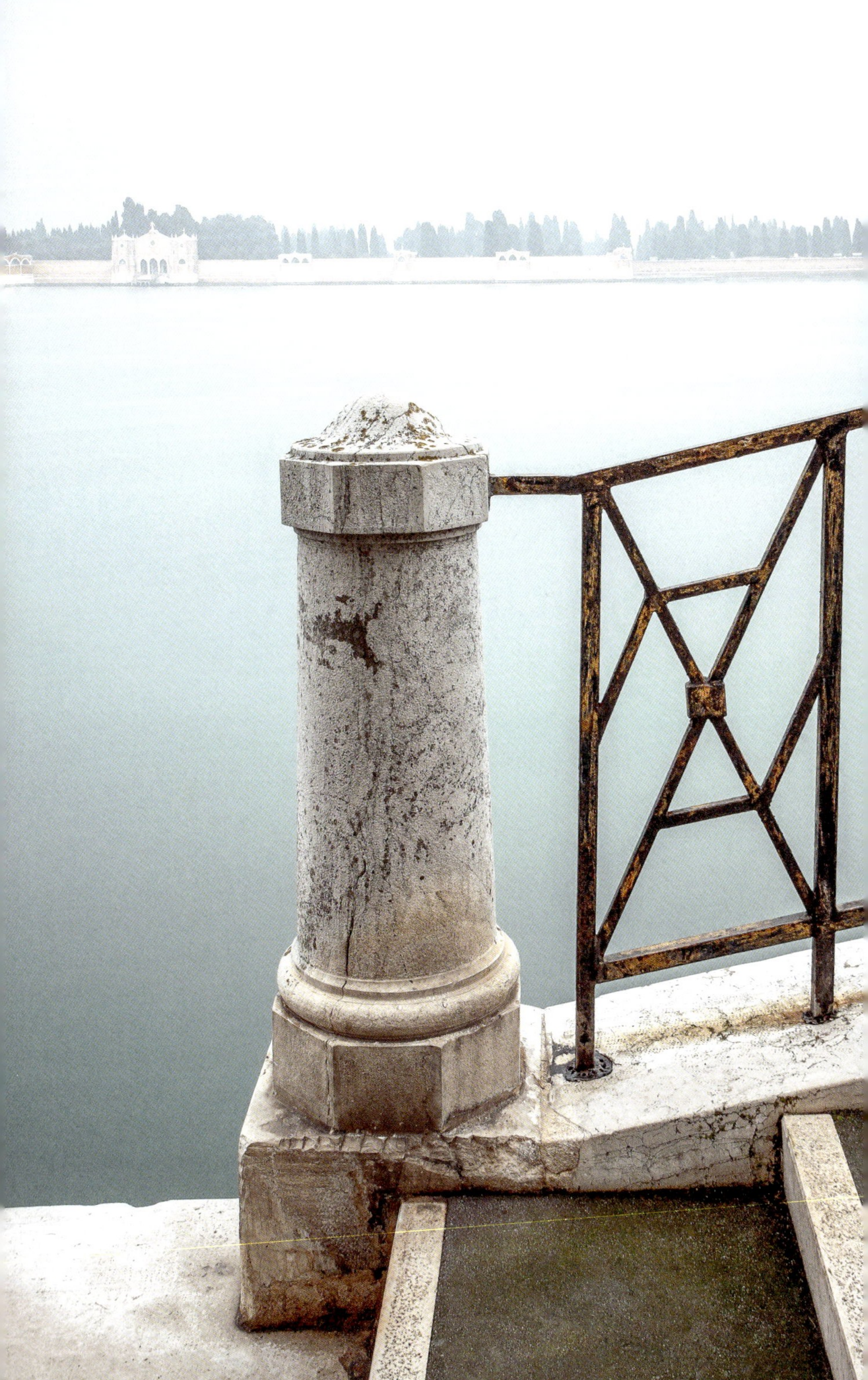

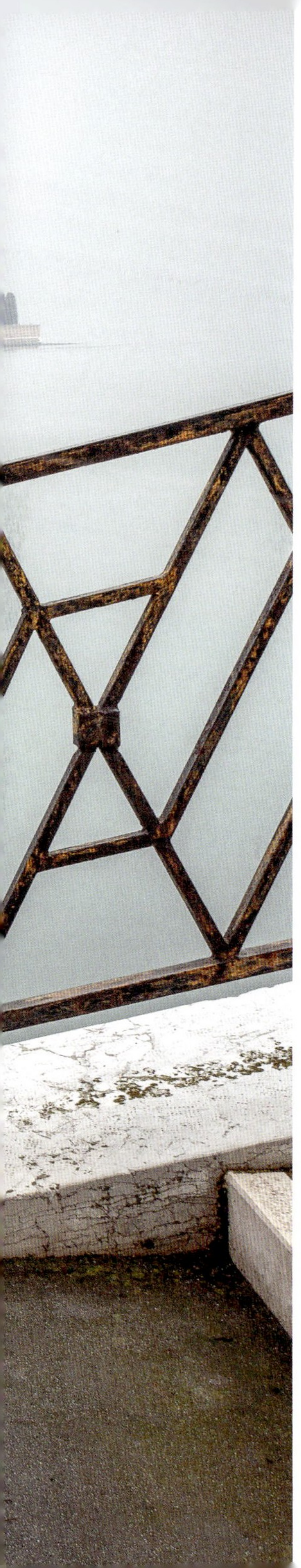

CANNAREGIO

TOUR 2

Cannaregio ist das am dichtesten besiedelte Sestiere Venedigs. Es liegt im nordwestlichen Teil Venedigs und der Name leitet sich angeblich vom Zustand des Sestiere ab, den es vor seiner Besiedlung aufwies, als es sich noch um ein versumpftes Gebiet handelte, in dem Schilfrohr (ital. canna) wuchs. Mitten durch das Sestiere führt die Strada Nova, die einzige Straße Venedigs, die diese Bezeichnung auch verdient.

Im stillen Zentrum vom Cannaregio liegt das eine magische Anziehung ausstrahlende jüdische Ghetto Venedigs. Im 17. Jahrhundert lebten hier weitgehend isoliert rund 5000 Juden. Die damals vorgeschriebene Isolation ist auch heute noch augenfällig.

CANNAREGIO
TOUR 2

1 STAZIONE DI VENEZIA SANTA LUCIA
2 GHETTO
3 GHETTO
4 GHETTO
5 CHIESA DELLA MADONNA DELL'ORTO
6 CAMPO DE L'ABAZIA
7 CAMPO DEI MORI
8 SANTA MARIA DEI MIRACOLI
9 FONDAMENTE NOVE
10 FONDAMENTE NOVE
11 RIO TERA BARBA FRUTAROL
12 MUSEO DI STORIA NATURALE
13 SAN SIMEONE PICCOLO
14 PONTE TRE ARCHI

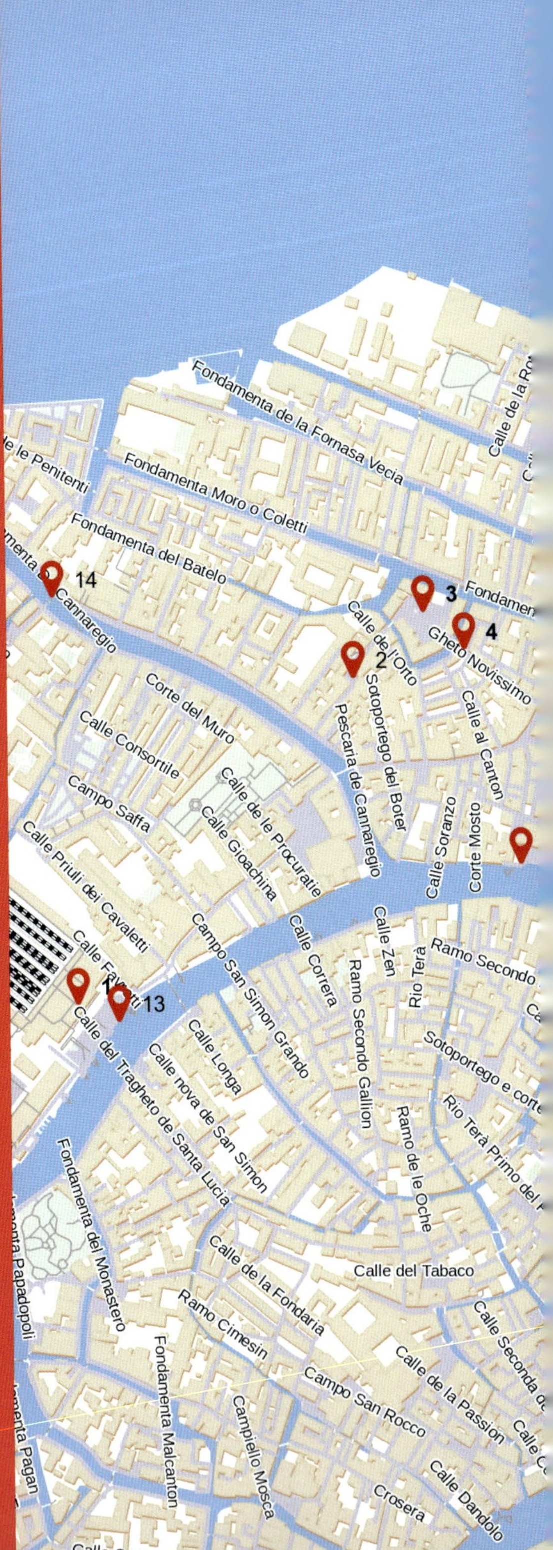

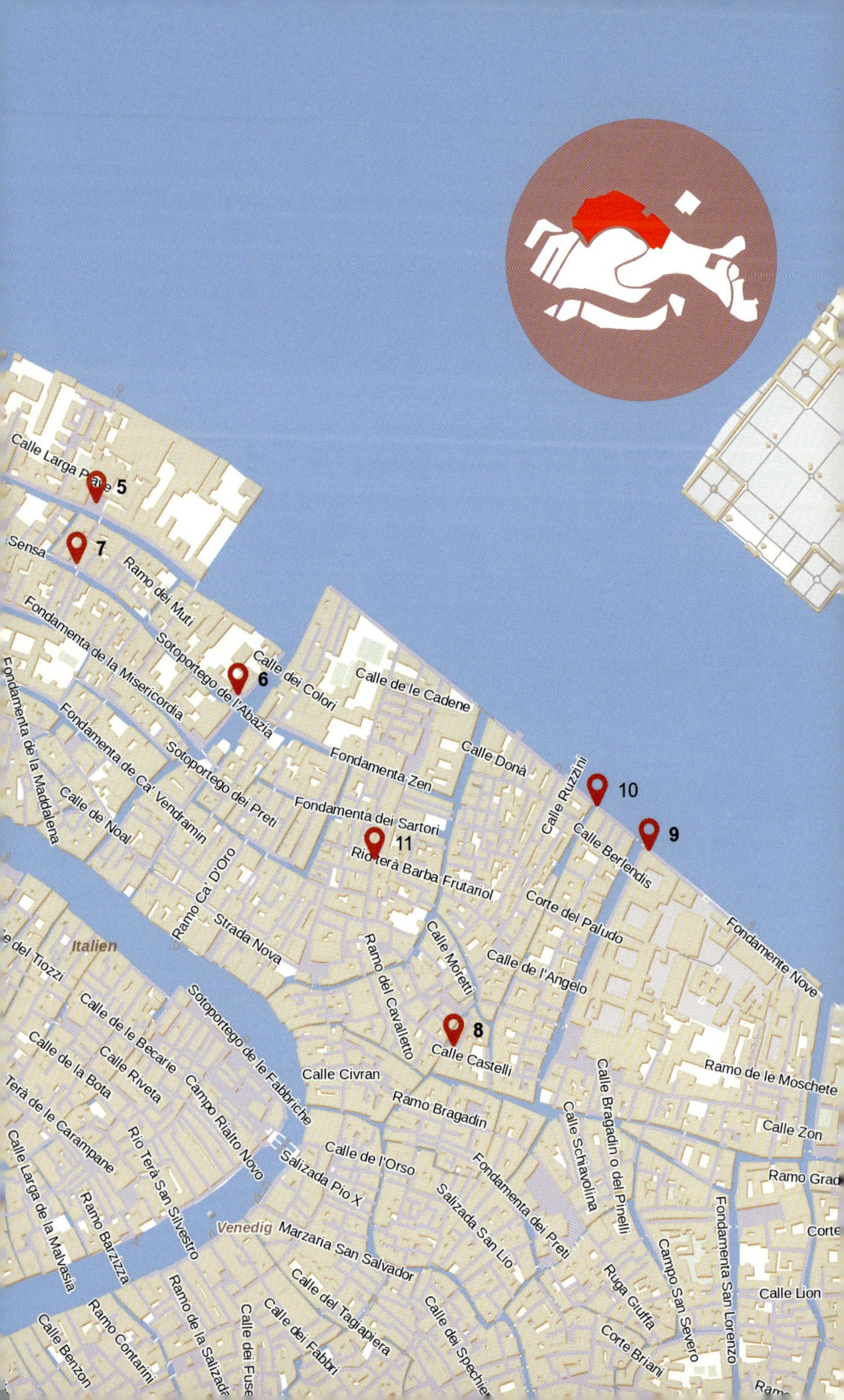

Calle Larga Pa
5
Sensa
7
Ramo dei Muti
Fondamenta de la Misericordia
Sotoportego de l'Abazia
6
Calle dei Colori
Calle de le Cadene
Fondamenta de la Maddalena
Fondamenta de Ca' Vendramin
Sotoportego dei Preti
Fondamenta Zen
Calle Donà
Calle Ruzzini
10
9
Calle de Noal
Fondamenta dei Sartori
11
Rio terà Barba Frutariol
Calle Berlendis
Ramo Ca' D'Oro
Strada Nova
Corte del Paludo
Fondamente Nove
Italien
e del Tiozzi
Ramo del Cavalletto
Calle Moretti
Calle de l'Angelo
Sotoportego de le Fabbriche
Calle de le Becarie
8
Calle Castelli
Calle de la Bota
Calle Riveta
Calle Civran
Ramo Bragadin
Ramo de le Moschete
Terà de le Carampane
Campo Rialto Novo
Calle Bragadin o del Pinelli
Calle Schiavolina
Calle Zon
Rio Terà San Silvestro
Calle de l'Orso
Salizada Pio X
Fondamenta dei Preti
Ramo Grad
Calle Larga de la Malvasia
Ramo Barzizza
Salizada San Lio
Fondamenta San Lorenzo
Corte
Venedig
Marzaria San Salvador
Campo San Severo
Ruga Giuffa
Calle Lion
Ramo de la Salizada
Calle del Tagiapiera
Calle dei Specchieri
Ramo Contarini
Calle dei Fuse
Calle dei Fabbri
Corte Briani
Calle Benzon

1 STAZIONE DI VENEZIA SANTA LUCIA

Beste Tageszeit: tagsüber, Sonnenuntergang
Koordinaten: 45.441034, 12.321107
Adresse: 30121 Venezia VE

Der Stazione di Venezia Santa Lucia ist der Hauptbahnhof von Venedig, angelegt als Kopfbahnhof und die einzige Haltstelle für Züge auf der Insel von Venedig. Sein Name nimmt Bezug auf die ehemalige Pfarrkirche Santa Lucia, die ursprünglich an diesem Ort stand und 1860 für den Bau des Bahnhofs abgerissen wurde. Das ursprüngliche Bahnhofsgebäude wurde in den Jahren 1936 bis 1943 umgebaut,

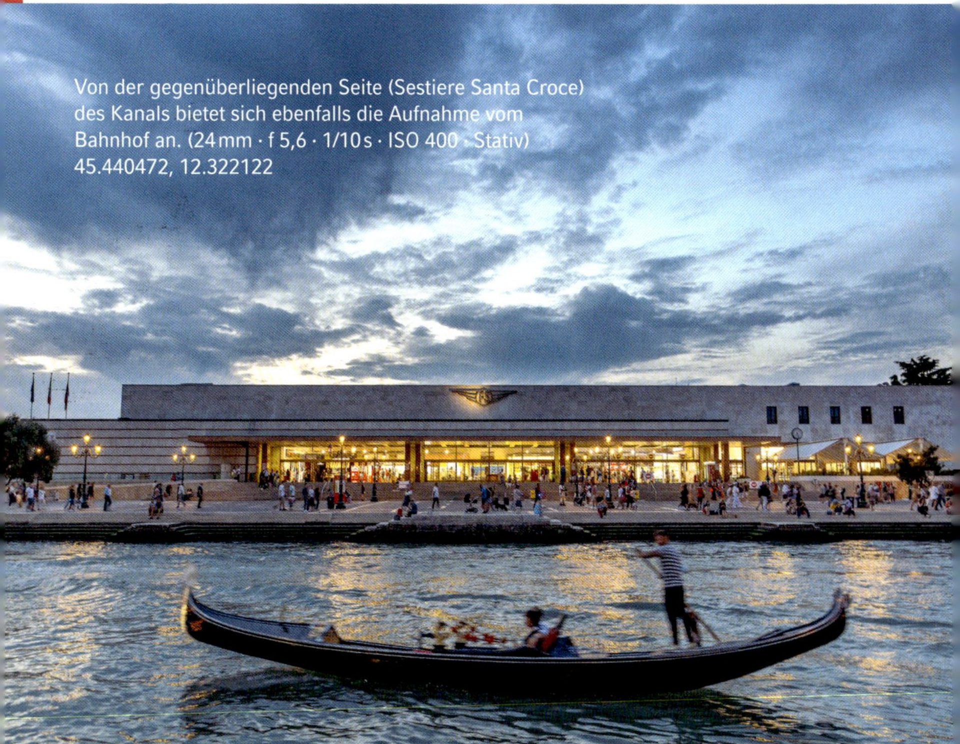

Von der gegenüberliegenden Seite (Sestiere Santa Croce) des Kanals bietet sich ebenfalls die Aufnahme vom Bahnhof an. (24 mm · f 5,6 · 1/10 s · ISO 400 · Stativ)
45.440472, 12.322122

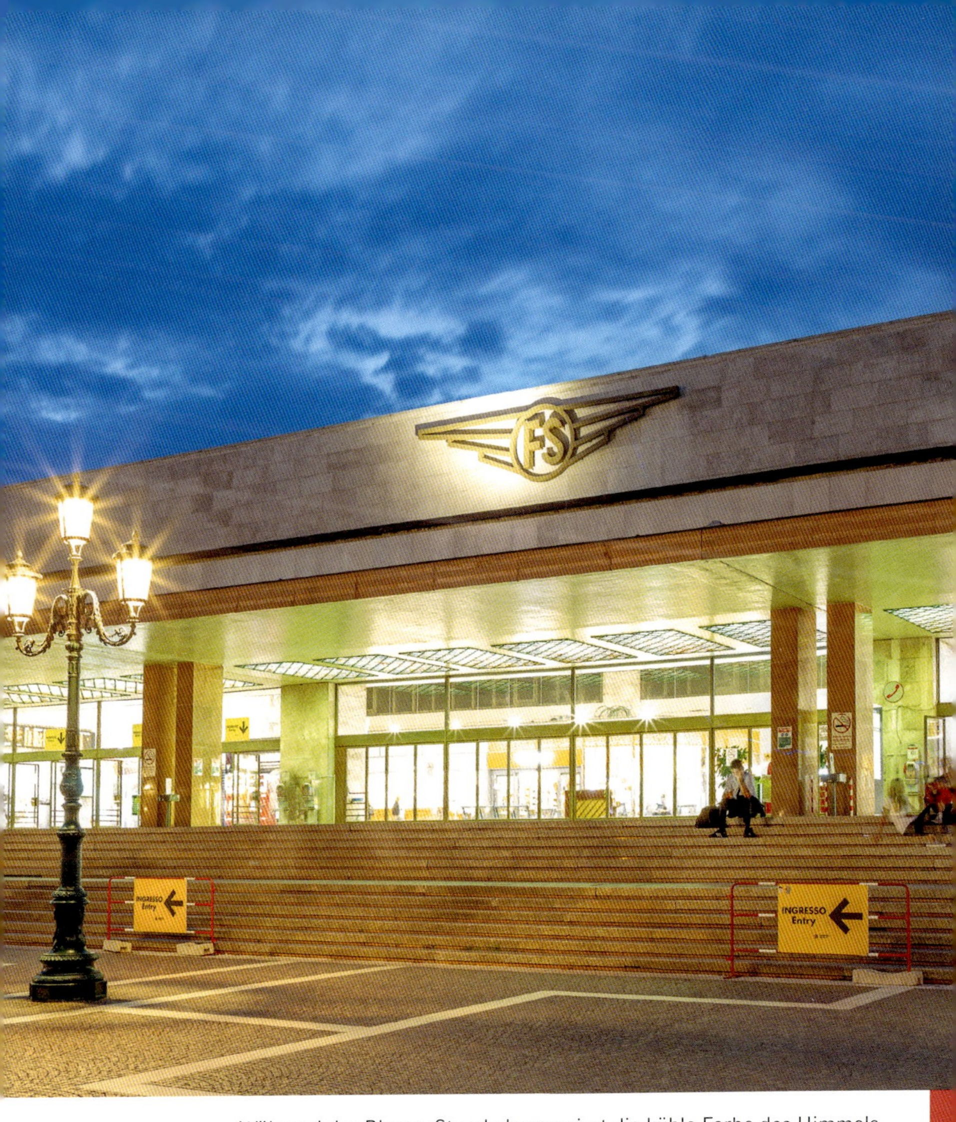

Während der Blauen Stunde harmoniert die kühle Farbe des Himmels wunderbar mit der warmen Straßen- und Bahnhofsbeleuchtung. (32 mm · f 10 · 30 s · ISO 50 · Stativ) 45.441060, 12.321577

aber erst 1952 fertiggestellt. Sein für die damalige Zeit typischer Stil des Rationalismus hebt sich stark von der Architektur der umliegenden Gebäude ab.

Bilder zur Blauen Stunde vor Sonnenauf- oder nach Sonnenuntergang gelingen hier sehr gut. Morgens ist es einfacher, weil dann weniger Menschen unterwegs sind.

GHETTO

Beste Tageszeit: tagsüber
Koordinaten: 45.444695, 12.325706 – Calle Ghetto Vecchio
Koordinaten: 45.445441, 12.326889 – Campo Ghetto Nuovo
Koordinaten: 45.445015, 12.327544 – Ghetto Novissimo
Adresse: 30121 Venezia VE

Bis Napoleon 1797 Venedig eroberte, durften nur Juden in diesem Viertel leben, denn 1516 waren alle Mitglieder dieser Religion durch einen Erlass gezwungen worden, dorthin zu ziehen. Da die Juden also daran gehindert wurden, sich in andere Teile der Stadt auszudehnen, konnten die Bewohner in diesem Sestiere zur räumlichen Erweiterung nur in die Höhe bauen. Die außergewöhnliche Höhe der Häuser im Ghetto zeugt von den überfüllten Bedingungen.

Der Name des Viertels (Ghetto) bezog sich ursprünglich auf eine in Cannaregio ansässige Gießerei. Erst später bürgerte sich der Begriff als allgemeine Bezeichnung für ein abgegrenztes jüdisches Wohnviertel ein.

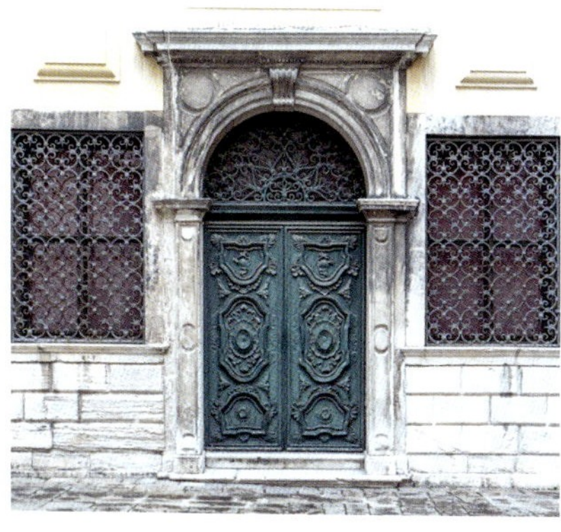

Portal der Levantinischen Synagoge
(35 mm · f 6,3 · 1/250 s · ISO 400)
45.444699, 12.325730

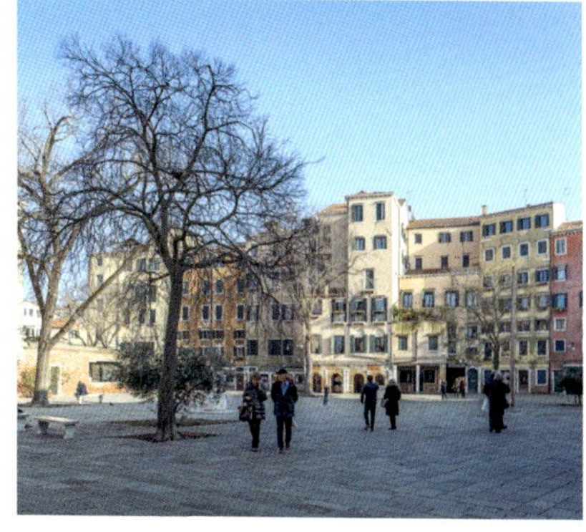

Der Campo del Ghetto Nuovo ist das Zentrum des ältesten Ghettos der Welt.
(24 mm · f 7,1 · 1/640 s · ISO 200)
45.445372, 12.326673

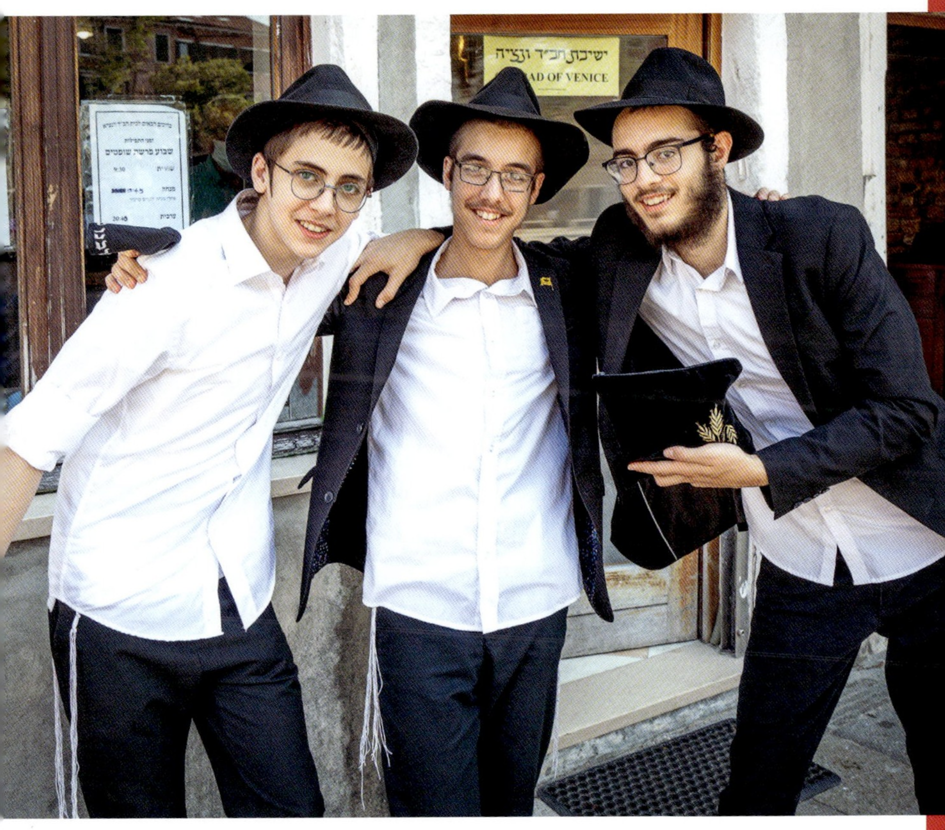

Mendel, Tzemach und Levi (v. l. n. r.) vor der Synagoge Chabad di Venezia
(24 mm · f 6,3 · 1/200 s · ISO 400) 45.445426, 12.327326

Es gibt mehrere Synagogen im Ghetto und ein interessantes Museum, das einen sehr informativen Einblick in das Leben der Juden im Ghetto durch die Jahrhunderte bietet. Es besteht auch die Möglichkeit, das Museum in Kombination mit drei Synagogen zu besuchen. Leider ist das Fotografieren in diesen Gotteshäusern nicht gestattet.

Am Samstag sind nahezu alle Geschäfte im Ghetto geschlossen. Besuchen Sie das Ghetto daher am besten an einem anderen Wochentag.

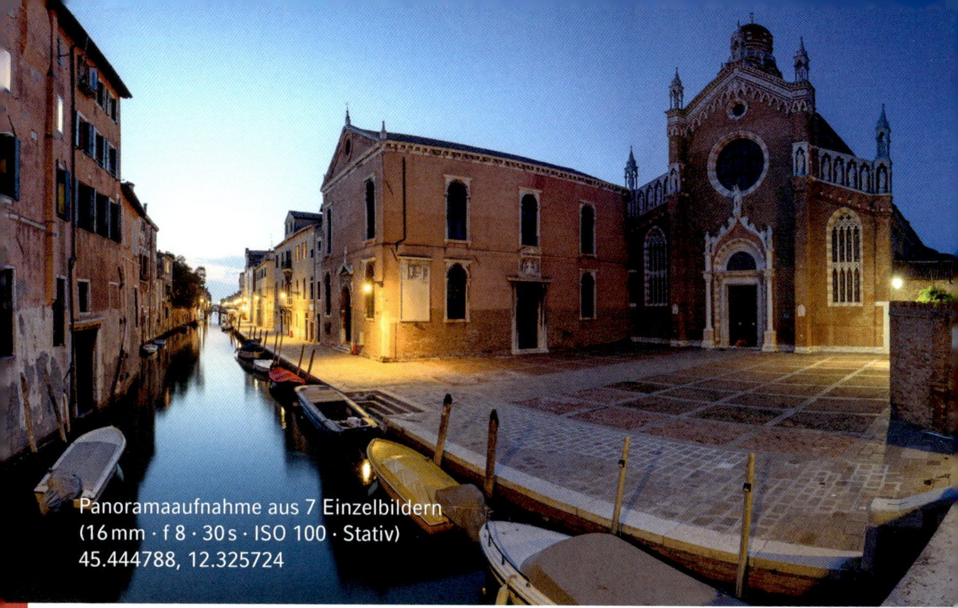

Panoramaaufnahme aus 7 Einzelbildern
(16 mm · f 8 · 30 s · ISO 100 · Stativ)
45.444788, 12.325724

5 CHIESA DELLA MADONNA DELL'ORTO

Beste Tageszeit: tagsüber, abends
Koordinaten: 45.446184, 12.332438
Adresse: Cannaregio, 3512, 30121 Venezia VE
Öffnungszeiten: Montag bis Samstag 10:00 bis 17:00 Uhr
Sonntag 12:00 bis 17:00 Uhr
Eintritt: 3 Euro

Die gotische Kirche wurde nach der Hochwasserkatastrophe von 1966 beispielhaft restauriert. Ursprünglich war sie dem Schutzheiligen der Reisenden geweiht. Als im 15. Jahrhundert in einem nahen Gemüsegarten (orto) eine Marienstatue entdeckt wurde, weihte man die Kirche um. Bedeutendster Schatz sind die Werke Tintorettos, der in der Pfarrei wohnte und dort seine Werkstatt hatte. In einer der Kapellen befindet sich heute sein Grabmal. Dort umgeben ihn mehrere seiner Werke.

Die Kirche liegt etwas versteckt an der nördlichsten Kante in Cannaregio und zählt zu den schönsten Gotteshäusern der Stadt. Der Kreuzgang des ehemaligen Klosters ist eine Oase der Ruhe.

6 CAMPO DE L'ABAZIA

Beste Tageszeit: morgens, Blaue Stunde
Koordinaten: 45.443756, 12.335095
Adresse: Campo de l'Abazia, 3550, 30121 Venezia VE

Dieser Campo liegt abseits der Touristenpfade im nördlichen Teil des Sestiere Cannaregio.

Am Campo de l'Abazia befindet sich die Chiesa dell'Abbazia della Misericordia. Sie wurde von der Bruderschaft der Misericordia im gotischen Baustil errichtet. Seit 1969 ist die Kirche geschlossen und dekonsekriert. Sie dient heute als Lager- und Veranstaltungsraum.

An die Kirche grenzt die Scuola vecchia di Santa Maria della Misericordia an – ein sehr großes, lang gestrecktes Gebäude, dessen Fassade zum Campo de l'Abazia weist. Auf seiner linken Seite verläuft die Fondamenta de l'Abazia als Sotoportego unter dem Gebäude hindurch.

Am Morgen wird die Fassade vorteilhaft von der Sonne angestrahlt. Aber hier lohnt sich auch die Blaue Stunde für Aufnahmen.

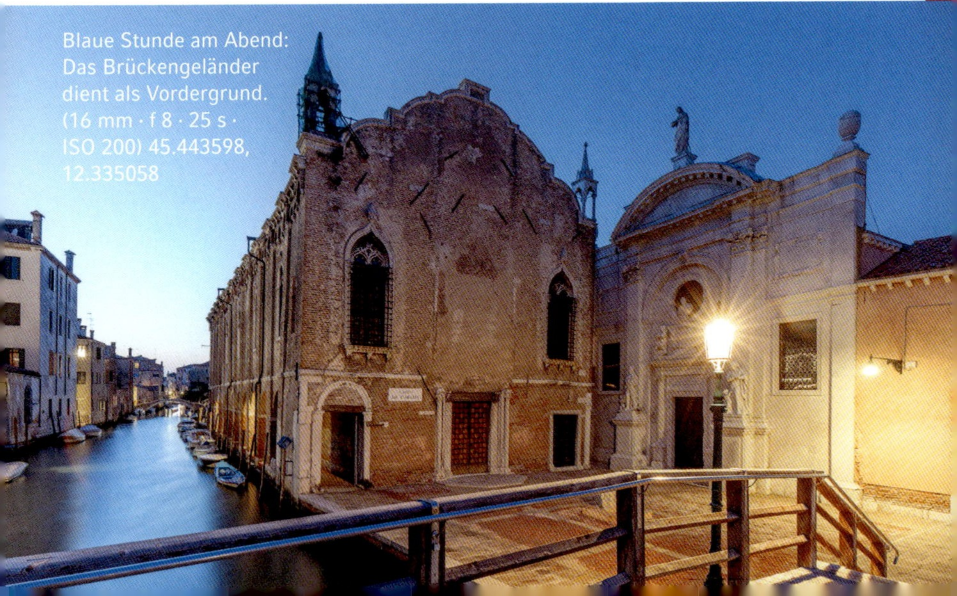

Blaue Stunde am Abend: Das Brückengeländer dient als Vordergrund. (16 mm · f 8 · 25 s · ISO 200) 45.443598, 12.335058

7 CAMPO DEI MORI

Beste Tageszeit: tagsüber
Koordinaten: 45.445417, 12.332066
Adresse: Fondamenta dei Mori, 30121 Venezia VE

Der Campo dei Mori erhielt seinen Namen von den arabisch wirkenden Statuen, die sich in den Nischen der angrenzenden Häuser befinden. Sie stellen angeblich die drei Brüder Mastelli dar – Seidenhändler, die vom Peleponnes stammten.

Die Eckfigur zeigt den Signor Antonio Rioba, eine sogenannte »sprechende Statue«, an deren im 19. Jahrhundert hinzugefügter rostiger Eisennase Venezianer anonyme Kritiken und Satiren gegen die Obrigkeit hinterließen.

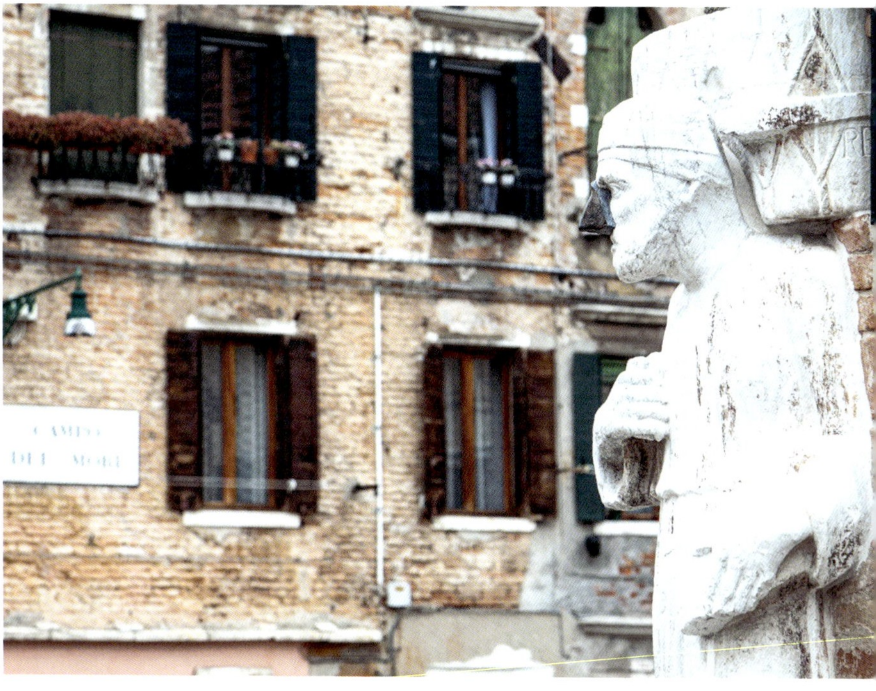

Die Eckfigur des Signor Antonio Rioba
(105 mm · f 8 · 1/320 s · ISO 400) 45.445350, 12.332132

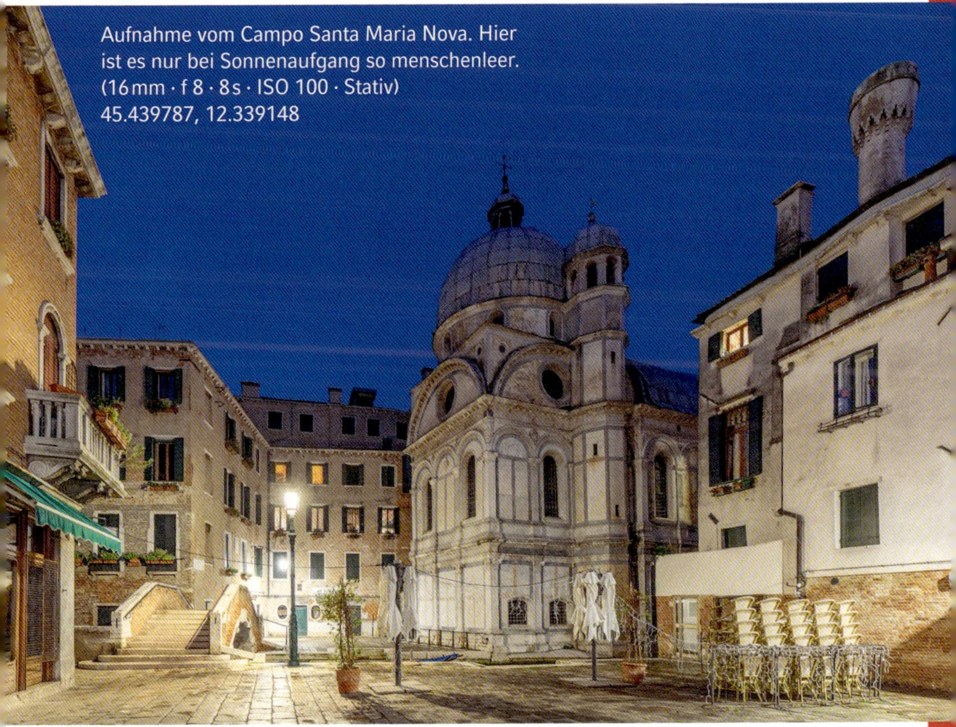

Aufnahme vom Campo Santa Maria Nova. Hier ist es nur bei Sonnenaufgang so menschenleer. (16mm · f 8 · 8s · ISO 100 · Stativ) 45.439787, 12.339148

8 SANTA MARIA DEI MIRACOLI

Beste Tageszeit: tagsüber, Blaue Stunde
Koordinaten: 45.439313, 12.339122
Adresse: Campo dei Miracoli, 30121 Venezia VE
Öffnungszeiten: Montag bis Samstag 10:30 bis 13:30 Uhr und 14:30 bis 17:00 Uhr
Eintritt: 3 Euro
Webseite: *www.chorusvenezia.org*

Hoch über dem Altar findet sich eine Ikone der Jungfrau Maria, die einst wundersame Heilungen vollbracht haben soll. Ihr zu Ehren wurde die Kirche errichtet und in nur acht Jahren vollendet. Sie fand Platz in einer Baulücke und so entstand ein einschiffiges Gotteshaus mit Tonnengewölbe und einem Rundbogengiebel.

Die komplette Innenausstattung der Kirche ist in Marmor gehalten, der sich in verschiedenen Variationen und Marmorierungen präsentiert. Großes handwerkliches Können dokumentiert die schwere Kassettendecke, auf der Propheten dargestellt sind.

Das Fotografieren in dieser Kirche ist eigentlich verboten, doch wenn man am Eingang bei der Aufsichtsperson nachfragt, macht sie nach meiner Erfahrung in der Regel eine Ausnahme.

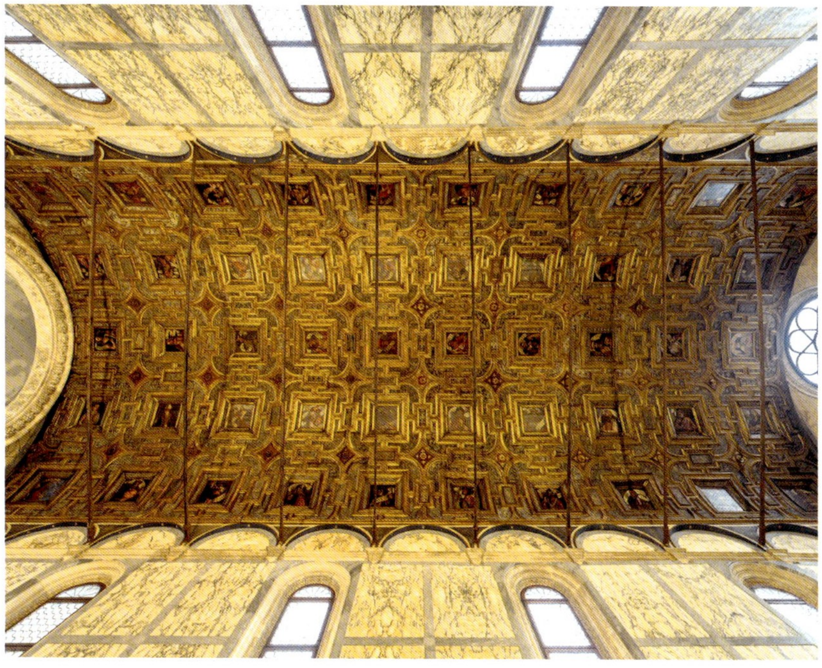

Die gewölbte Kassettendecke der Kirche Santa Maria dei Miracoli (14 mm · f 8 · 4 s · ISO 100 · Stativ a. A.)

Blaue Stunde am Morgen ▶
(20 mm · f 8 · 124 s · ISO 100 · Stativ)
45.439855, 12.339463

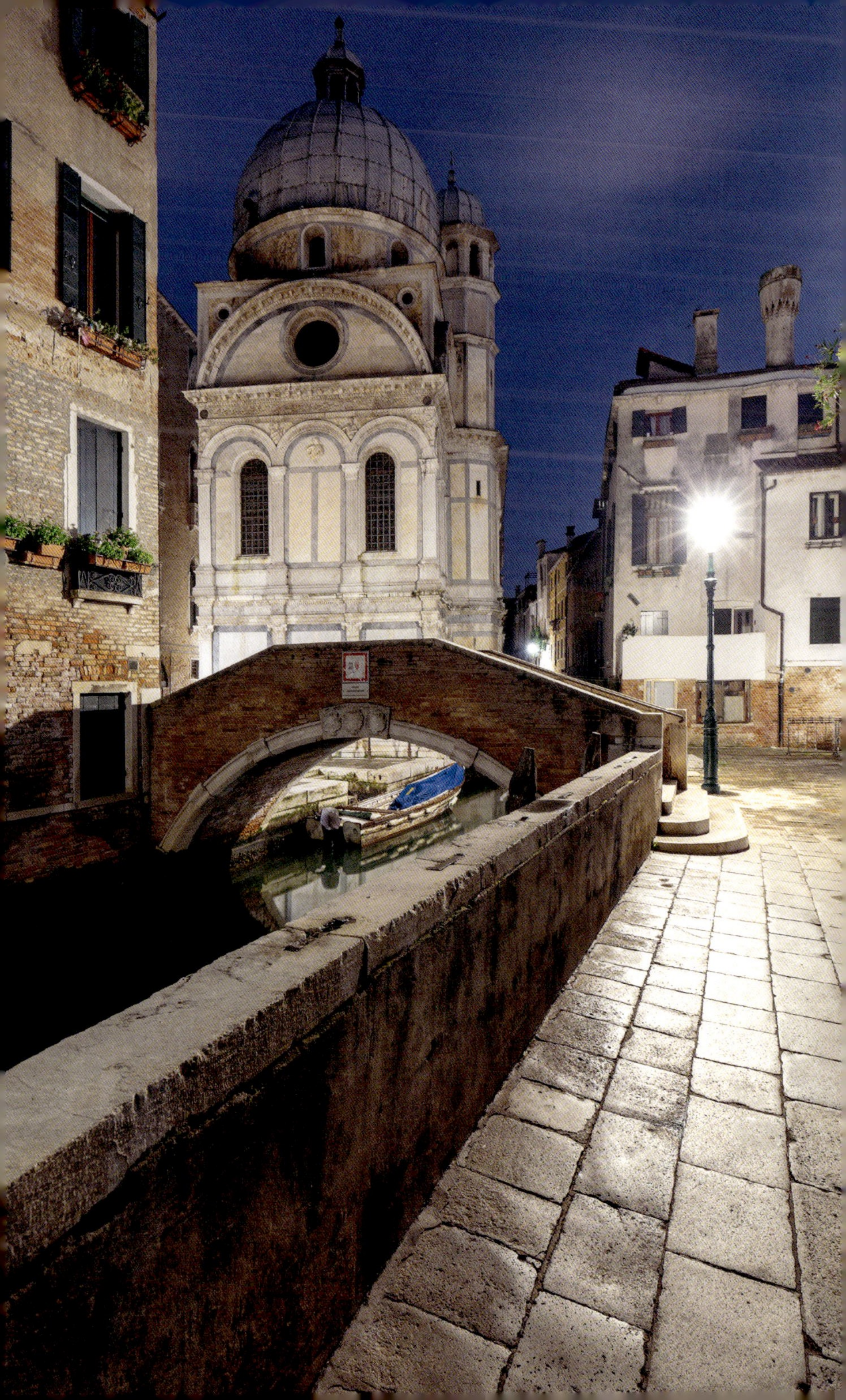

9 10 FONDAMENTE NOVE

Beste Tageszeit: tagsüber
Koordinaten: 45.441772, 12.342787 – Ponte dei Mendicanti
Koordinaten: 45.442342, 12.341822 – Ponte Panada
Adresse: Fondamente Nove, 30121 Venezia VE

Die Fondamente Nove (dt. Neue Kais) bezeichnen die rund 1 km lange Uferstraße auf der Nordseite Venedigs. Von hier aus ergeben sich großartige Aufnahmen über die nördliche Lagune. An klaren Tagen reicht der Blick sogar bis zu den Dolomiten. Besonders schön stellt sich die Friedhofsinsel San Michele mit ihren dunklen Zypressen dar.

Die Insel San Michele eignet sich von diesem Standort aus ganz hervorragend für Langzeitbelichtungen.

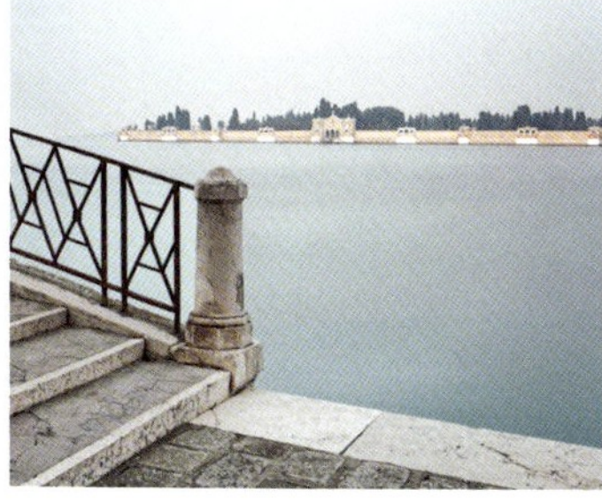

Die Säule mit den Stufen der Ponte dei Mendicanti eignet sich als Vordergrundmotiv für eine Langzeitbelichtung der Insel San Michele.
(42 mm · f 16 · 120 s · ISO 100 · Stativ · ND 3.0)
45.441772, 12.342787

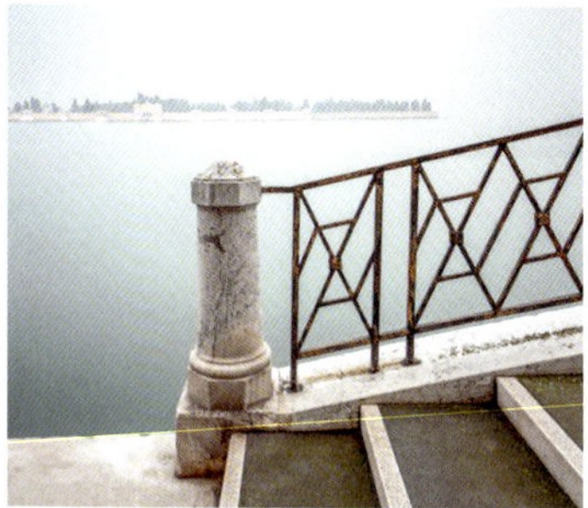

Auch das andere Ende der Brücke funktioniert als Motiv sehr gut.
(24 mm · f 16 · 240 s · ISO 100 · Stativ · ND 3.0)
45.441937, 12.342505

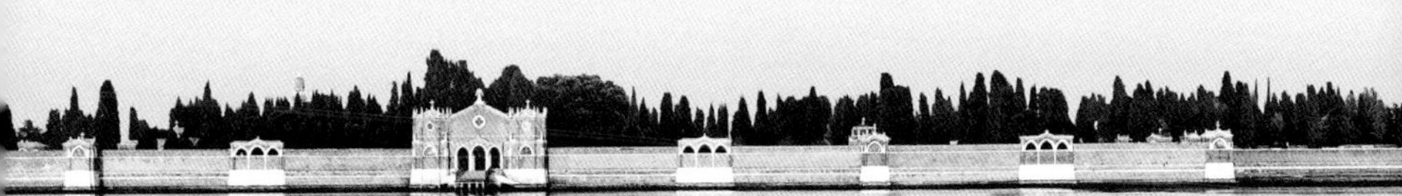

Die Ponte Panada stellt die einzige Möglichkeit dar, eine Aufnahme von der Insel San Michele zu produzieren, ohne dass ein Objekt die Insel verdeckt. (30 mm · f 8 · 30 s · ISO 100 · Stativ · ND 3.0) 45.442342, 12.341822

11 RIO TERA BARBA FRUTAROL

Beste Tageszeit: tagsüber
Koordinaten: 45.441674, 12.337635
Adresse: Rio Tera Barba Frutarol, 4718, 30121 Venezia VE

Dieses interessante Büdchen lässt sich von der Kreuzung Rio Tera Barba Frutarol und Rio Tera' Santi Apostoli fotografieren.

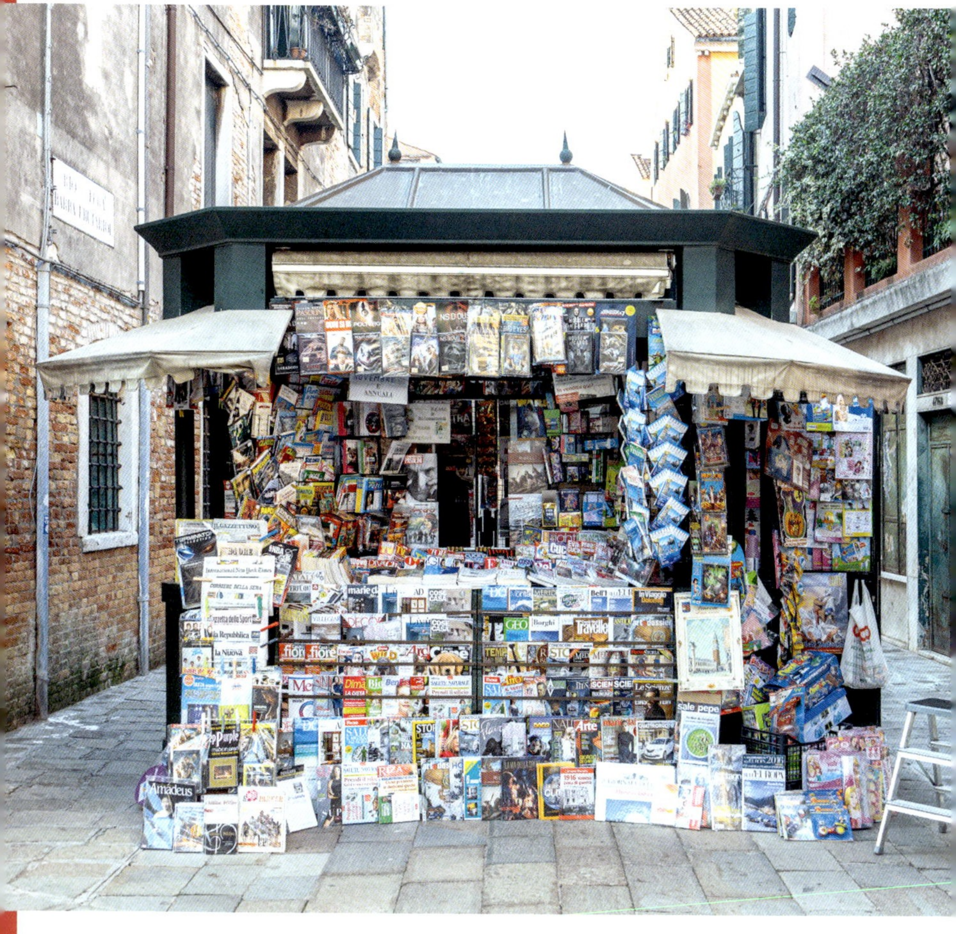

(35 mm · f 6,3 · 1/250 s · ISO 640)

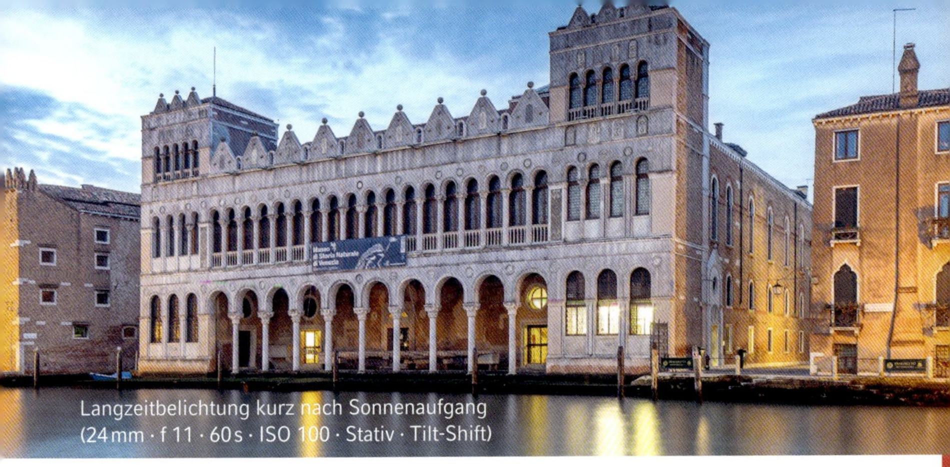

Langzeitbelichtung kurz nach Sonnenaufgang
(24 mm · f 11 · 60 s · ISO 100 · Stativ · Tilt-Shift)

12 MUSEO DI STORIA NATURALE

Beste Tageszeit: Sonnenaufgang, tagsüber
Koordinaten: 45.442615, 12.328446
Adresse: Salita Fontego, 1760, 30121 Venezia VE

Nur wenige Meter von der Vaporetto-Station San Marcuola Casino entfernt befindet sich eine guter Standort, um über den Canal Grande das Museo di Storia Naturale zu fotografieren. Der Fondaco dei Turchi, der das Naturhistorische Museum beherbergt, hat eine interessante Geschichte. Im 13. Jahrhundert war er einer der größten Paläste am Canal Grande. Im Jahre 1381 wurde er von den Herzögen von Ferrara gekauft und für Bankette genutzt. Ab 1621 richteten die Türken hier ihre Handelsniederlassung ein und die Säulenhalle wurde zum Lager. Nach dem Niedergang des Orienthandels verfiel das Gebäude, bis Österreicher es kauften und 1850 mit Renovierungsarbeiten begannen.

Seit 1923 ist nun das Naturhistorische Museum mit ausgestopften Tieren, Dinosaurierfossilien und einer Abteilung zu Flora und Fauna in dem Gebäude untergebracht.

Das Gebäude eignet sich für Aufnahmen während der Blauen Stunde und für Langzeitbelichtungen tagsüber.

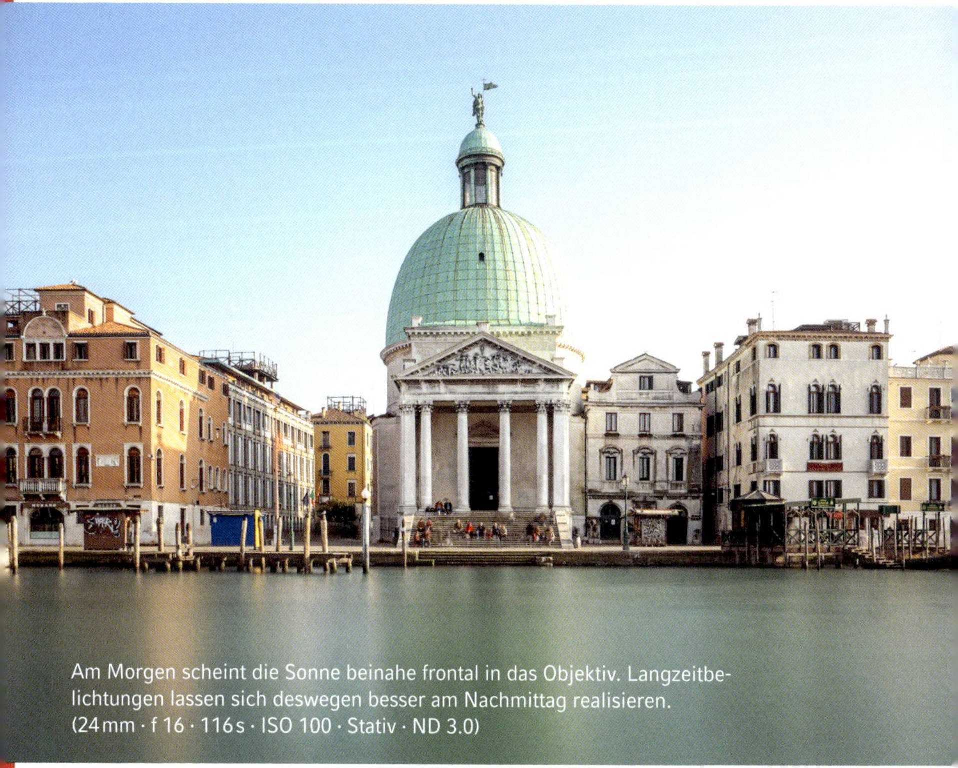

Am Morgen scheint die Sonne beinahe frontal in das Objektiv. Langzeitbelichtungen lassen sich deswegen besser am Nachmittag realisieren. (24 mm · f 16 · 116 s · ISO 100 · Stativ · ND 3.0)

13 SAN SIMEONE PICCOLO

Beste Tageszeit: Blaue Stunde, tagsüber am Nachmittag
Koordinaten: 45.440845, 12.321783
Adresse: Fondamenta Santa Lucia, 30121 Venezia VE

Die Kirche San Simeone Piccolo hat trotz ihres Namens große Ausmaße. Sie wurde 1738 gebaut und lehnt sich von ihrer Anlage her in Teilen an das Pantheon in Rom an. Kirchenpatrone sind die Apostel Simon und Judas Thaddäus. Das Gotteshaus wird nur zu Gottesdiensten geöffnet.

Am besten lässt es sich über den Canal Grande hinweg vom Vorplatz der Stazione Santa Lucia aus fotografieren.

14 PONTE TRE ARCHI

Beste Tageszeit: tagsüber
Koordinaten: 45.445589, 12.320749
Adresse: Fondamenta Cannaregio, 30121 Venezia VE

Die Ponte Tre Archi hat einen Alleinstellungsstatus, da sie die einzige heute noch existierende Drei-Bogen-Brücke Venedigs ist. Darüber hinaus zählt sie zu den breitesten Brücken in der Stadt. Sie wurde 1688 vom Architekten Andrea Tirali anstelle einer 1503 errichteten Steinbrücke errichtet, die ihrerseits wiederum eine dreibogige Holzbrücke ersetzt hatte.

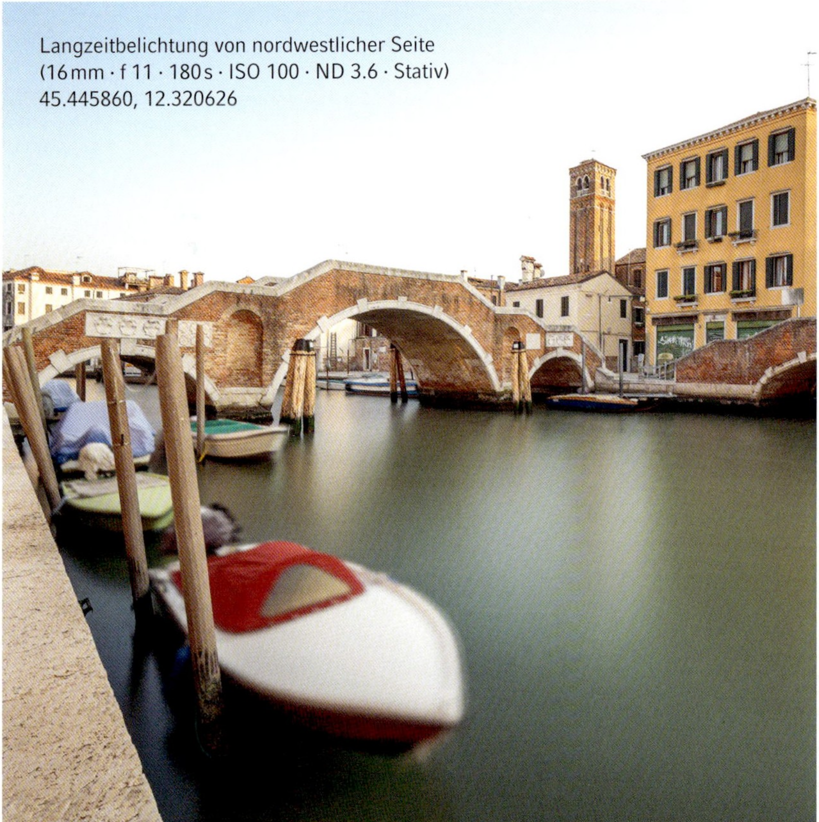

Langzeitbelichtung von nordwestlicher Seite
(16 mm · f 11 · 180 s · ISO 100 · ND 3.6 · Stativ)
45.445860, 12.320626

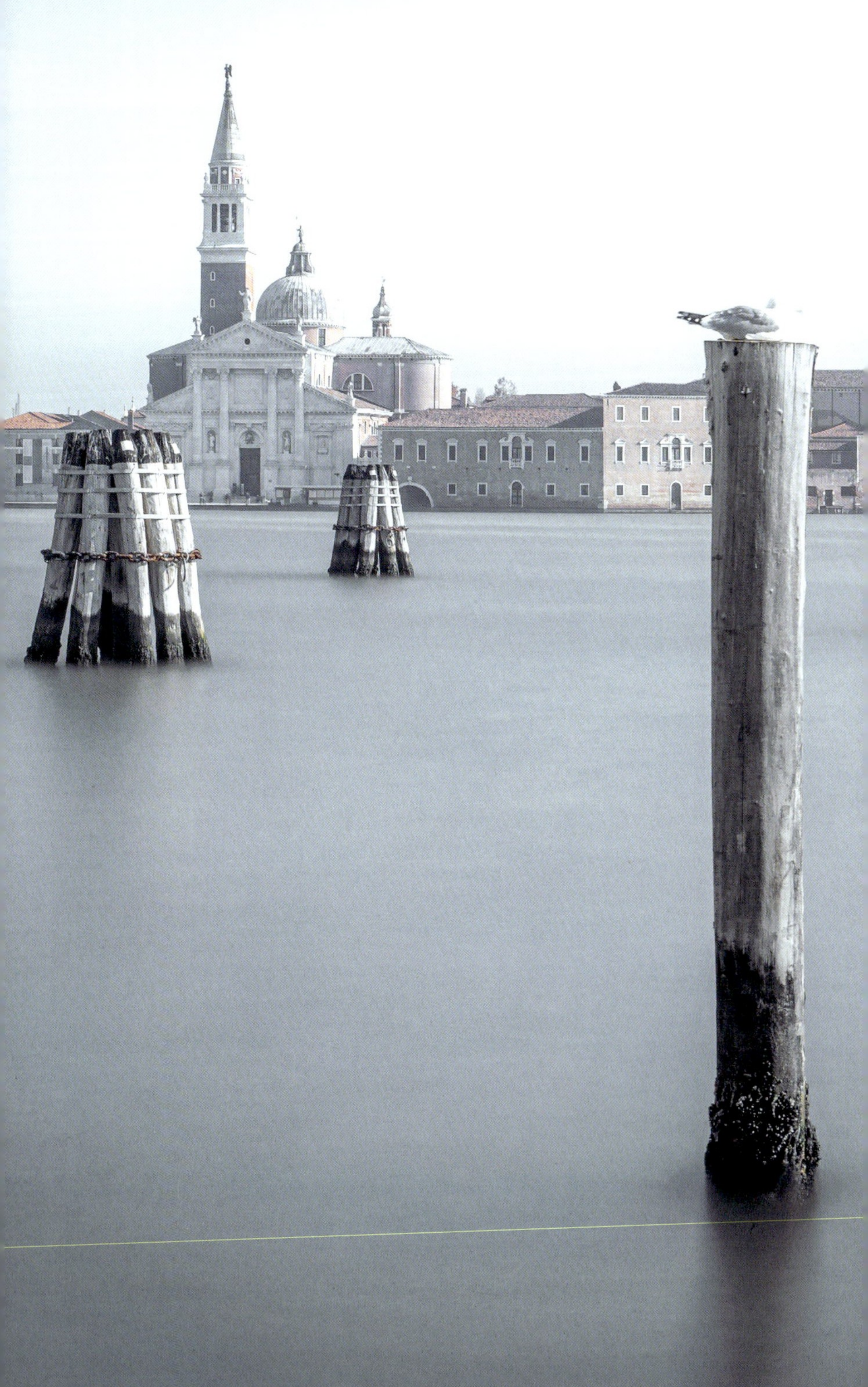

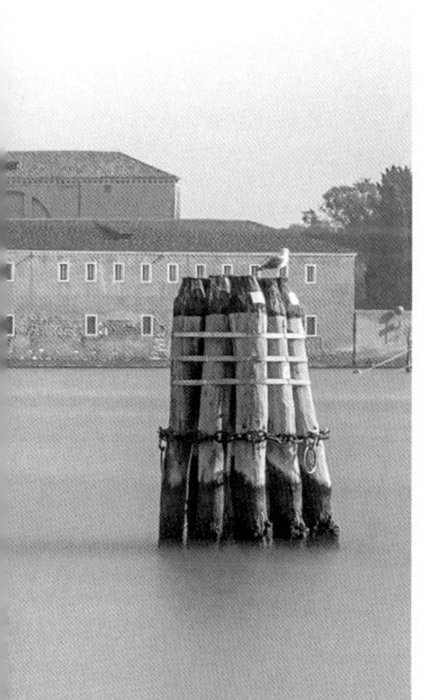

DORSODURO
TOUR 3

Dorsoduro bedeutet übersetzt so viel wie »harter Rücken« und ist eines der sechs historischen Viertel Venedigs. Womöglich stammt der Name wohl von dem festen Untergrund, auf dem sich dieser Stadtteil befindet. Das südlich gelegene Dorsoduro ist bei Touristen sehr beliebt, da es zahlreiche Prachtbauten zu bieten hat – die Kirche Santa Maria della Salute ist einer davon. Sie wurde von den Venezianern im Jahr 1630 aus Dankbarkeit für das Überleben einer Pestepidemie prominent am Canal Grande errichtet.

In Dorsoduro befinden sich auch bedeutende Kunstsammlungen wie die Gallerie dell'Accademia, die Collezione Peggy Guggenheim und die François Pinault Foundation in der Punta della Dogana.

DORSODURO
TOUR 3

1. PONTE DELL'ACCADEMIA
2. SANTA MARIA DELLA SALUTE
3. PUNTA DELLA DOGANA
4. FONDAMENTA ZATTERE
5. FONDAMENTA ZATTERE
6. SQUERO DI SAN TROVASO
7. PONTE FOSCARI
8. PONTE DEI PUGNI
9. CAMPO SAN BARNABA
10. CAMPO SAN PANTALON

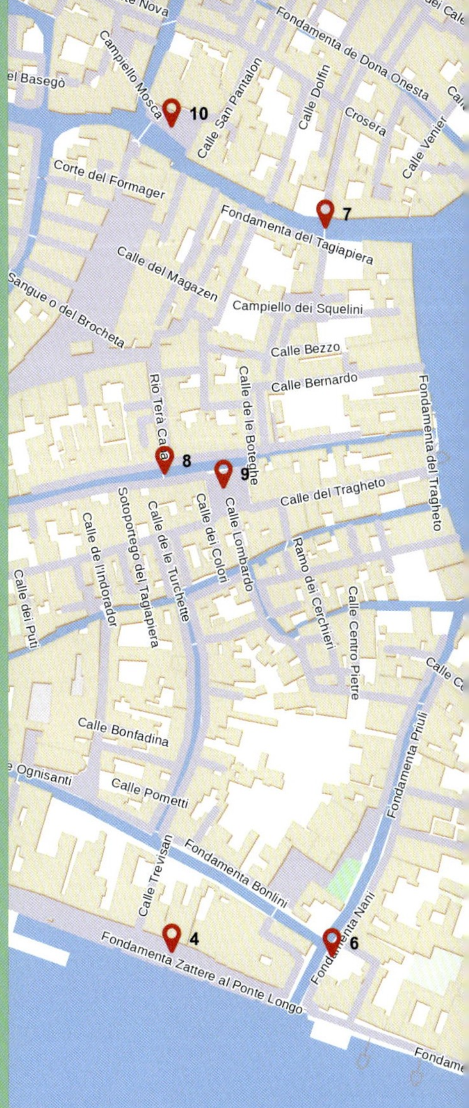

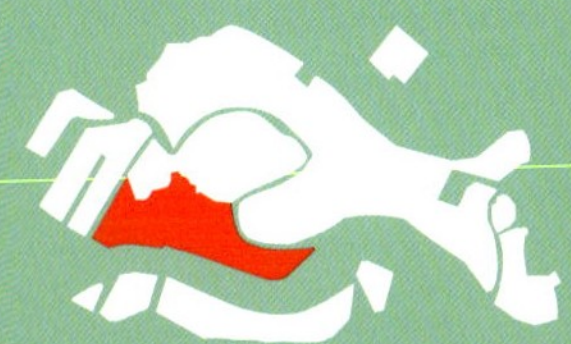

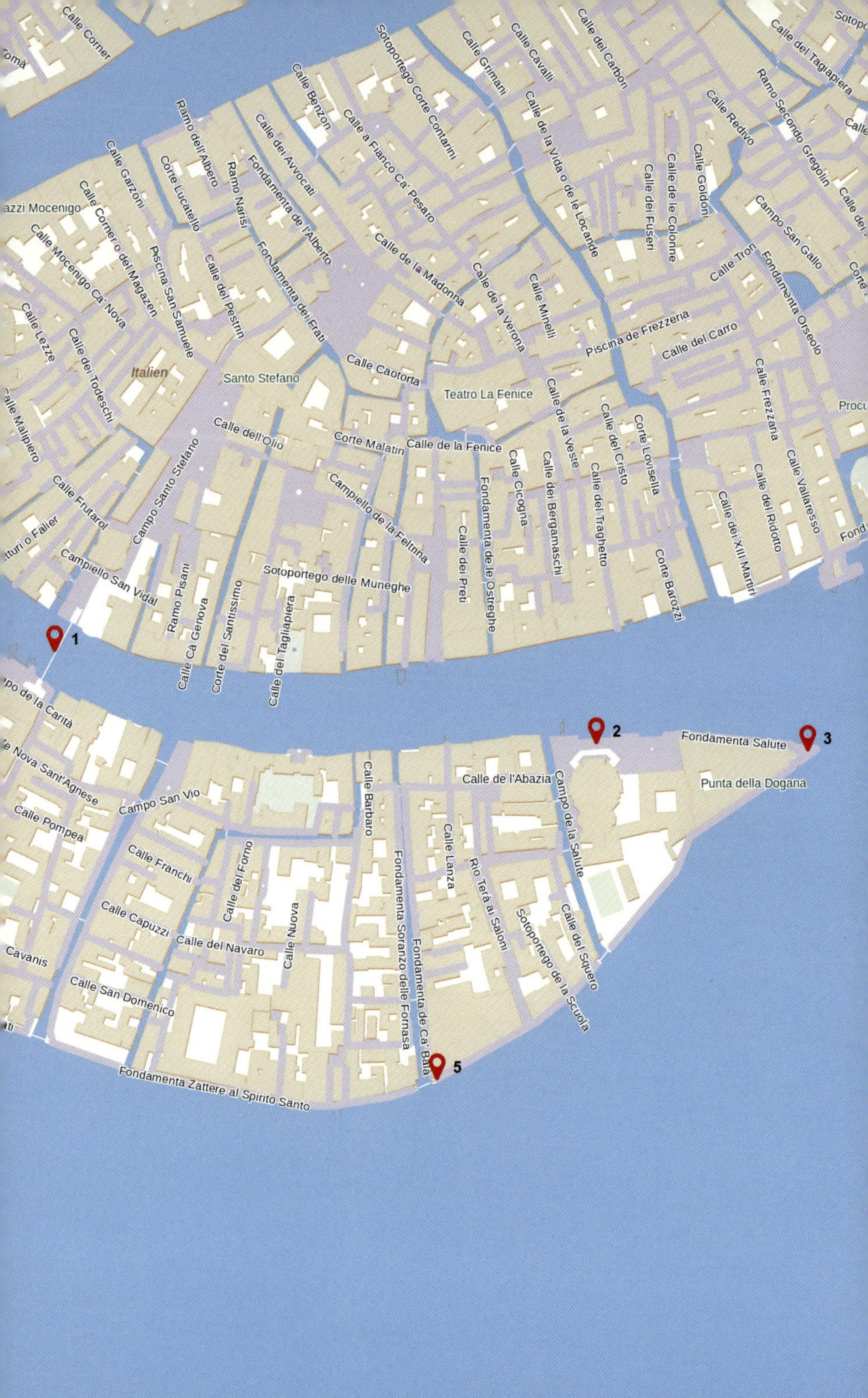
Santo Stefano
Teatro La Fenice
Italien
Punta della Dogana
Fondamenta Salute
Calle de l'Abazia
Campo San Vio
Fondamenta Zattere al Spirito Santo
1
2
3
5

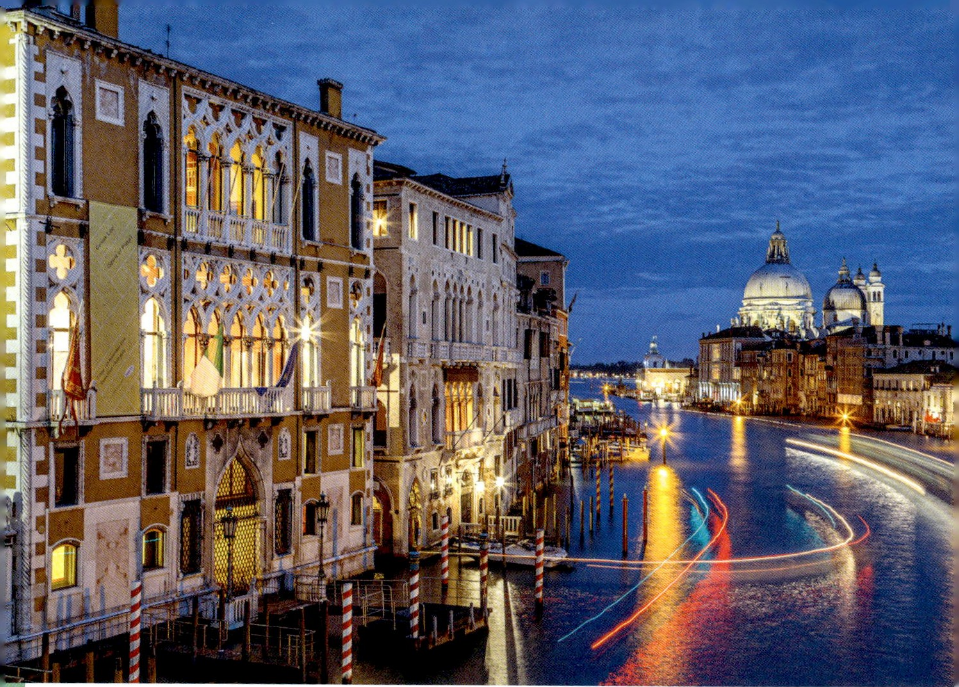

Die Lichtstreifen der Boote fügen dem Bild ein zusätzliches interessantes Element hinzu. (40 mm · f 11 · 30 s · ISO 100 · Stativ)

1 PONTE DELL'ACCADEMIA

Beste Tageszeit: ganztags
Koordinaten: 45.431679, 12.328931
Adresse: Ponte dell'Accademia, 30100 Venezia VE

Die Ponte dell'Accademia überspannt den Canal Grande und verbindet den Campo S. Vidal mit dem Campo della Carità. Der Ausblick von der belebten Holzbrücke auf die Kirche Santa Maria della Salute ist einer der schönsten der Stadt. Dabei handelt es sich um eine der klassischen und beliebtesten Aufnahme Venedigs.

Kontrollieren Sie unbedingt die Schärfe bei Ihren Aufnahmen. Da es sich bei der Brücke um eine Holzkonstruktion handelt und zahlreiche Menschen über die Brücke laufen, führt dies zu Vibrationen.

Der Sonnenaufgang funktioniert hier am besten, da Sie in Richtung Osten fotografieren, aber auch weil morgens auf der Brücke weniger los ist und es so kaum zu Problemen wegen Vibrationen der Brücke kommt.

Aber auch bei Sonnenuntergang lohnen sich Aufnahmen von der Brücke. Mit längeren Belichtungszeiten lassen sich interessante Lichtspuren der vorbeifahrenden Boote einfangen. Tagsüber bieten sich Langzeitbelichtungen mit Graufiltern an.

2 SANTA MARIA DELLA SALUTE

Beste Tageszeit: ganztags
Koordinaten: 45.430999, 12.334730
Adresse: Fondamenta Salute, 30123 Venezia VE
Öffnungszeiten: Täglich 10 bis 12 Uhr und 15 bis 17 Uhr
Der Eintritt in den Kirchenraum ist kostenlos, ein Besuch der Sakristei kostet 4 Euro.

Schon von Weitem ist die spektakuläre barocke Kuppelkirche am Eingang des Canal Grande zu erkennen. Die Kirche wurde zum Dank für die Erlösung der Stadt von der verheerenden Pest im Jahr 1630 erbaut – daher auch der Name Salute (dt.: Gesundheit).

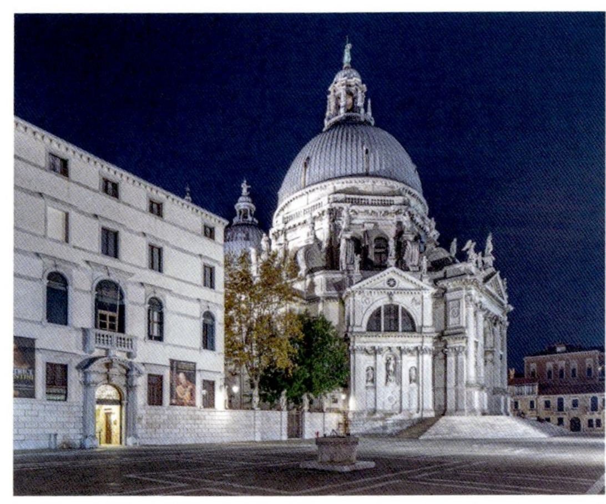

Blaue Stunde am Abend (16 mm · f 8 · 6 s · ISO 100 · Stativ) 45.431041, 12.335468

Der Innenraum der Kirche überrascht durch eine klare, in Weiß und Grau gehaltene Gliederung und besondere Helligkeit, die den kostbaren Marmorfußboden mit seinen Einlegearbeiten betont.

Sie sollten es auf gar keinen Fall verpassen, die Kirche Santa Maria della Salute von der Ponte dell'Accademia aus zu fotografieren. Ebenfalls lohnt sich die Barockfassade für interessante Details zu erkunden, da dort zahlreiche frei stehende Statuen das Bauwerk schmücken. Aber auch der Innenraum ist sehr eindrucksvoll, nicht zuletzt wegen der zahlreichen Meisterwerke von Tizian in der Sakristei.

Das Fotografieren der Details und der Fassade ist den ganzen Tag über möglich.

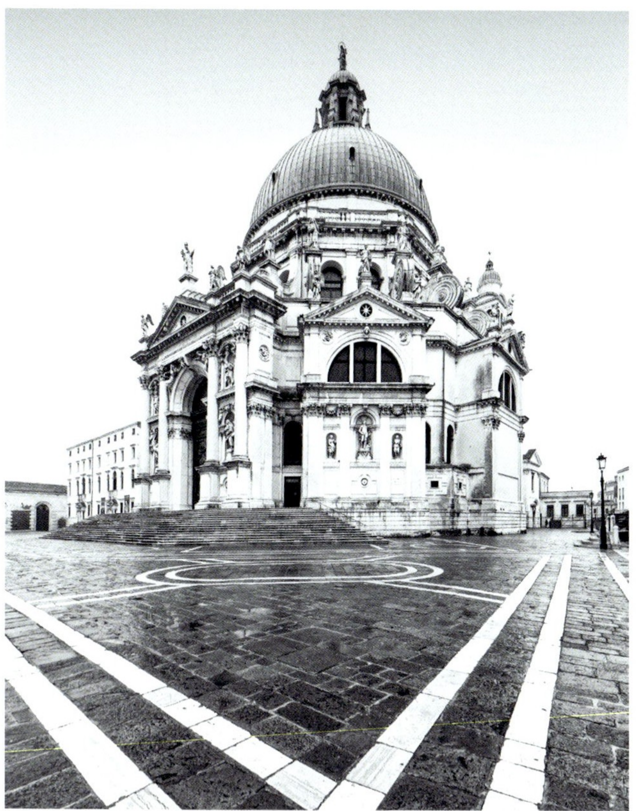

Die Linien auf dem Boden werden als Vordergrundelement genutzt. (14 mm · f 16 · 6 s · ISO 100 · Stativ) 45.431033, 12.334272

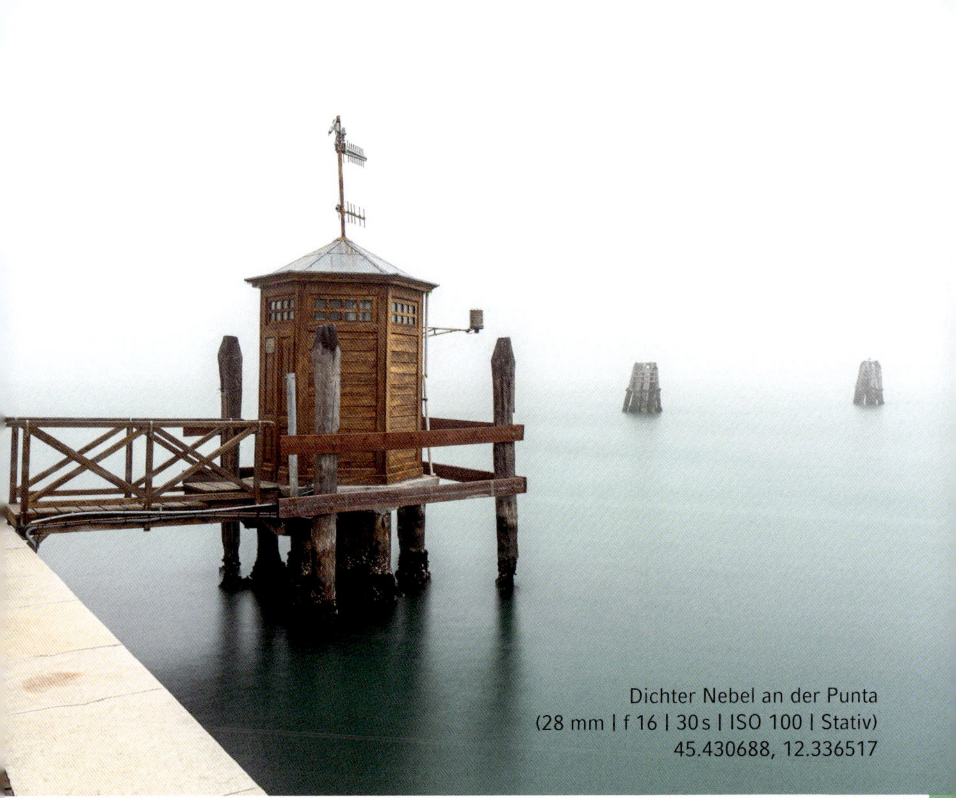

Dichter Nebel an der Punta
(28 mm | f 16 | 30 s | ISO 100 | Stativ)
45.430688, 12.336517

3 PUNTA DELLA DOGANA

Beste Tageszeit: ganztags
Koordinaten: 45.430940, 12.336994
Adresse: Dorsoduro, 2, 30123 Venezia VE
Öffnungszeiten: Mittwoch bis Montag 10 bis 19 Uhr
Eintritt: je nach Ausstellung unterschiedlich
Webseite: *www.palazzograssi.it/en/about/sites/punta-della-dogana/*

Das ehemalige Zollamt der Republik Venedig hatte sich einen perfekten Platz ausgesucht, um die Einfahrt in den Canal Grande zu überwachen. Wie eine Tortenspitze ragt die Punta della Dogana in die Lagunenlandschaft. Nachdem das Gebäude mehrere Jahre leer stand, kaufte es der französische Unternehmer François Pinault und ließ die Innenräume zu einem Museum umgestalten. Im Jahre 2009 wurde die Punta della Dogana mit Werken zeitgenössischer Kunst eröffnet.

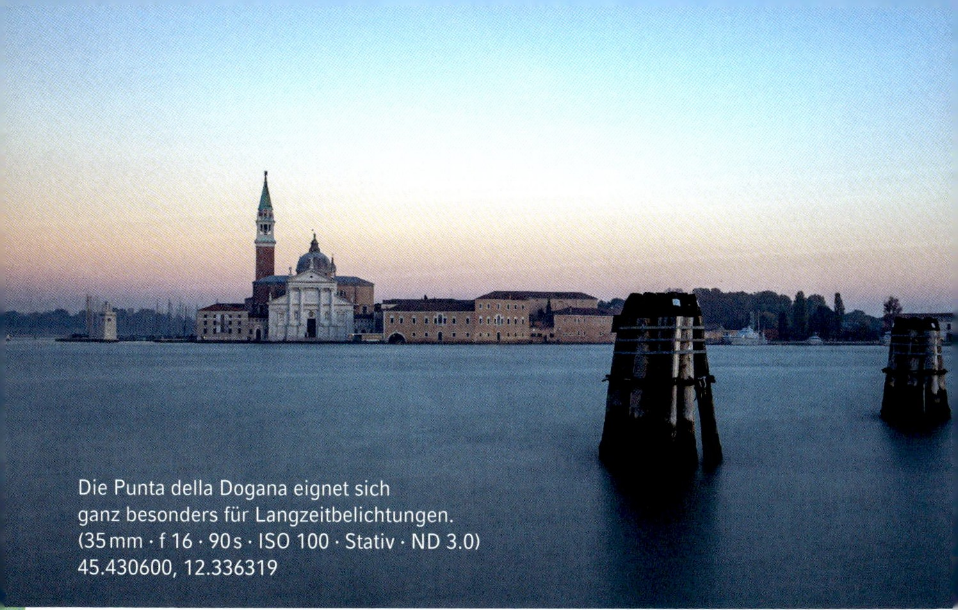

Die Punta della Dogana eignet sich ganz besonders für Langzeitbelichtungen. (35 mm · f 16 · 90 s · ISO 100 · Stativ · ND 3.0) 45.430600, 12.336319

Der Weg rund um die Punta della Dogana bietet hervorragende alternative Perspektiven, um einige der Wahrzeichen Venedigs zu fotografieren. Es ergibt sich eine interessante Perspektive in Richtung Markusplatz mit Campanile und Dogenpalast. Aufnahmen in Richtung San Giorgio Maggiore funktionieren ebenfalls großartig. Und mit Langzeitbelichtungen über den Canale della Giudecca lassen sich wunderbare Aufnahmen produzieren.

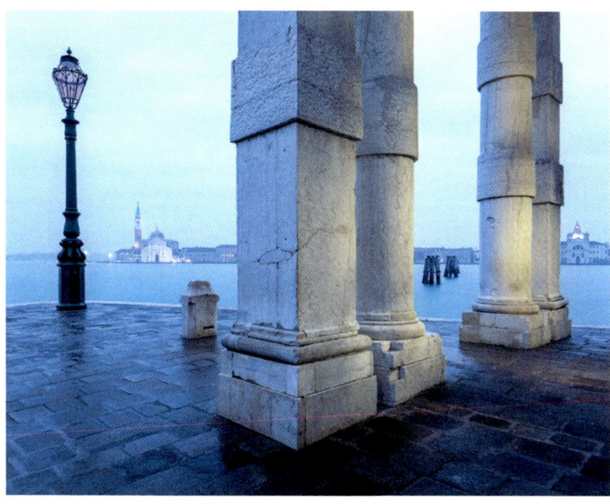

Leichter Nebel am Morgen (22 mm · f 13 · 25 s · ISO 100 · Stativ) 45.430974, 12.336899

④ ⑤ FONDAMENTA ZATTERE

Beste Tageszeit: morgens, tagsüber, abends
Koordinaten: 45.430005, 12.324441 (Molino Stucky)
Adresse: Fondamente Zattere al Ponte Longo, 1597, 30123 Venezia VE
Koordinaten: 45.428579, 12.333022 (Redentore)
Adresse: Ponte de Cá Bala, Fondamenta Zattere Ai Saloni, 30123 Venezia VE

Die Fondamenta Zattere ist die Uferstraße im Süden von Dorsoduro und liegt direkt gegenüber der Insel Giudecca. An schönen Tagen ist es hier sehr empfehlenswert, in einem der Cafés am Nachmittag in der Sonne Platz zu nehmen und den Blick schweifen zu lassen.

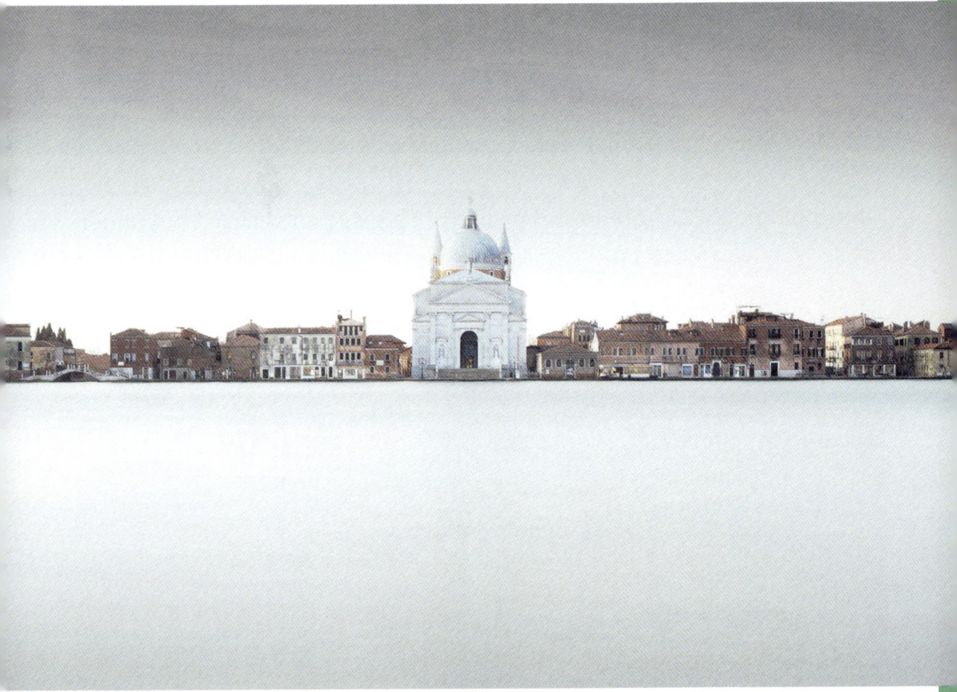

Langzeitbelichtung in Richtung Chiesa del Santissimo Redentore
(50 mm · f 14 · 174 s · ISO 100 · Stativ · ND 3.0)
45.428579, 12.333022

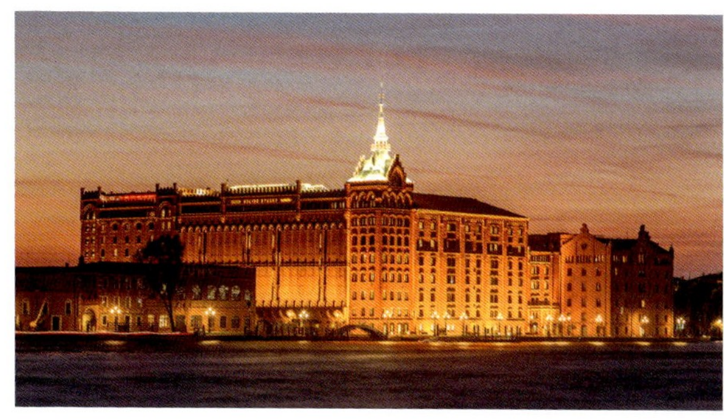

Molino Stucky bei Sonnenuntergang (100 mm · f 9 · 15 s · ISO 100 · Stativ) 45.430005, 12.324441

Die Uferstraße eignet sich ganz hervorragend für Langzeitbelichtungen über den Canale della Giudecca. Es gibt einige sehr lohnenswerte Motive, die sich von hier in Richtung Giudecca fotografieren lassen. Lassen Sie sich Zeit und versuchen Sie die besten Perspektiven für Ihre Aufnahmen zu finden.

EMPFEHLUNG

Während Ihrer Fotoaufnahmen auf der Fondamenta Zattere sollten Sie ruhig zwischendurch eine Pause einlegen. Und warum dann nicht gleich in Venedigs bekanntester Eisdiele einen Gianduiotto genießen?

Das Gianduiotto ist ein großer Barren Nougateis, der in ein mit Schlagsahne gefülltes Glas getaucht wird. Diese veritable Kalorienbombe wird so seit den Fünfzigerjahren nur in der »Gelateria Nico« serviert.

Gelateria Nico
Fondamenta Zattere al Ponte Longo, 922, 30123 Venezia VE

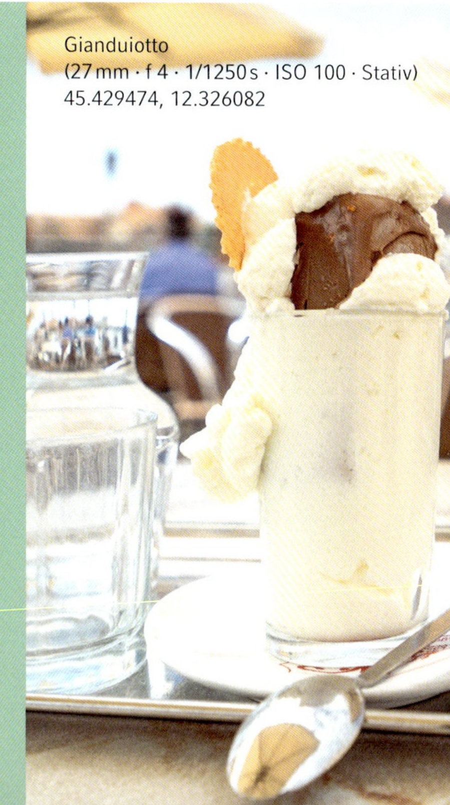

Gianduiotto (27 mm · f 4 · 1/1250 s · ISO 100 · Stativ) 45.429474, 12.326082

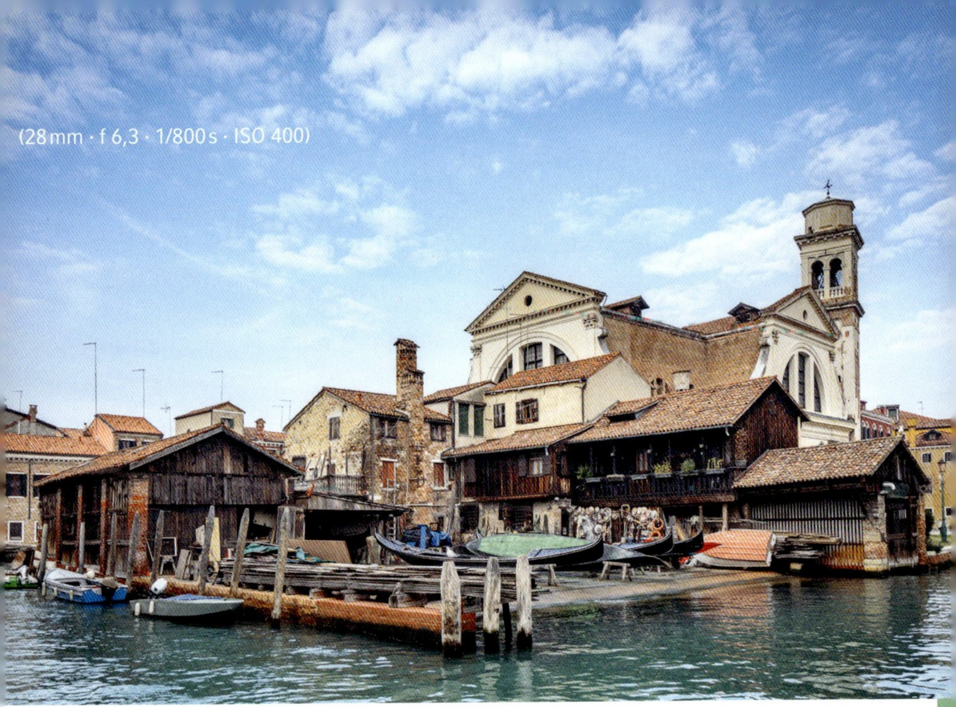

(28 mm · f 6,3 · 1/800 s · ISO 400)

6 SQUERO DI SAN TROVASO

Beste Tageszeit: tagsüber
Koordinaten: 45.429976, 12.325995
Adresse: Fondamente Nani, 932-930, 30123 Venezia VE
Webseite: *www.squerosantrovaso.com*

Hier befindet sich eine der letzten noch existierenden und mit Sicherheit fotogensten Gondelwerkstätten. Das Werftgebäude aus dem 17. Jahrhundert ist im Stil einer Hütte gebaut. Das Gebäude erinnert dabei an die Häuser in Tirol. Was wohl daran liegt, dass der Stil von den Handwerkern geprägt war, die aus der Cadore-Region der Dolomiten hierherkamen.

Auf der Webseite der Gondelwerft ist zu lesen, dass geführte Besuche angeboten werden. Diese finden auf meine Nachfrage hin aber erst ab einer Gruppengröße von 25 Personen statt.

Vom gegenüberliegenden Ufer sind gute Aufnahmen vom Squero di San Trovaso möglich.

7 PONTE FOSCARI

Beste Tageszeit: tagsüber
Koordinaten: 45.434766, 12.325942
Adresse: Calle Foscari, 30123 Venezia VE

Von der Ponte Foscari führt der Blick vorbei an der Vigili del Fuoco (Feuerwache) und Università Ca' Foscari direkt auf den Canal Grande.

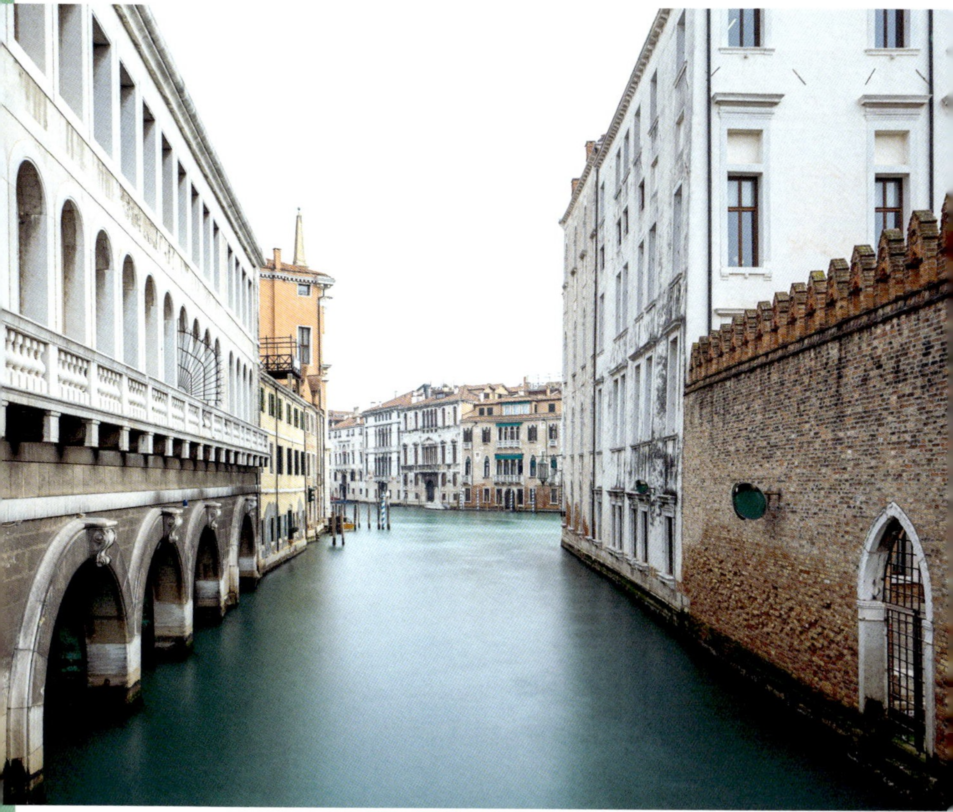

Auf der linken Seite lassen sich gut die Einfahrten für die Feuerlöschboote der Feuerwache erkennen.
(24 mm · f 8 · 30 s · ISO 100 · Stativ · ND 3.0)

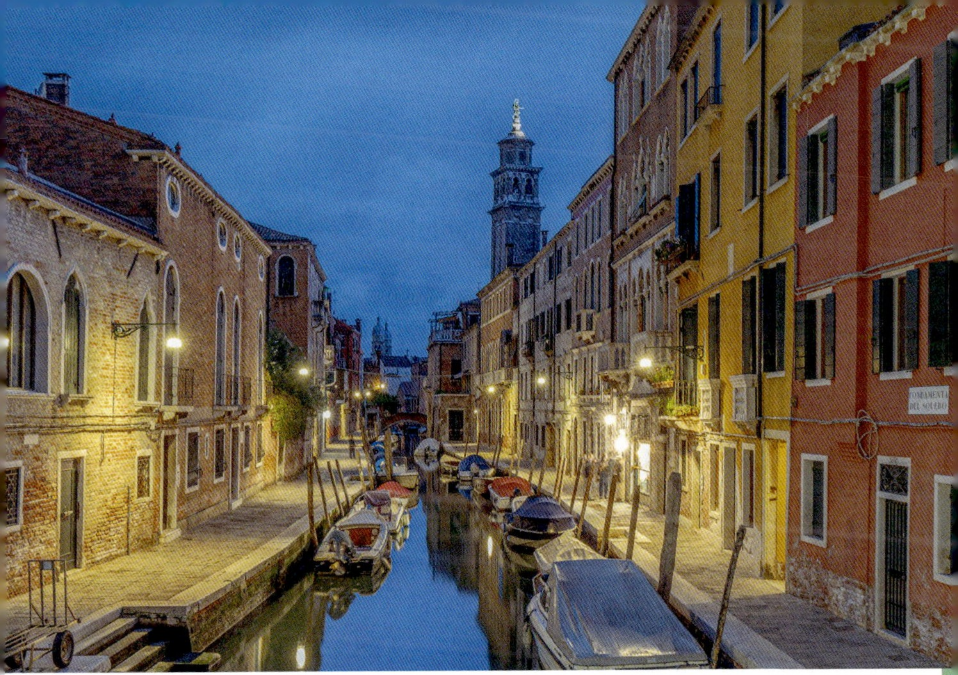

Blaue Stunde am Abend, von der Ponte dei Pugni in Richtung Chiesa die Carmini mit dem dazugehörigen Campanile fotografiert. (28 mm · f 11 · 30 s · ISO 100 · Stativ) 45.433148, 12.324372

8 PONTE DEI PUGNI

Beste Tageszeit: tagsüber
Koordinaten: 45.433148, 12.324372
Adresse: Fondamenta Gherardini, 30123 Venezia VE

In Venedig existieren mehrere Brücken mit dem Namen Ponte dei Pugni. Übersetzt bedeutet der Name »Brücke der Fäuste«. Diese hier ist aber mit Sicherheit die berühmteste. Es befinden sich zwei Paar Fußabdrücke im Pflaster oben auf der Brücke. Sie markieren für die rivalisierenden Kontrahenten (oftmals verfeindete Familienclans) die einzunehmende Ausgangsposition. In früheren Zeiten gab es keine Brückengeländer, sodass die Gegner beim Kampf oft in den Fluss stürzten. Im Jahr 1705 wurden die Kämpfe verboten, da sie immer blutiger ausfielen.

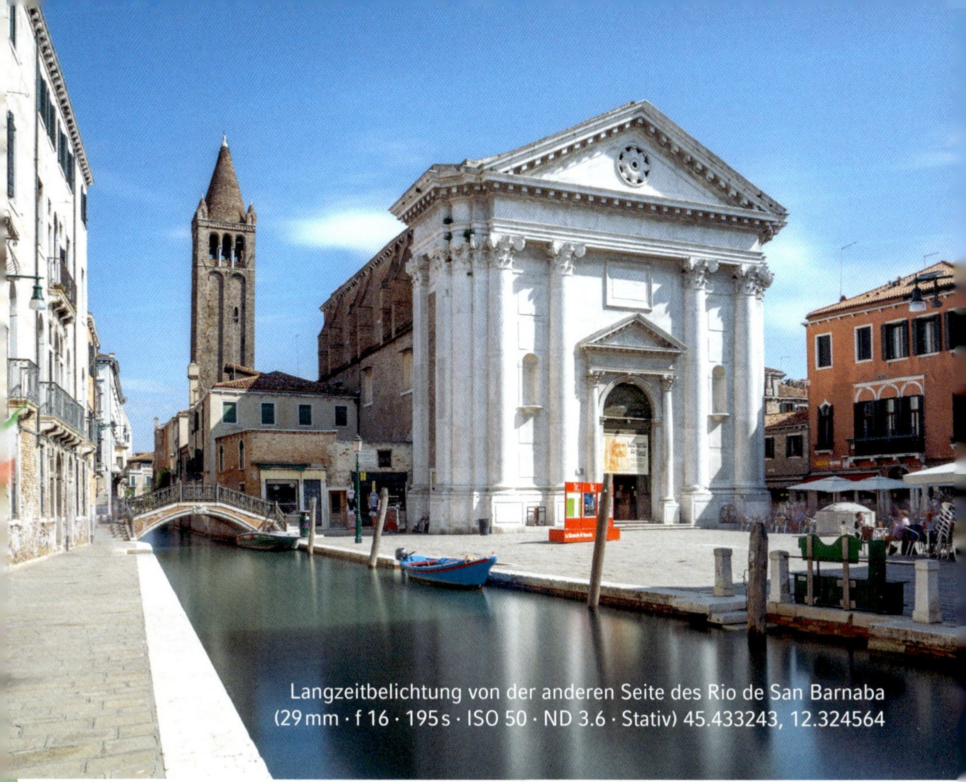

Langzeitbelichtung von der anderen Seite des Rio de San Barnaba (29 mm · f 16 · 195 s · ISO 50 · ND 3.6 · Stativ) 45.433243, 12.324564

9 CAMPO SAN BARNABA

Beste Tageszeit: tagsüber, Blaue Stunde
Koordinaten: 45.433057, 12.324940
Adresse: Campo San Barnaba, 30100 Venezia VE

Nur wenige Meter von der Ponte dei Pugni entfernt befindet sich der Campo San Barnaba, ein kleiner Platz mit zahlreichen Cafés und der ehemaligen gleichnamigen Kirche. Sie beherbergt heute eine ständige Ausstellung mit den Erfindungen von Leonardo da Vinci. Bekannt ist die Fassade der San Barnaba aus dem Film »Indiana Jones und der letzte Kreuzzug«.

Tagsüber lohnen sich Langzeitbelichtungen von der anderen Seite des Rio de San Barnaba. Am Abend empfehle ich Aufnahmen während der Blauen Stunde.

10 CAMPO SAN PANTALON

Beste Tageszeit: tagsüber
Koordinaten: 45.435431, 12.324442
Adresse: Campo San Pantalon, 30100 Venezia VE

Am Campo San Pantalon befindet sich die Kirche San Pantaleone Martire, die als San Pantalon bekannt ist. Von der Brücke lässt sich ein sehr fotogenes, gleichwohl vernachlässigtes Gebäude fotografieren. Ich habe mich am Campo San Pantalon für eine Panoramaaufnahme entschieden.

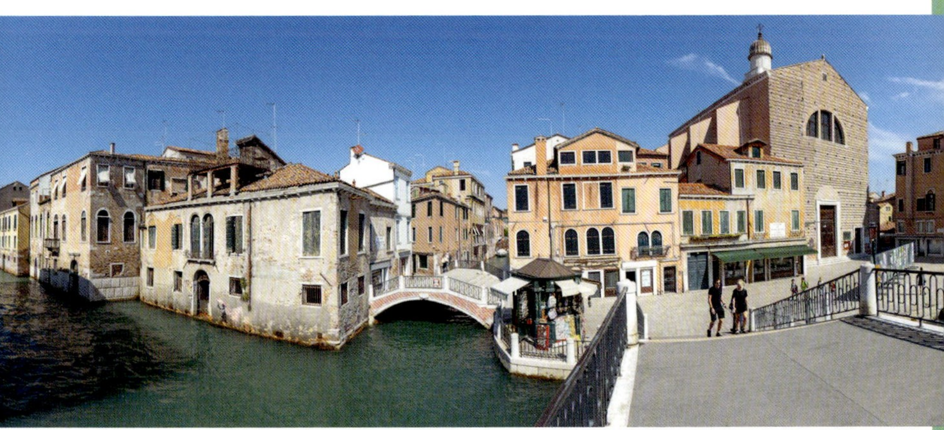

Panorama-Aufnahme aus 11 Einzelbildern
(24 mm · f 8 · 1/400 s · ISO 100 · Stativ)
45.435423, 12.324195

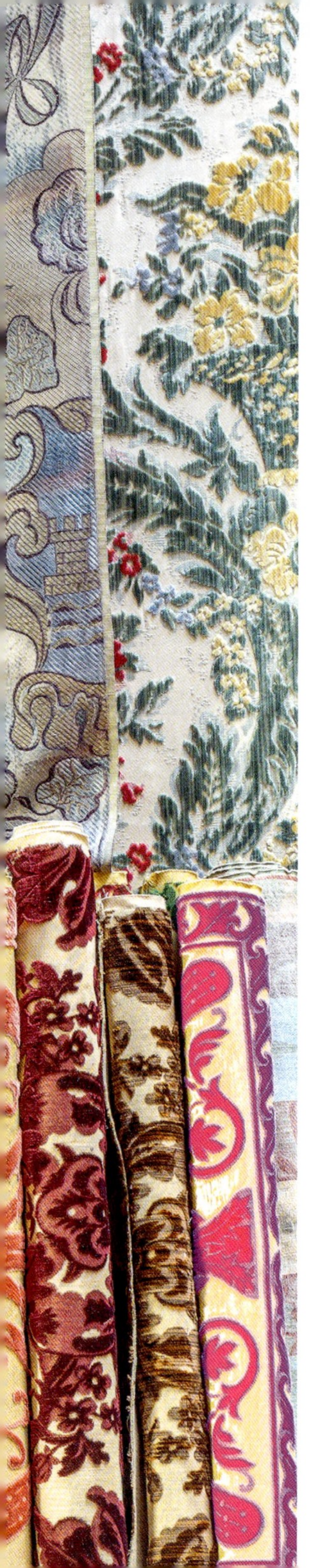

SANTA CROCE

TOUR 4

In Santa Croce stehen fast keine Palazzi am Canal Grande und auch die Gassen dort zeigen weniger glanzvolle, dafür jedoch authentischere Seiten venezianischen Lebens. Seinen Namen leitet das Sestiere von der Kirche Santa Croce ab, die im 19. Jahrhundert abgerissen wurde, um den Giardini Papadopoli Platz zu machen. Der Piazzale Roma im Westen ist durch Parkhäuser und den Busbahnhof geprägt.

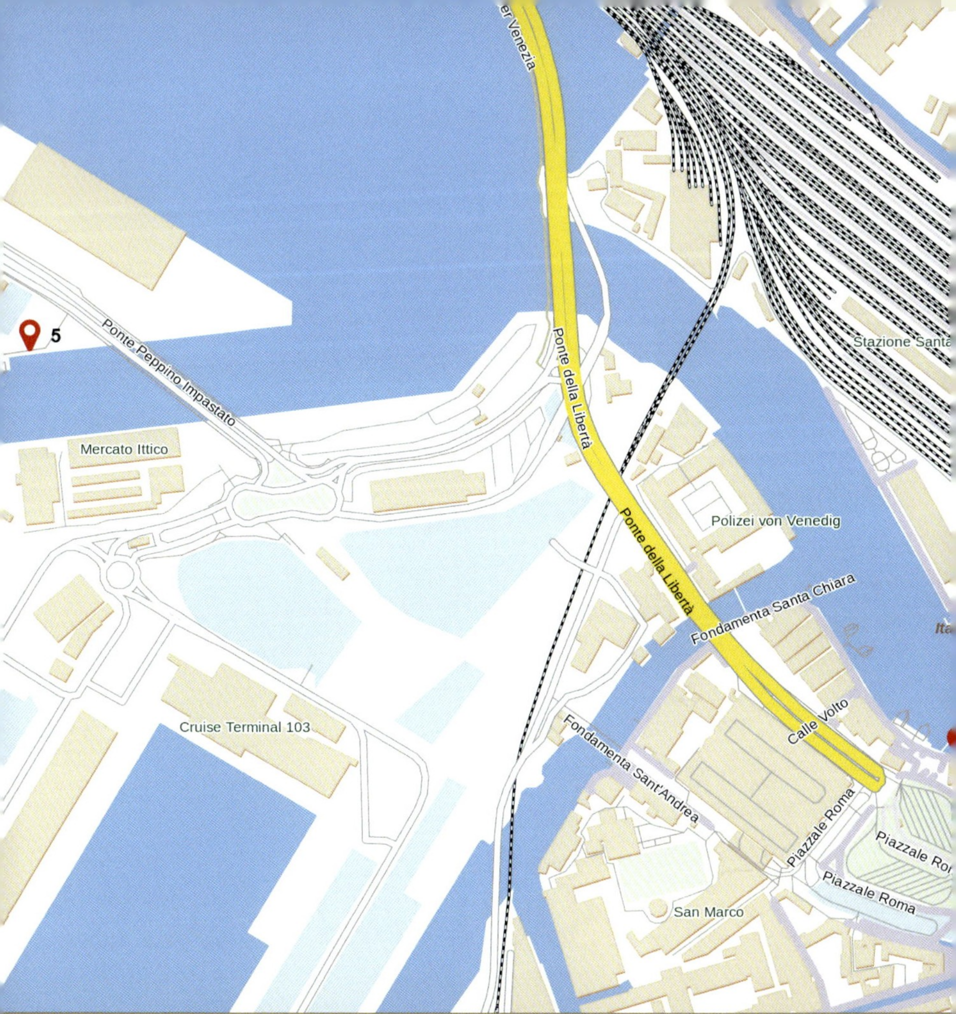

SANTA CROCE
TOUR 4

1 PONTE DEGLI SCALZI

2 PONTE DELLA COSTITUTIONE

3 PONTE CANAL

4 FONDAMENTA DEI TOLENTINI

5 PEOPLE MOVER

6 RIVA DE BIASIO

7 SAN NICOLA DA TOLENTINO

8 FONDAMENTA DE LA CROCE

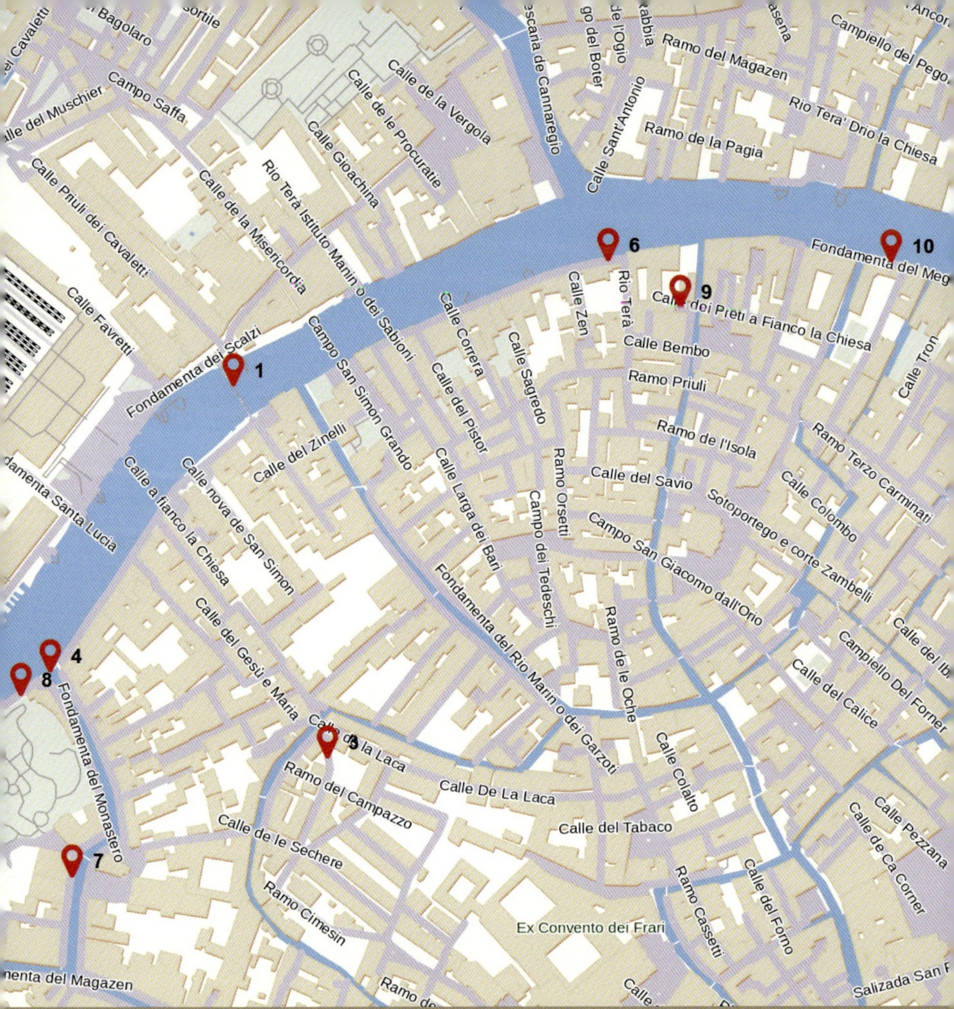

9 TESSITURA LUIGI BEVILACQUA

10 CASINO DI VENEZIA

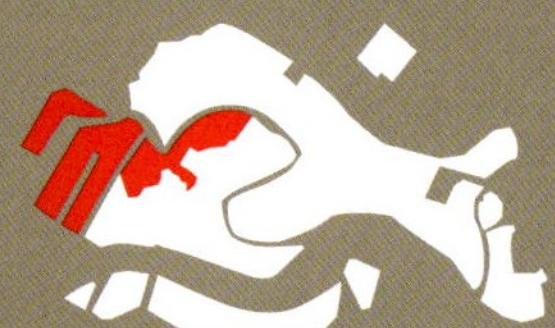

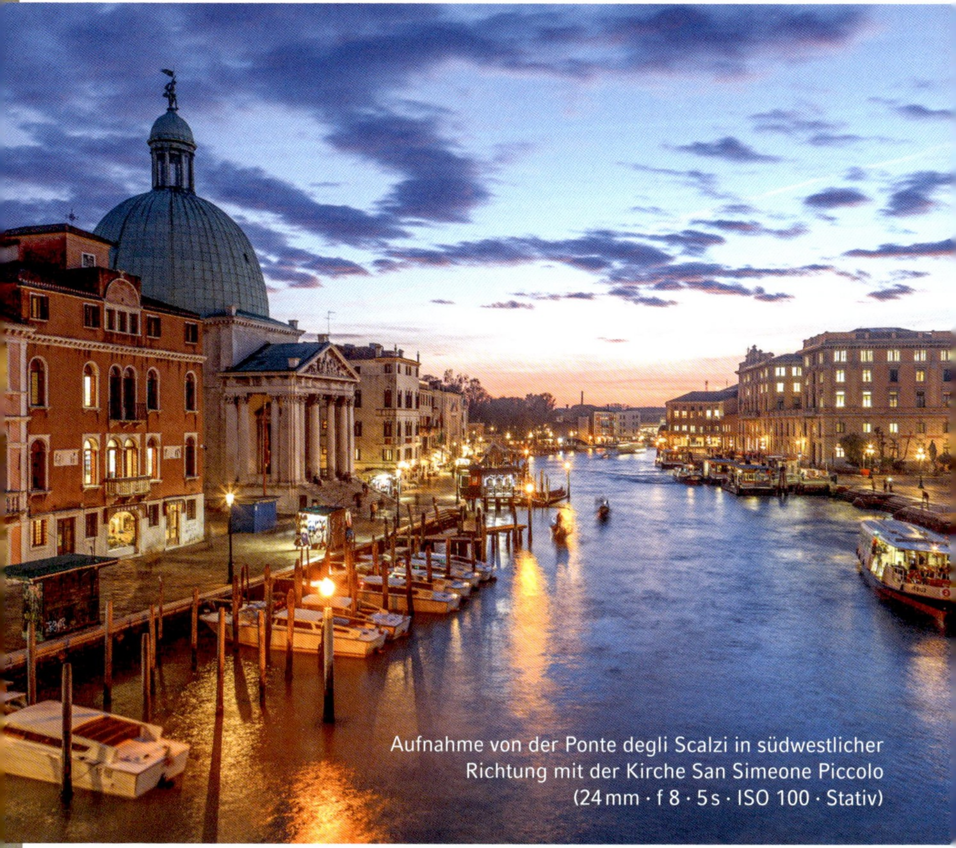

Aufnahme von der Ponte degli Scalzi in südwestlicher Richtung mit der Kirche San Simeone Piccolo (24 mm · f 8 · 5 s · ISO 100 · Stativ)

1 PONTE DEGLI SCALZI

Beste Tageszeit: ganztags
Koordinaten: 45.441174, 12.322713
Adresse: Ponte degli Scalzi, 30135 Venezia VE

Die Ponte degli Scalzi überspannt den Canal Grande und verbindet die Fondamenta degli Scalzi mit der Fondamenta San Simeon Piccolo. Benannt wurde die Brücke nach der nahegelegenen Scalzi-Kirche. Aufgrund ihrer Lage ist die Ponte degli Scalzi eine der meistbegangenen Brücken. Denn in der Nähe befinden sich der Hauptbahnhof Santa Lucia und der Piazzale Roma mit dem Busbahnhof. Im Jahre 1934 wurde die erste Brückenkonstruktion aus Eisen durch eine aus istrischem Kalkstein ersetzt, da nach langen Diskussionen große Teile der Bevölkerung die Meinung vertraten, die Eisenbrücke passe nicht in das ästhetische Gesamtbild Venedigs.

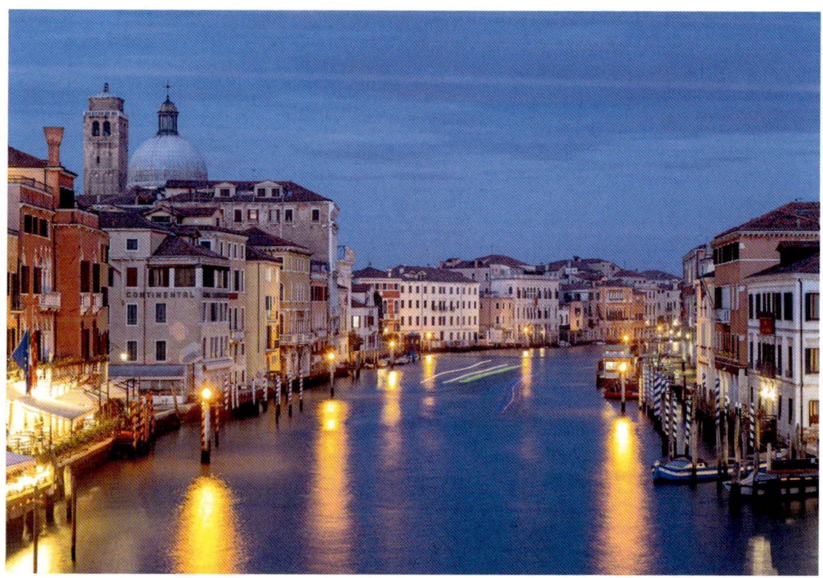

In nordöstlicher Richtung bietet sich eine Aufnahme mit der Kirche San Geremia an. (65 mm · f 8 · 25 s · ISO 100 · Stativ)

TIPP

Die Gondeln verkehren auf diesem Abschnitt des Canal Grande eher selten, in der Regel sind es mehrheitlich Motorboote und Vaporetti. Wenn Sie unbedingt eine Gondel als Vordergrundmotiv in Ihrer Aufnahme haben wollen, bieten sich tagsüber die größeren Chancen dafür.

2 PONTE DELLA COSTITUTIONE

Beste Tageszeit: ganztags
Koordinaten: 45.438578, 12.319365
Adresse: Fondamenta Santa Chiara, 30135 Venezia VE

Die Ponte della Costituzione (Brücke der Verfassung) verbindet das Bahnhofsufer mit dem Piazzale Roma und entlastet somit die Ponte Scalzi. Der elegante Brückenbogen wurde vom spanischen Architekten Santiago Calatrava aus Stahl und Glas entworfen. Die Venezianer streiten immer noch über die aggressive moderne Struktur der 94 Meter langen Brücke, die auch aufgrund einiger Baumängel ein bis heute umstritten ist.

Sie wurde im Jahr 2008 eröffnet und ist nunmehr die vierte Brücke, die den Canal Grande überspannt. Für die Aufnahmen der roten Stahlkonstruktion bieten sich unterschiedliche Aufnahmepositionen an. Aber vergessen Sie auf gar keinen Fall eine Aufnahme, bei der Sie genau unter der Brücke stehen.

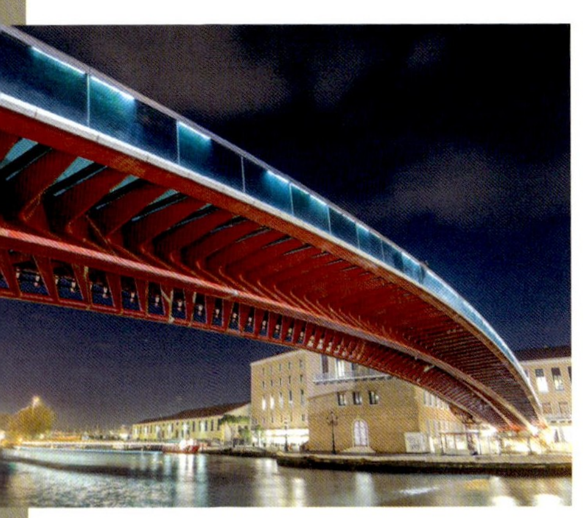

Auch am Abend mit der Beleuchtung lohnen sich mehrere Perspektiven.
(24 mm · f 7,1 · 15 s · ISO 400 · Stativ)
45.438578, 12.319365

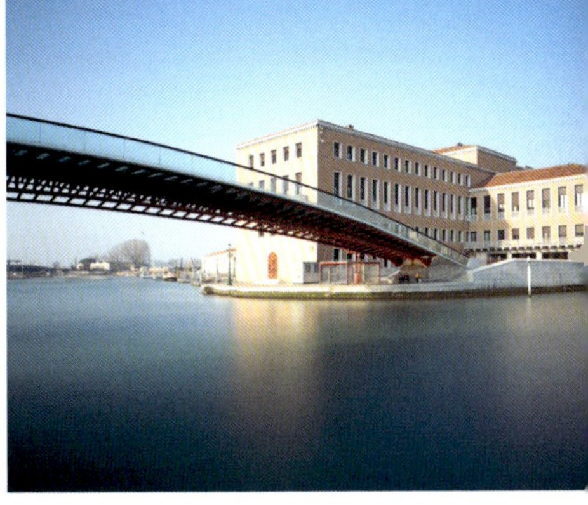

Das Motiv der Brücke in Kombination mit dem Geschäftsgebäude bietet sich für eine Langzeitbelichtung an.
(24 mm · f 16 · 240 s · ISO 50 · Stativ · ND 3.0)
45.438606, 12.319685

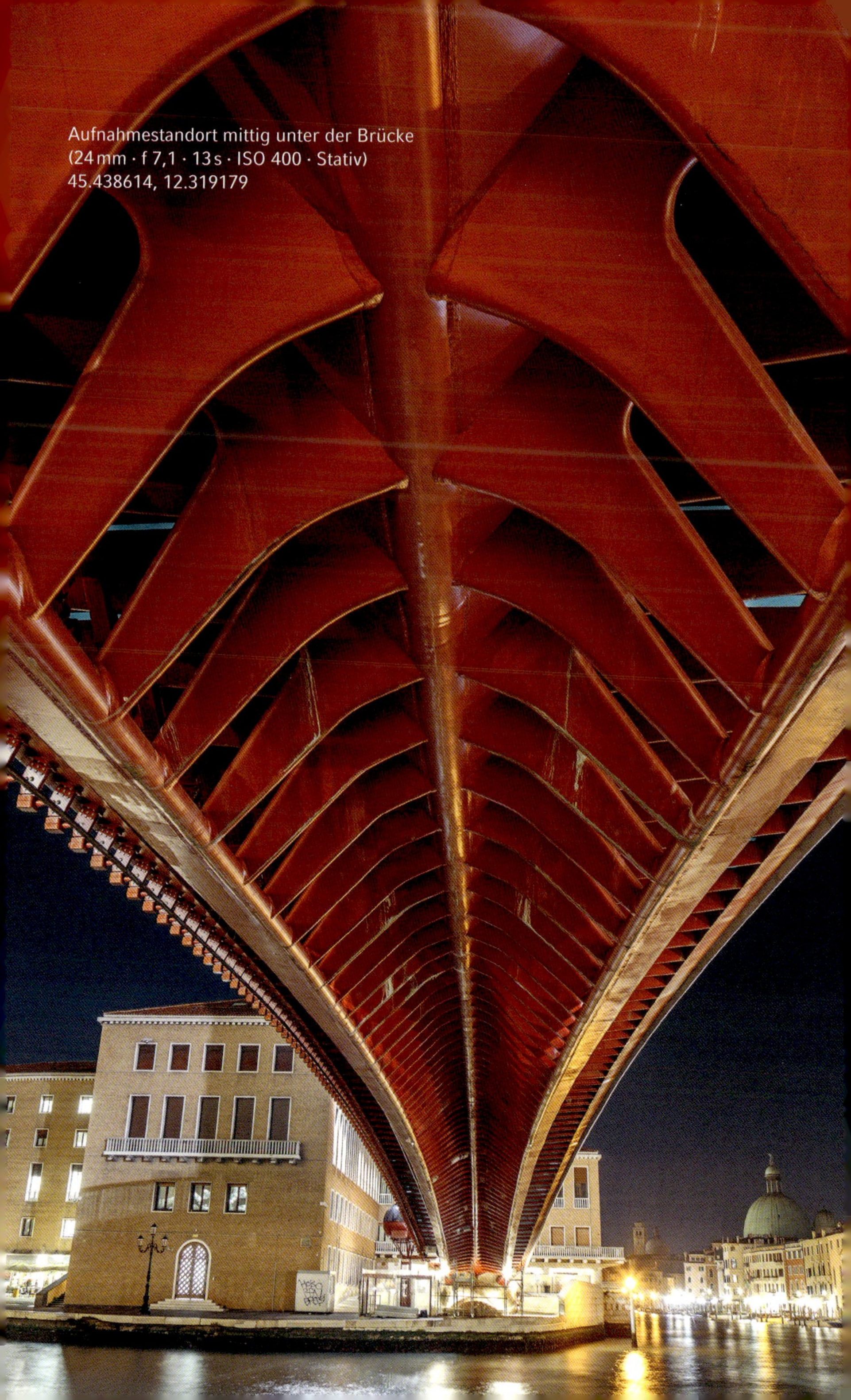

Aufnahmestandort mittig unter der Brücke
(24 mm · f 7,1 · 13 s · ISO 400 · Stativ)
45.438614, 12.319179

3 PONTE CANAL

Beste Tageszeit: ganztags
Koordinaten: 45.438578, 12.319365
Adresse: Fondamenta Santa Chiara, 30135 Venezia VE

Ziemlich versteckt steht diese interessante Hauskonstruktion mit Sotoportego. Von der C. de Mezzo in Santa Croce kommend läuft man auf den Ponte Canal zu.

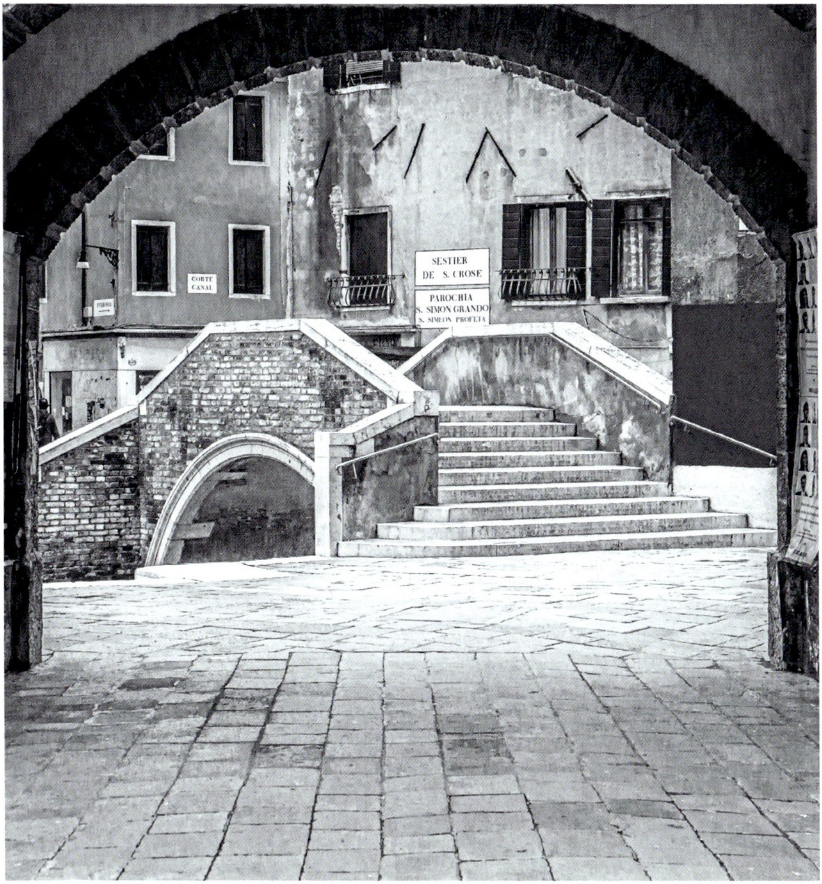

Der Sotoportego funktioniert als Rahmen für die Aufnahme des Ponte Canal. (40 mm · f 6,3 · 1/500 s · ISO 800)

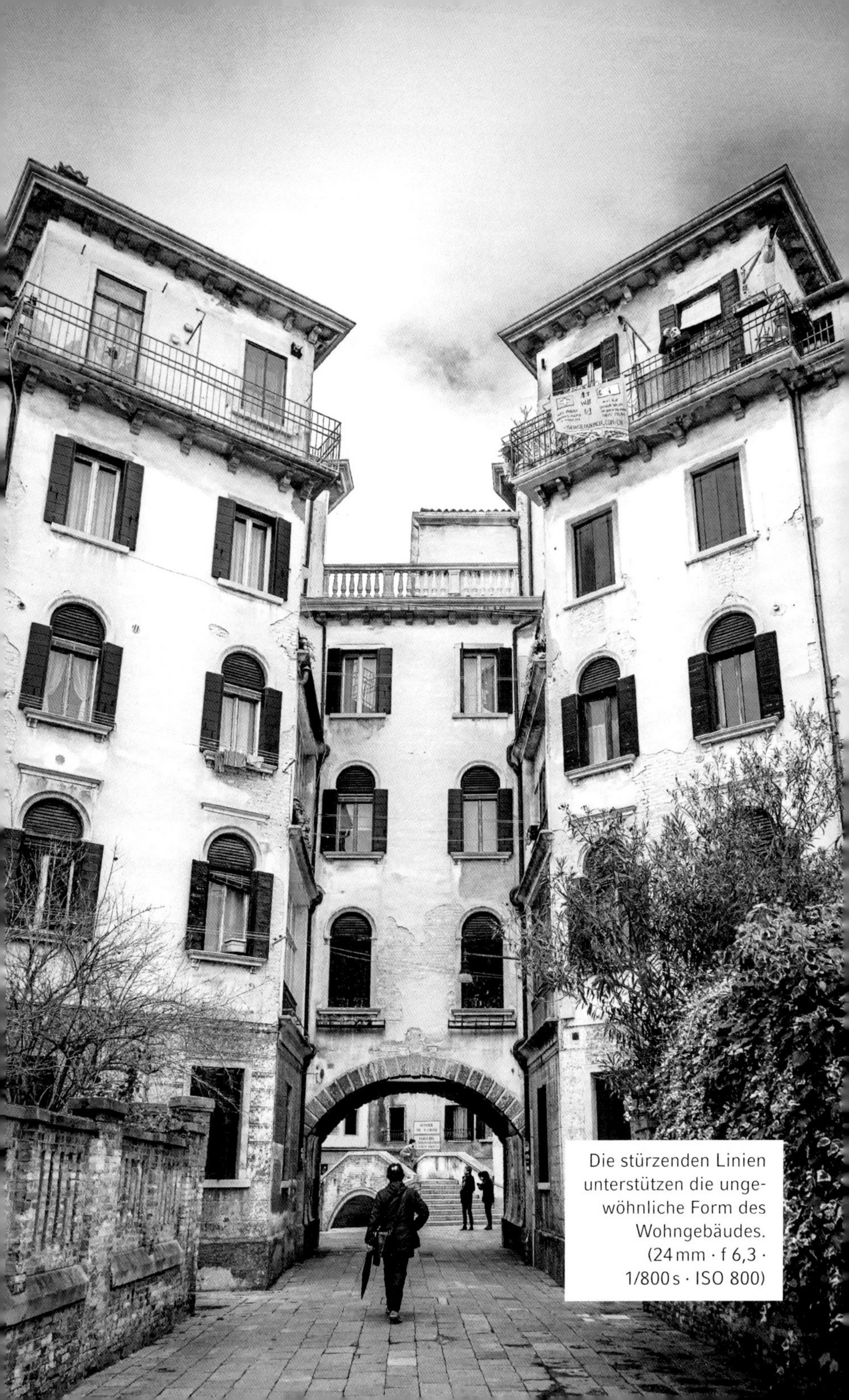

Die stürzenden Linien unterstützen die ungewöhnliche Form des Wohngebäudes. (24 mm · f 6,3 · 1/800 s · ISO 800)

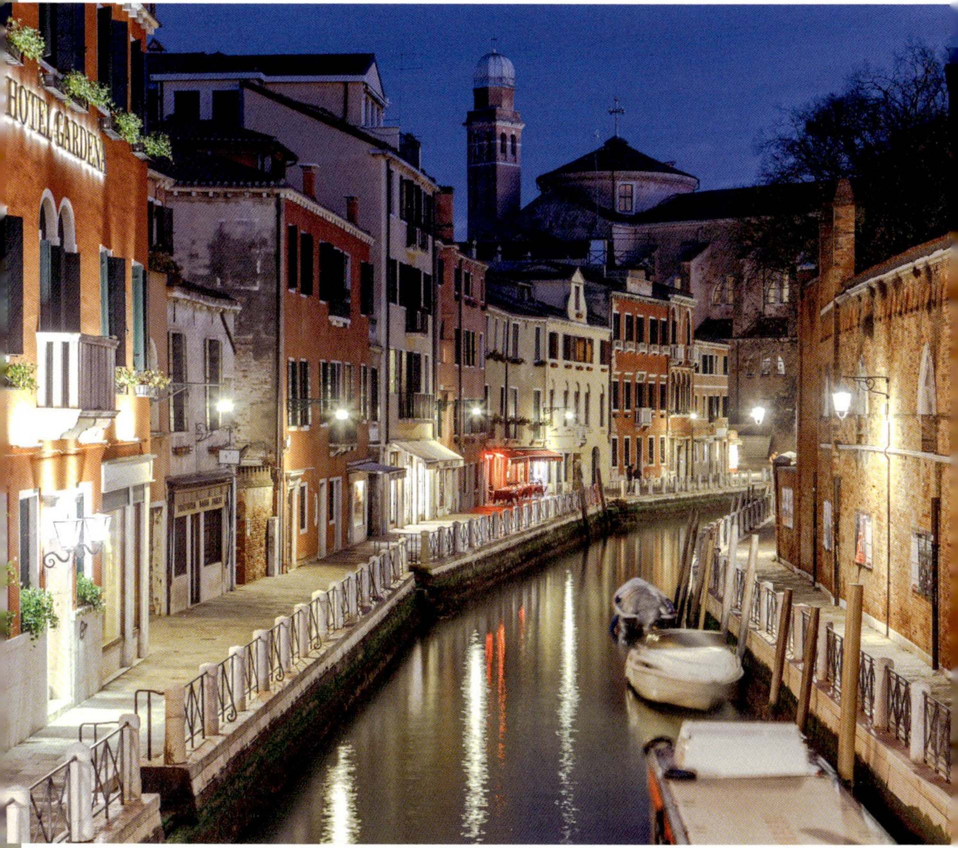

Der Kanal führt in Richtung San Nicola da Tolentino.
(55 mm · f 8 · 20 s · ISO 100 · Stativ)

4 FONDAMENTA DEI TOLENTINI

Beste Tageszeit: morgens, tagsüber, abends
Koordinaten: 45.439161, 12.320885
Adresse: Fondamenta de la Croce, 30135 Venezia VE

Von der Brücke auf der Fondamenta de la Croce besteht eine weitere interessante Aufnahmemöglichkeit in Richtung Chiesa di San Nicola da Tolentino mit dem Rio de la Cazziola e de Ca' Rizzi im Vordergrund.

5 PEOPLE MOVER

Beste Tageszeit: tagsüber
Koordinaten: 45.441563, 12.309716
Adresse: Tronchetto Mercato, Isola Nova del Tronchetto, 30135 Venezia VE

Der People Mover ist eine seilgezogene fahrerlose Kabinenbahn, welche die Insel Tronchetto mit dem Piazzale Roma verbindet. Die Fahrt dauert 3 Minuten auf der 822 Meter langen Strecke.

Der Architekt Francesco Cocco ließ sich beim Design des Tragwerks von der Gestalt einer Möwe inspirieren. Die Querrippen mit verlängerten Spitzen erinnern an deren Flügel, die Linienführung des Untergurts an den Körper der Möwe.

Die Aufnahme entstand während einer Vaporetto-Fahrt. Die Linie 2 fährt nahe der Haltestelle Tronchetto Mercato unter der Konstruktion hindurch und bietet dann eine sehr interessante Perspektive für die Aufnahme. Am besten stehen Sie dafür an einer geeigneten Stelle auf dem Vaporetto und fotografieren kopfüber.

Vom Ufer, in der Nähe der Haltestelle Tronchetto Mercato, lässt sich die Konstruktion ebenfalls fotografieren, bietet meiner Meinung nach aber eine nicht so interessante Perspektive im Vergleich zur Aufnahme vom Vaporetto aus.

Eine kurze Verschlusszeit ist nötig, damit während der Vaporetto-Fahrt die Aufnahme auch wirklich scharf wird. (24 mm · f 8 · 1/640 s · ISO 160)

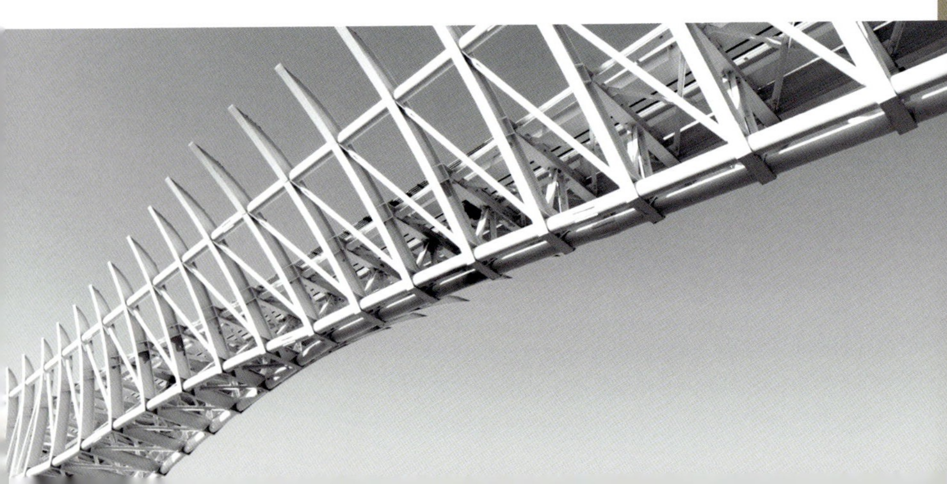

6 RIVA DE BIASIO

Beste Tageszeit: tagsüber
Koordinaten: 45.442051, 12.326491
Adresse: Riva de Biasio, 1298, 30135 Venezia VE

Von der Riva de Biasio lassen sich die Kirche San Geremia, der Palazzo Labia und der Palazzo Querini gut über den Canal Grande hinweg fotografieren.

In der Kirche San Geremia sollen sich die Gebeine von Santa Lucia befinden, die früher in der Kirche Santa Lucia aufbewahrt wurden – dieses Gotteshaus musste jedoch dem Bahnhofsbau weichen. Die Gebeine in einem goldenen Schrein sind öffentlich zugänglich.

Der Aufnahmestandort befindet sich an einem Anleger. Damit die Dalben nicht in den Bildausschnitt ragen, sind Fotografen geneigt, auf die Stufen des Anlegers auszuweichen. Passen Sie dabei aber unbedingt auf, denn die Stufen sind mit Algen bewachsen und unglaublich rutschig.

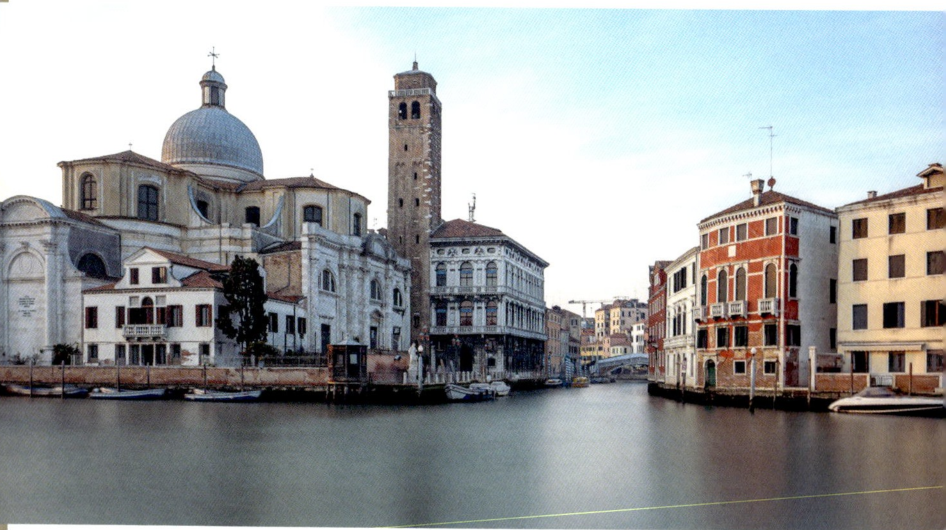

Langzeitbelichtung in Richtung San Geremia
(24 mm · f 13 · 240 s · ISO 100 · Stativ · ND 3.0)

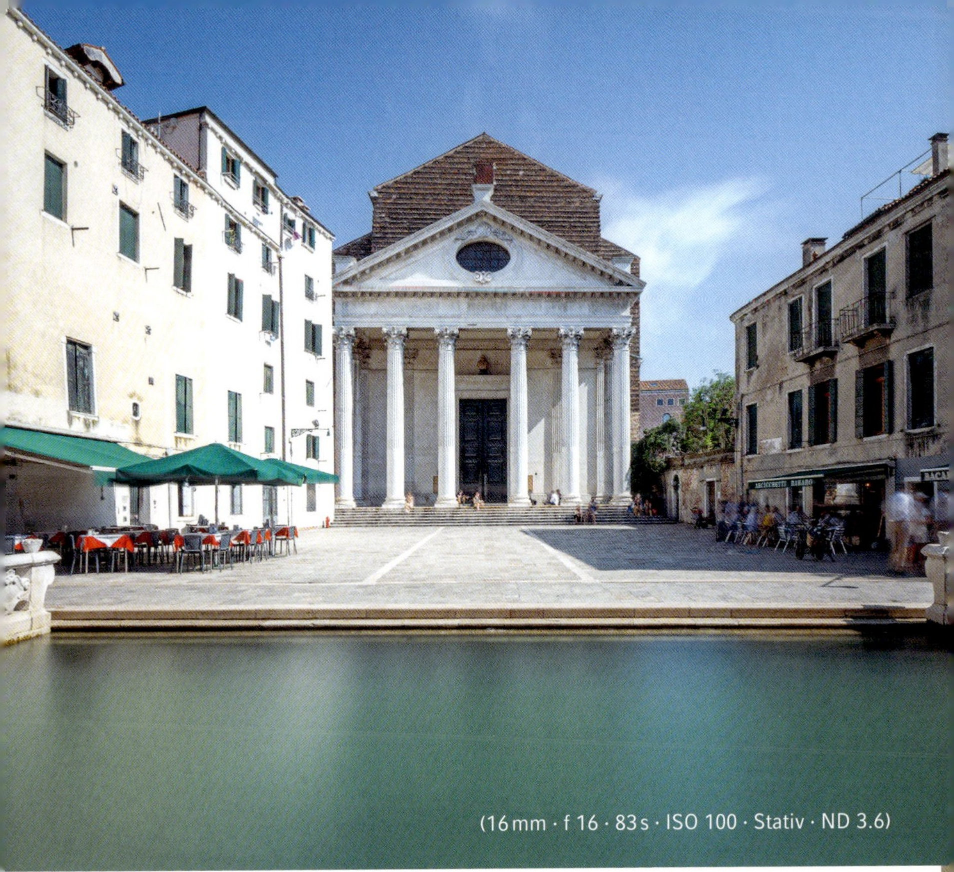

(16 mm · f 16 · 83 s · ISO 100 · Stativ · ND 3.6)

7 SAN NICOLA DA TOLENTINO

Beste Tageszeit: tagsüber
Koordinaten: 45.437717, 12.321112
Adresse: Fondamenta Condulmer, 256-258, 30135 Venezia VE

Die barocke Kirche San Nicola da Tolentino befindet sich in der Nähe des Piazzale Roma. Die schmucklose Fassade aus Ziegelmauerwerk hat eine große tempelartige Vorhalle mit sechs korinthischen Säulen und einem Dreiecksgiebel mit einem vorgelagerten, ornamental geschmückten ovalen Fenster.

Von der gegenüberliegenden Seite des Rio de la Cazziola e de Ca' Rizzi bietet sich eine Langzeitbelichtung an.

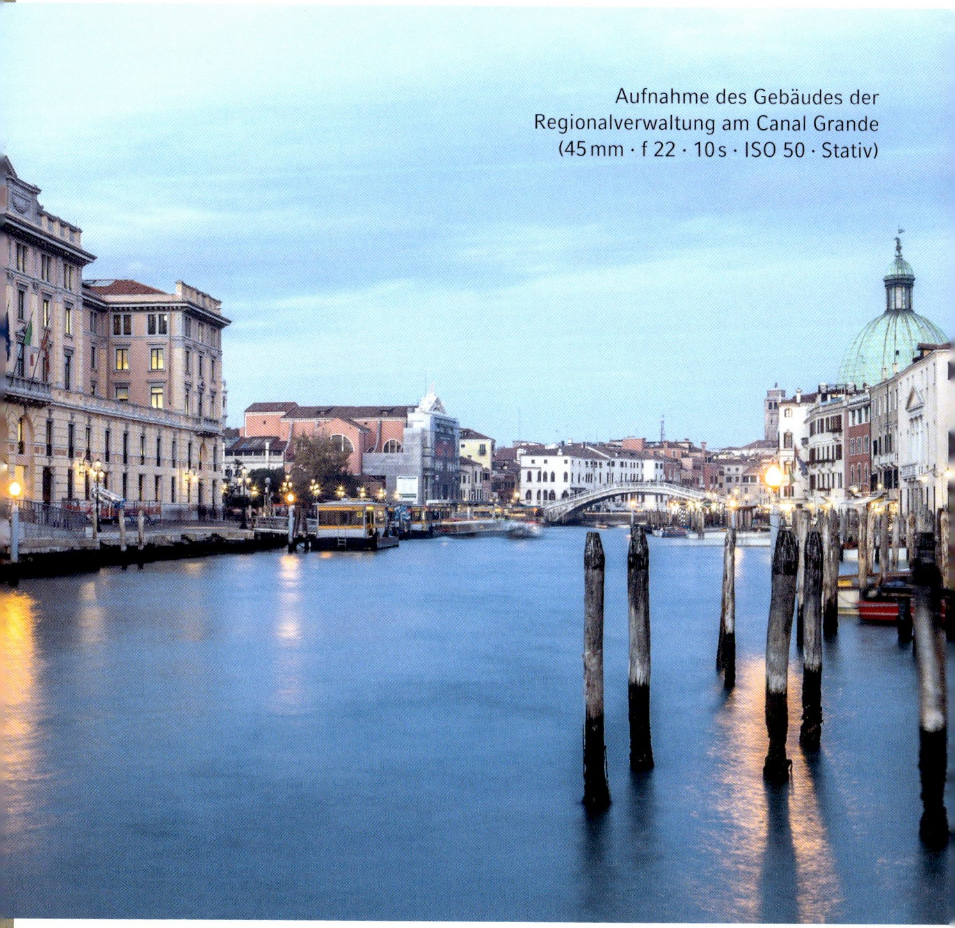

Aufnahme des Gebäudes der Regionalverwaltung am Canal Grande (45 mm · f 22 · 10 s · ISO 50 · Stativ)

8 FONDAMENTA DE LA CROCE

Beste Tageszeit: tagsüber
Koordinaten: 45.438995, 12.320589
Adresse: Fondamenta de la Croce, 242, 30135 Venezia VE

Von der Fondamenta de la Croce bieten sich zahlreiche Aufnahmemöglichkeiten über den Canal Grande in Richtung Palazzo della Regione del Veneto und Bahnhof Santa Lucia.

9 TESSITURA LUIGI BEVILACQUA

Beste Tageszeit: tagsüber
Koordinaten: 45.441721, 12.327215
Adresse: Campo San Zandegolà, 30135 Venezia VE
Webseite: *www.luigi-bevilacqua.com/de/*

Die Tessitura Luigi Bevilacqua ist eine traditionsreiche Weberei, die noch heute mit historischen Webstühlen aus dem 18. Jahrhundert arbeitet. Der Besuch dort fühlt sich wie eine Zeitreise in vergangene Jahrhunderte an und ist sehr empfehlenswert.

Ursprünglich wurden alte Webstühle komplett manuell betrieben. Anfang des 19. Jahrhunderts revolutionierte dann die Erfindung des Jacquard-Webstuhls das Handwerk. Die Produktionsgeschwindigkeit stieg dadurch rasant, doch die Herstellung von sogenanntem

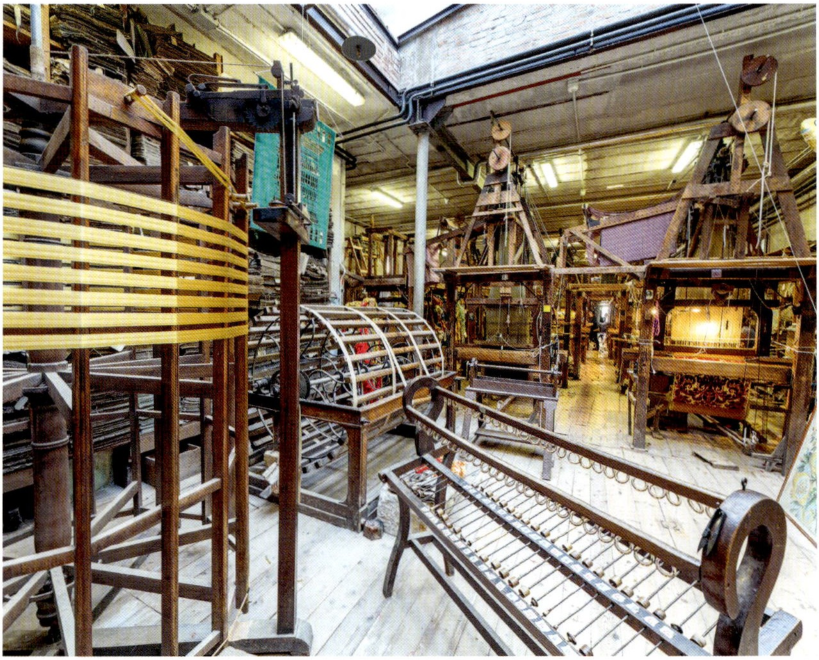

(14 mm · f 8 · 1/10 s · ISO 200 · Stativ)

Soprarizzo-Samt erfolgt auch heute noch manuell, ist kompliziert und dementsprechend zeitaufwendig: Noch immer produzieren Weberinnen täglich nur zwischen 30 und 80 Zentimeter des Soprarizzo.

Der Besuch der Weberei ist auf Anfrage möglich. Die Kontaktdaten zur Anmeldung finden sich auf der Webseite der Weberei.

Die alten Webstühle, Werkzeuge, die feinen Stoffe und die Produktionsabläufe in der Weberei bieten für Fotografen großartige Motive.

10 CASINO DI VENEZIA

Beste Tageszeit: Sonnenaufgang, tagsüber
Koordinaten: 45.442040, 12.329360
Adresse: Calle del Megio, 30135 Venezia VE

Venedig hat ein Casino, das seit den 1950er Jahren im Palazzo Ca' Vendramin-Calergi am Canal Grande untergebracht ist. Einer der Eingänge liegt auf der Kanalseite und besitzt eine eigene Anlegestelle. Das Gebäude ist ein schönes Beispiel für den Patrizierstil der Renaissance. Das Ca' Vendramin-Calergi diente zeitweise als Residenz der Dogen und war die letzte Unterkunft von Richard Wagner. Das Gebäude ist einer der elegantesten Paläste Venedigs mit Blick auf den Canal Grande.

Von der Calle del Megio aus besteht eine gute Möglichkeit, das Casino zu fotografieren. Die Blaue Stunde zum Sonnenaufgang und Langzeitbelichtungen am Tage liefern zudem großartige Bilder.

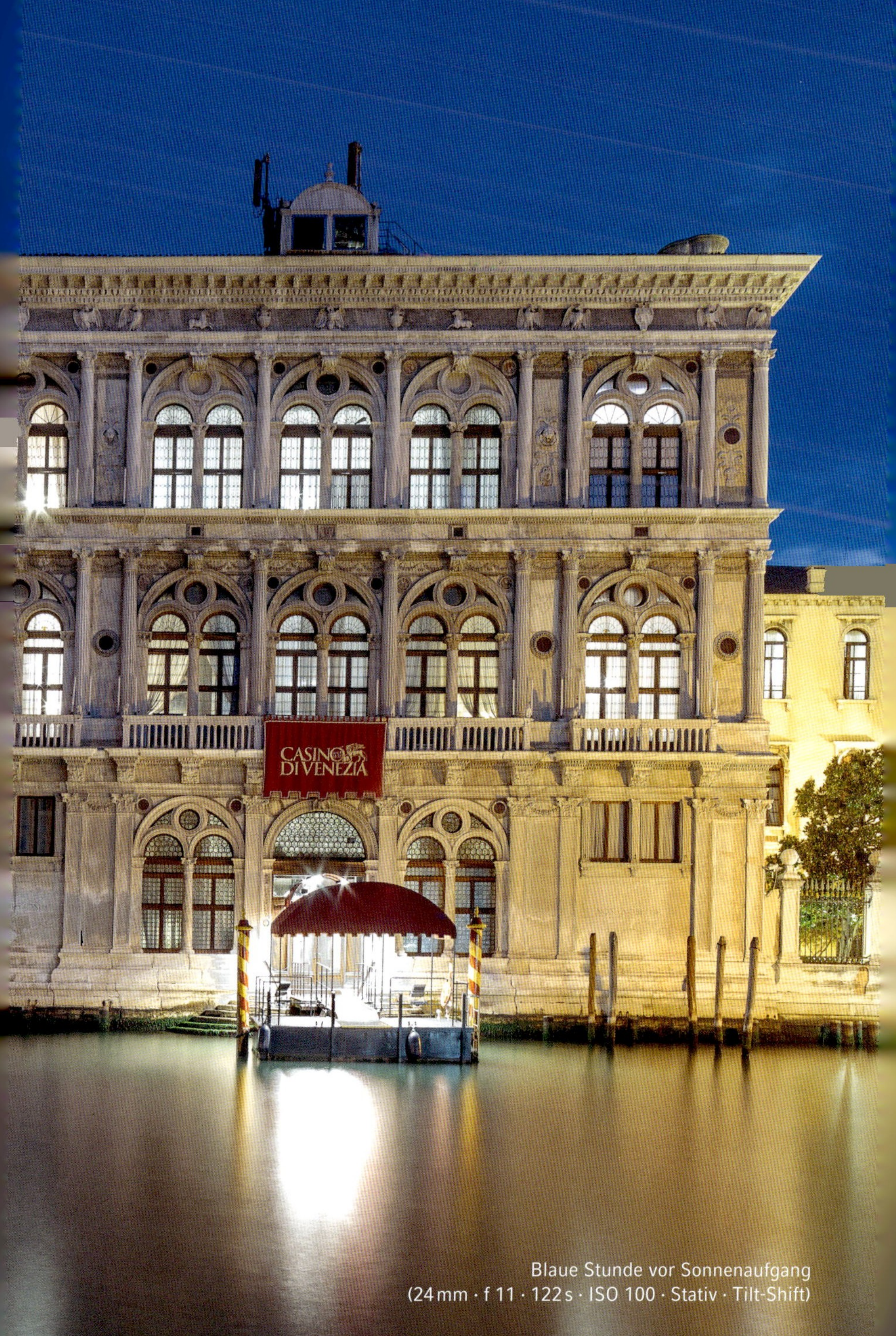

Blaue Stunde vor Sonnenaufgang
(24 mm · f 11 · 122 s · ISO 100 · Stativ · Tilt-Shift)

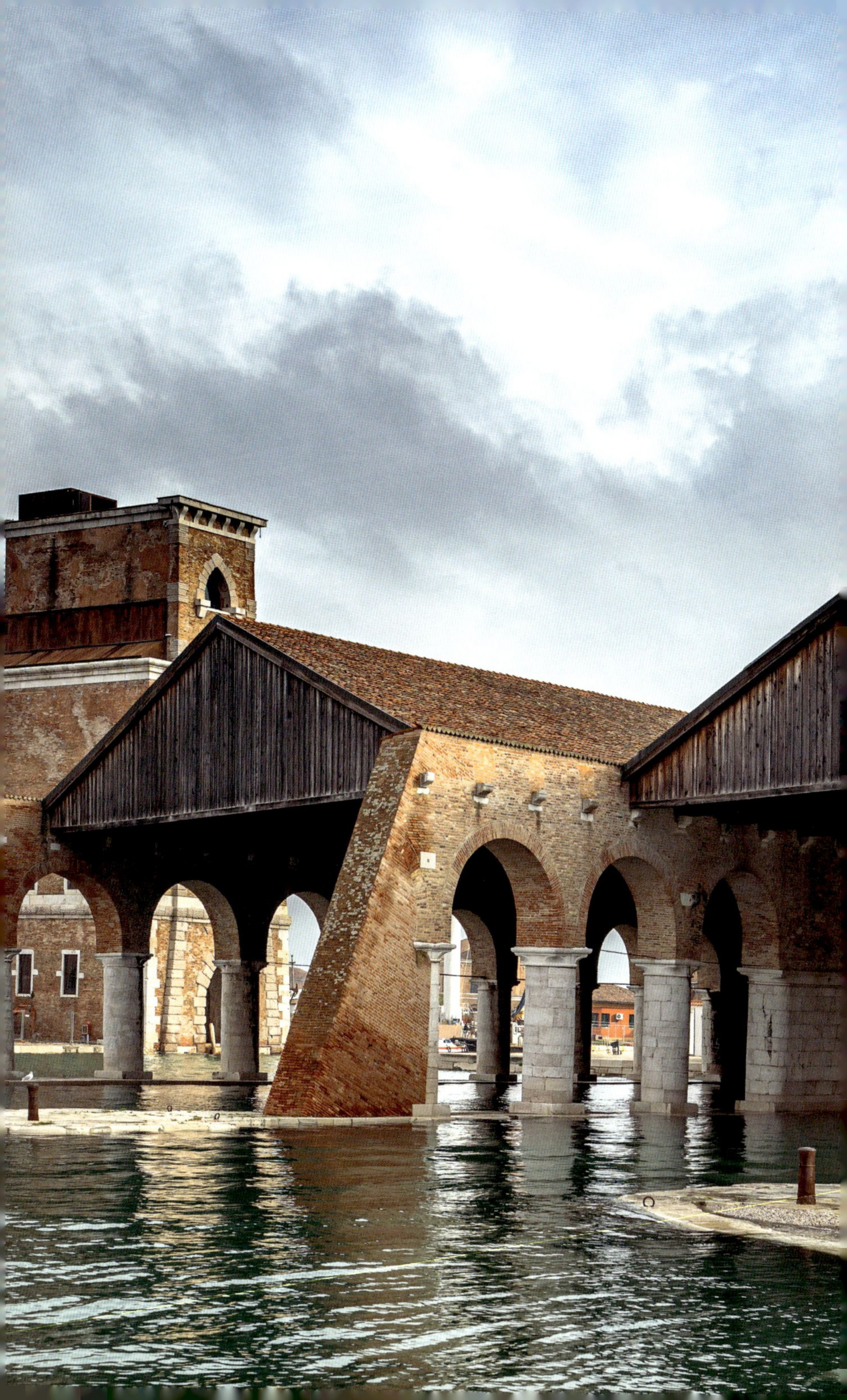

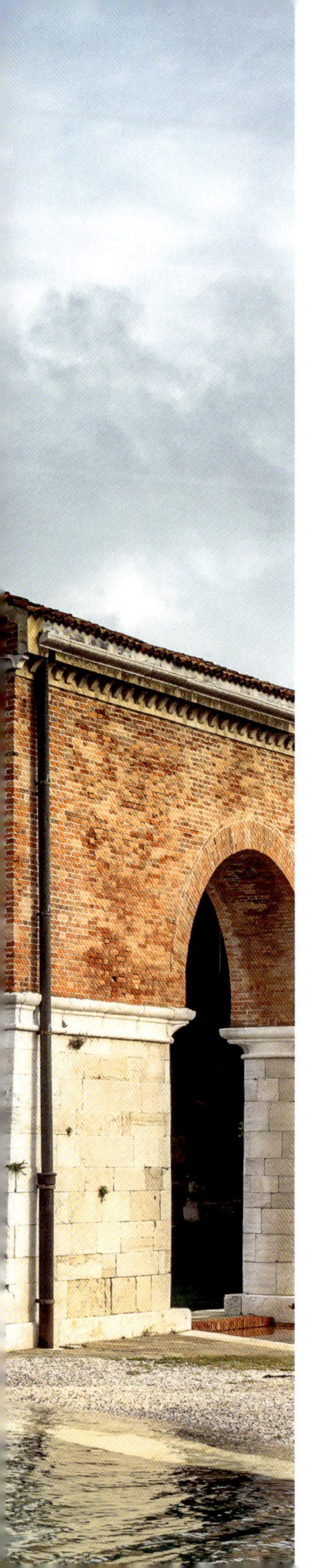

CASTELLO

TOUR 5

Castello grenzt östlich an San Marco und ist das flächenmäßig größte Sestiere in Venedig. Sein Name leitet sich von den Befestigungsanlagen ab, die bereits im 8. Jahrhundert angelegt wurden. Bis zum Bau des Markusdoms befand sich in Castello das geistliche Zentrum der Republik Venedig. Bis 1807 war die Kirche San Pietro die offizielle Kathedrale des Bistums Venedig. Besondere Bedeutung kam Castello auch wegen des Arsenale zuteil. In dieser Werft entstanden zahlreiche Schiffe, dank derer die Republik Venedig zu einer bedeutenden Seemacht wurde.

In den Gassen von Castello finden Sie echtes venezianisches Leben, malerische Wäsche, die im Wind über den Köpfen flattert, Fußball spielende Kinder, die grünen Gärten von Giardini und eine schöne Uferpromenade.

CASTELLO
TOUR 5

1 CAMPO SANTI GIOVANNI E PAOLO

2 ARSENALE

3 BIENNALE GELÄNDE

4 BASILICA DI SAN PIETRO DI CASTELLO

5 SCUOLA GRANDE DI SAN MARCO

6 CAMPO RUGA

7 CAMPO SAN FRANCESCO

8 SANTA MARIA DELLA PIETÀ

9 LIBRERIA ACQUA ALTA

10 PALAZZO TETTA

11 RIVA CA' DI DIO

12 RIVA DEI SETTE MARTIRI

13 SAN GIORGIO DEI GRECI

14 SAN LAZZARO DEI MENDICANTI

15 VIA GIUSEPPE GARIBALDI

16 VIALE GIARDINI PUBBLICI

17 RIVA DEGLI SCHIAVONI (CASTELLO)

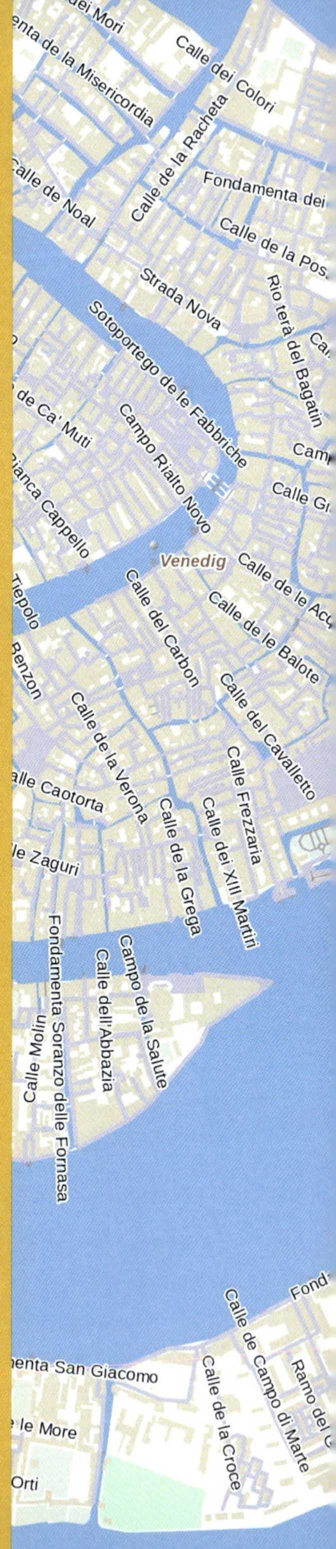

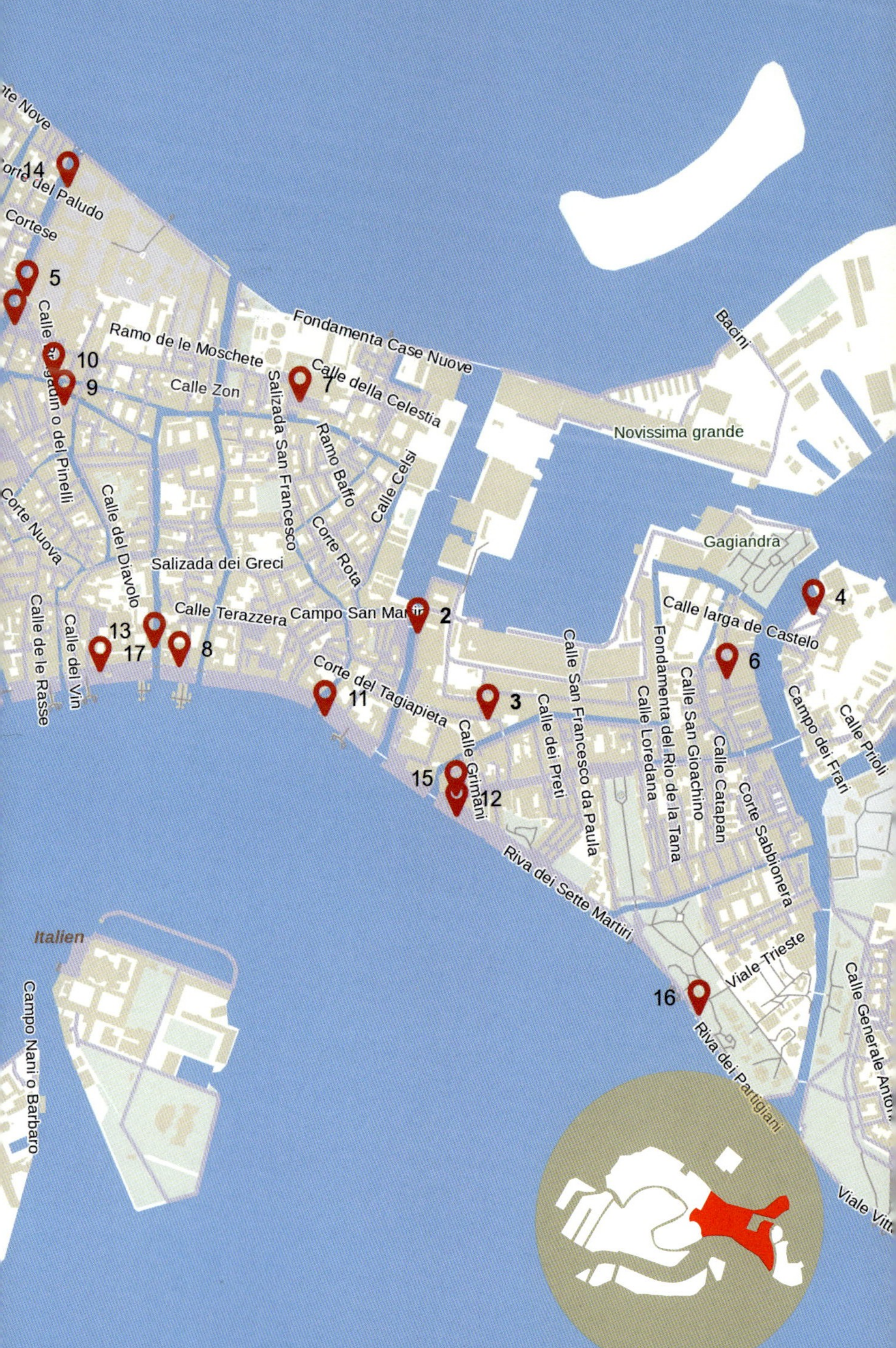

Fondamenta Case Nuove
Ramo de le Moschete
Calle Zon
Calle della Celestia
Salizada San Francesco
Ramo Baffo
Calle Celsi
Corte Rota
Salizada dei Greci
Calle del Diavolo
Calle Terazzera
Campo San Martin
Corte del Tagiapieta
Calle Grimani
Calle dei Preti
Calle San Francesco da Paula
Calle Loredana
Fondamenta del Rio de la Tana
Calle San Gioachino
Calle Catapan
Corte Sabbionera
Calle larga de Castelo
Campo dei Frari
Calle Prioli
Gagiandra
Novissima grande
Bacini
Riva dei Sette Martiri
Viale Trieste
Riva dei Partigiani
Calle Generale Anto
Viale Vitt
Corte del Paludo
Cortese
Corte Nuova
Calle de le Rasse
Calle del Vin
Calle del Pinelli
Italien
Campo Nani o Barbaro

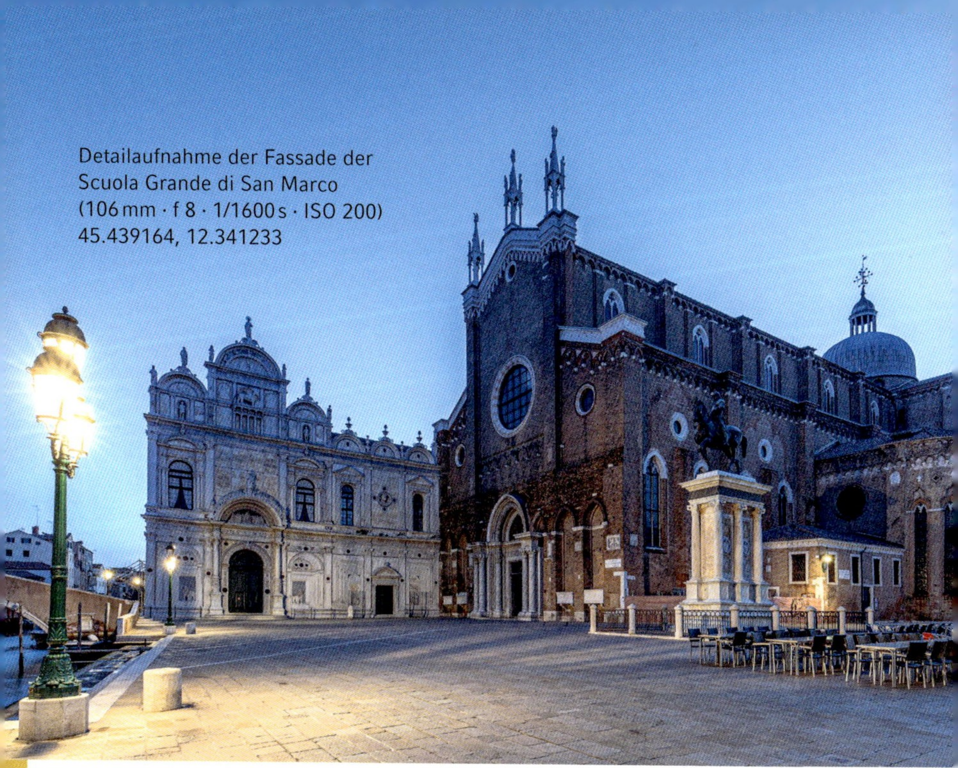

Detailaufnahme der Fassade der Scuola Grande di San Marco (106 mm · f 8 · 1/1600 s · ISO 200) 45.439164, 12.341233

1 CAMPO SANTI GIOVANNI E PAOLO

Beste Tageszeit: ganztags
Koordinaten: 45.439219, 12.341198
Adresse: Campo Santi Giovanni e Paolo, 30122 Venezia VE

Zu den eindrucksvollsten Plätzen Venedigs zählt der Campo Santi Giovanni e Paolo. Dieser wird von drei Monumenten geprägt: dem Backsteinbau der gotischen Dominikanerkirche Santi Giovanni e Paolo, der Scuola Grande di San Marco und Andrea del Verrocchios Reiterstandbild von Bartolomeo Colleoni.

Die Fassade der Basilica dei Santi Giovanni e Paolo wirkt etwas schlicht – zumal es sich um eine der größten gotischen Kirchen Venedigs handelt. Im Innenraum beeindruckt sie nicht nur durch ihre Weite und architektonische Strenge, sondern auch mit ihren aufwendigen Grabstätten. Insgesamt 26 Dogen Venedigs fanden hier ihre letzte Ruhe, und deren

Grabstätten sind herausragende Werke von führenden Künstlern ihrer Zeit.

Das Fotografieren ist in der Basilika verboten, sie ist aber in jedem Fall einen Besuch wert.

Die schöne asymmetrische Fassade der Scuola Grande di San Marco bietet zahlreiche Möglichkeiten für Detailaufnahmen. Den Platz selbst fotografieren Sie am besten mit einem starken Weitwinkel, da Sie sich nicht weit wegbewegen können. Weil der Platz immer sehr belebt ist, eignen sich dafür vor allem die frühen Morgenstunden; am späten Nachmittag werden die Fassaden dann von der Sonne angestrahlt.

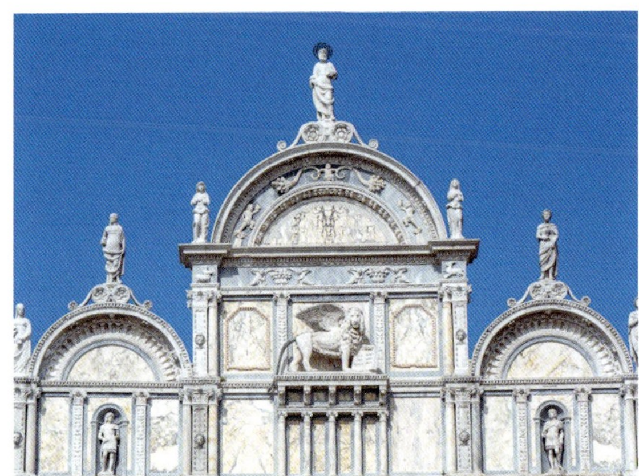

Detailaufnahme der Fassade der Scuola Grande di San Marco (106 mm · f 8 · 1/1600 s · ISO 200) 45.439164, 12.341233

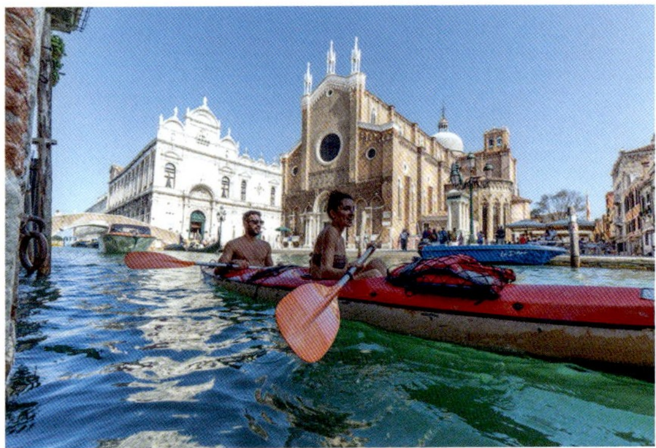

Mit einem interessanten Vordergrund von der anderen Seite des Kanals aus fotografiert (16 mm · f 8 · 1/400 s · ISO 200) 45.439209, 12.340836

2 ARSENALE

Beste Tageszeit: ganztags
Koordinaten: 45.434489, 12.350271
Adresse: Fondamenta Arsenale, 30122 Venezia VE

Die durch Mauern gesicherte ehemalige Schiffswerft Arsenale wurde 1104 gegründet und im 14. und 16. Jahrhundert ausgebaut. Lange Zeit war der Arsenale die größte Schiffswerft der Welt und beschäftigte in ihrer Blütezeit 16.000 Arbeiter. Nach dem Fall der Venezianischen Republik wurden die Docks gemäß Anweisung Napoleons zerstört und geplündert, Kanonen und Bronzeteile eingeschmolzen und für französische Monumente benutzt.

Heute steht das Areal unter Militärverwaltung und dort ist eine Führungs- und Kadettenakademie der italienischen Marine untergebracht. Deswegen sind weite Teile des Geländes für die Öffentlichkeit gesperrt.

Seit 1999 werden einige Teile des Arsenale wieder genutzt und dienen der Biennale und Architekturbiennale als Ausstellungsorte. Somit sind auch wieder Besuche und Aufnahmen auf dem eigentlich gesperrten Areal möglich.

Von der Brücke Ponte de L'Arsenal, die auch Ponte del Paradiso genannt wird, kann man teilweise über das Gelände schauen. Die Vaporetto-Linien Nr. 4.1 und 4.2 fahren an der Begrenzungsmauer entlang und ermöglichen einen guten Eindruck von der gewaltigen Größe der ehemaligen Schiffswerft.

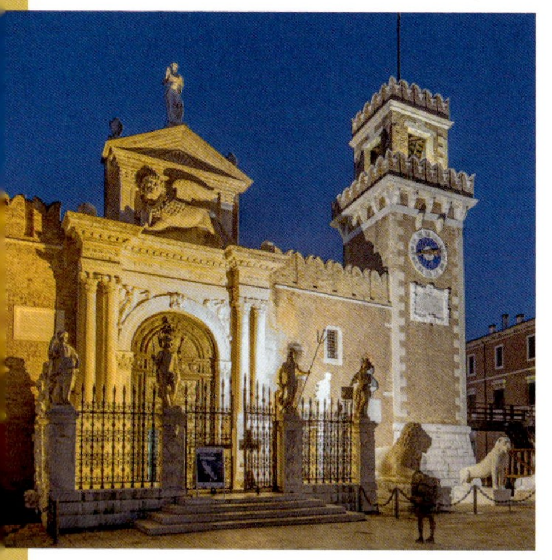

Aufnahme während der Blauen Stunde am Haupteingang in das Arsenale (24 mm · f 9 · 6 s · ISO 100 · Stativ) 45.434712, 12.349724

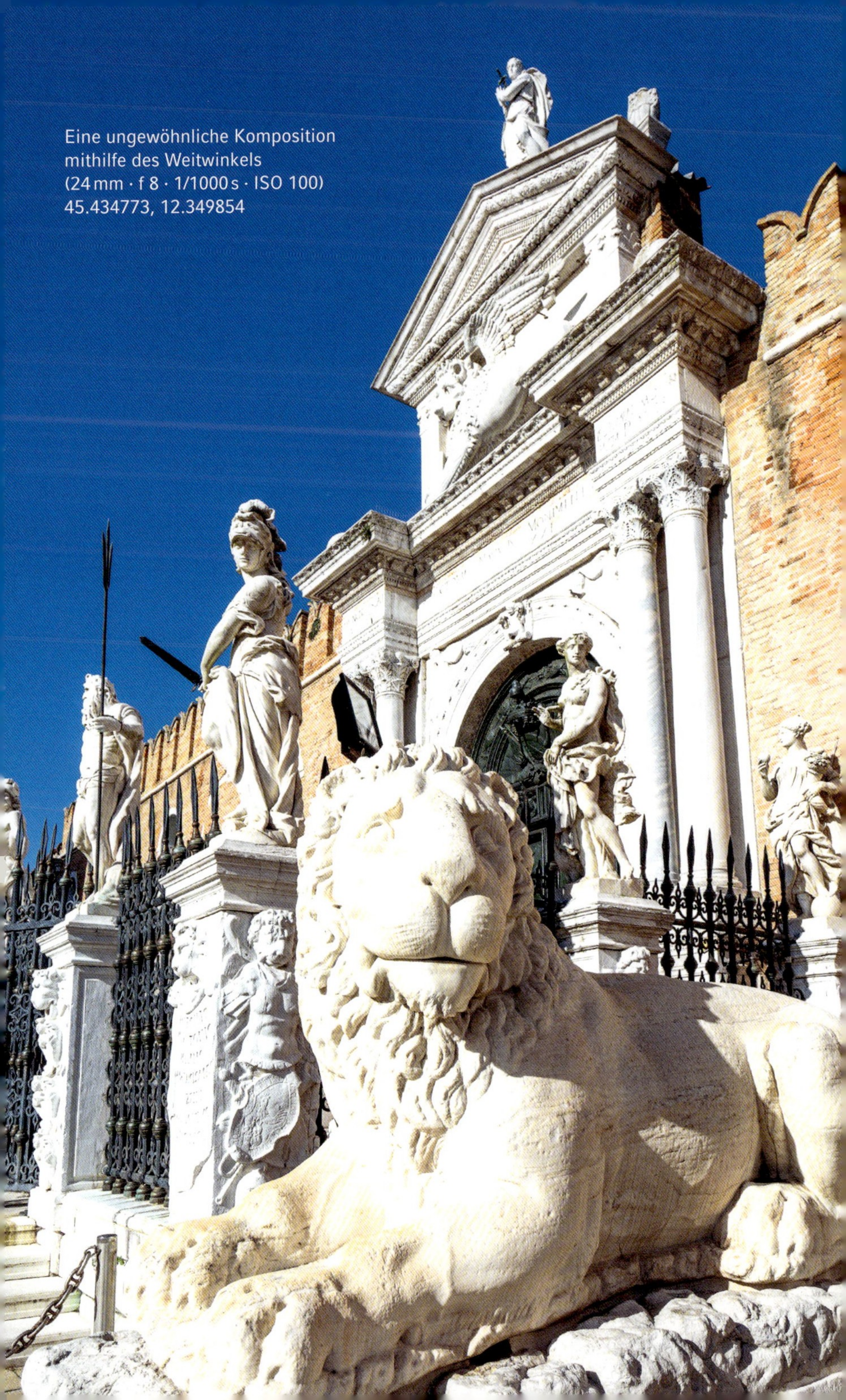

Eine ungewöhnliche Komposition mithilfe des Weitwinkels (24 mm · f 8 · 1/1000 s · ISO 100) 45.434773, 12.349854

3 BIENNALE GELÄNDE

Beste Tageszeit: ganztags
Koordinaten: 45.433170, 12.351860
Adresse: Campo de la Tana 2169/f, 30122 Venezia VE

Die Biennale d'Arte Contemporanea e Architettura di Venezia ist eine internationale Kunstausstellung in der Lagunenstadt, die alle zwei Jahre im Wechsel mit der Architekturbiennale stattfindet.

Hauptschauplatz sind die Giardini Pubblici im Sestiere Castello. Unabhängig von den Länderrepräsentationen in den Giardini Pubblici gibt es dann im Arsenale eine durch Kuratoren zusammengestellte Themenausstellung. Im Rahmen der Biennale ist es deshalb möglich, das normalerweise als militärisches Sperrgebiet nicht zugängliche Arsenale zu besuchen und zu fotografieren.

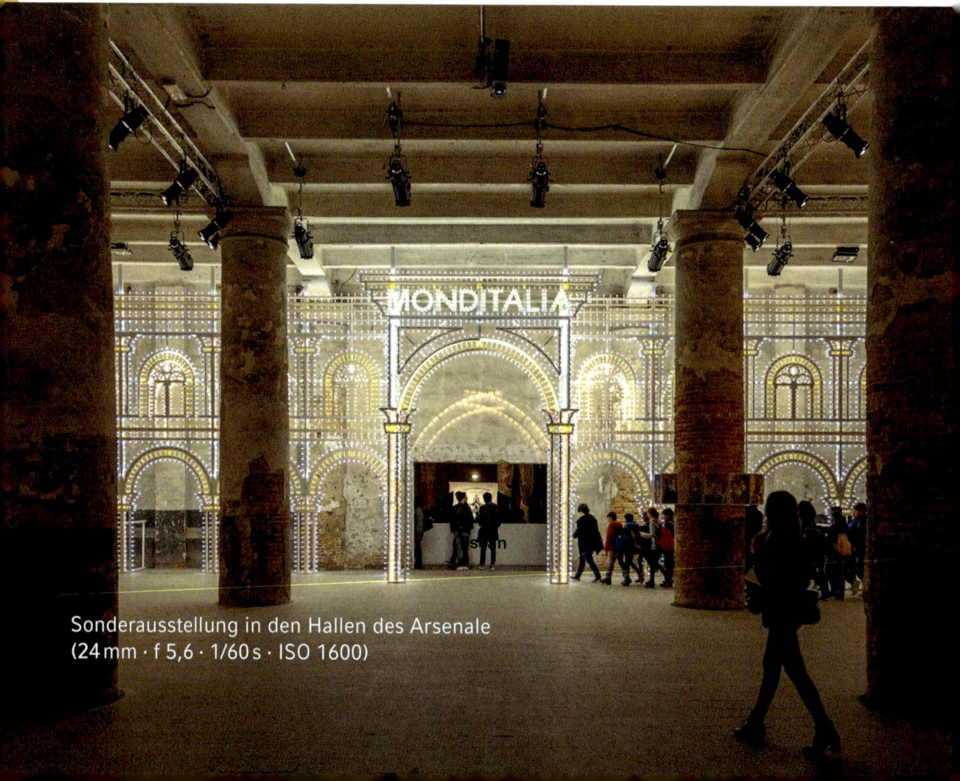

Sonderausstellung in den Hallen des Arsenale
(24 mm · f 5,6 · 1/60 s · ISO 1600)

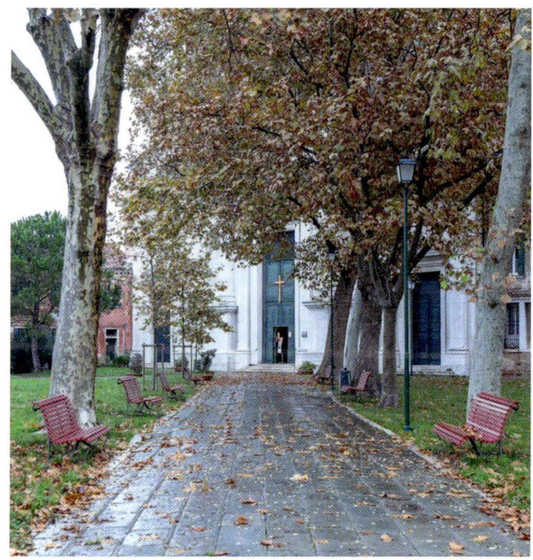

Der Weg dient als optische Führungslinie zur Basilika. (47 mm · f 5,6 · 1/50 s · ISO 2000) 45.434405, 12.358684

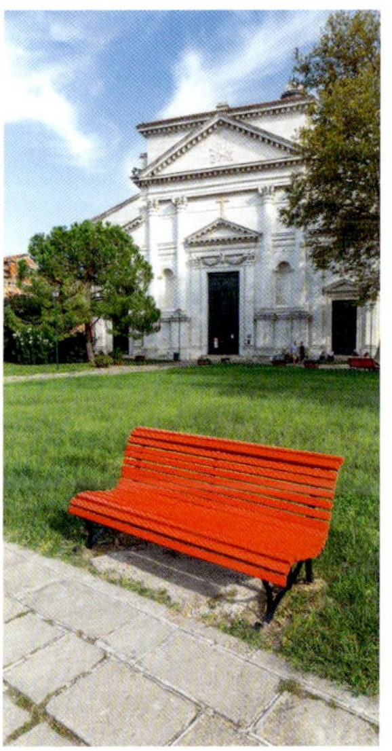

Die rote Bank steht komplementär zur grünen Wiese und dient als Vordergrund bei der Aufnahme. (24 mm · f 11 · 1/125 s · ISO 200) 45.434719, 12.358878

4 BASILICA DI SAN PIETRO DI CASTELLO

Beste Tageszeit: ganztags
Koordinaten: 45.434725, 12.359179
Adresse: Campo San Pietro, 30122 Venezia VE

Die Basilica San Pietro di Castello liegt im äußersten Nordosten von Venedig im gleichnamigen Sestiere und war bis 1807 das geistige und administrative Zentrum des religiösen Venedig. Ihre Randlage spiegelt die geringe Rolle des Bischofs von Venedig im Vergleich zur Staatsmacht wider.

1807 wurde die Basilica di San Marco auf Anweisung Napoleons zur offiziellen Kathedrale von Venedig, da ihm der Weg bis San Pietro zu weit war.

5 SCUOLA GRANDE DI SAN MARCO

Beste Tageszeit: tagsüber
Koordinaten: 45.439655, 12.341468
Adresse: Campo Santi Giovanni e Paolo, 6777, 30122 Venezia VE
Öffnungszeiten: Dienstag bis Samstag 9:30 bis 17:30 Uhr
Webseite: *www.scuolagrandesanmarco.it*

Das Krankenhaus Ospedale Civile SS. Giovanni e Paolo ist in der Scuola Grande di San Marco untergebracht. Ursprünglich wurde das Gebäude für eine Bruderschaft errichtet.

Gleich nach dem Eintritt ins Hauptgebäude betreten Sie den Säulensaal, weiter geradeaus geht es in das Krankenhaus – hier wie dort ist das Fotografieren verboten. In die Scuola Grand di San Marco gelangen Sie gleich nach dem Eintritt rechts die Treppe hinauf. Die Scuola befindet sich im Obergeschoss.

TIPP

Bei den scuole handelt es um typisch venezianische, meist im 13. Jahrhundert als Laienbruderschaften gegründete Einrichtungen. Sie kümmerten sich um das Wohl der Armen aber auch um bestimmte Berufs- oder ethnischen Gruppen. Die größten Einrichtungen, die Scuole grandi, wurden zu palastartigen Zunftgebäuden zur Repräsentation.

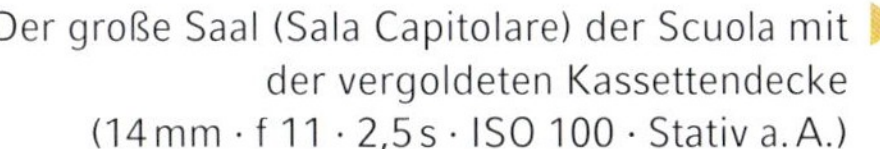

Der große Saal (Sala Capitolare) der Scuola mit der vergoldeten Kassettendecke (14 mm · f 11 · 2,5 s · ISO 100 · Stativ a. A.)

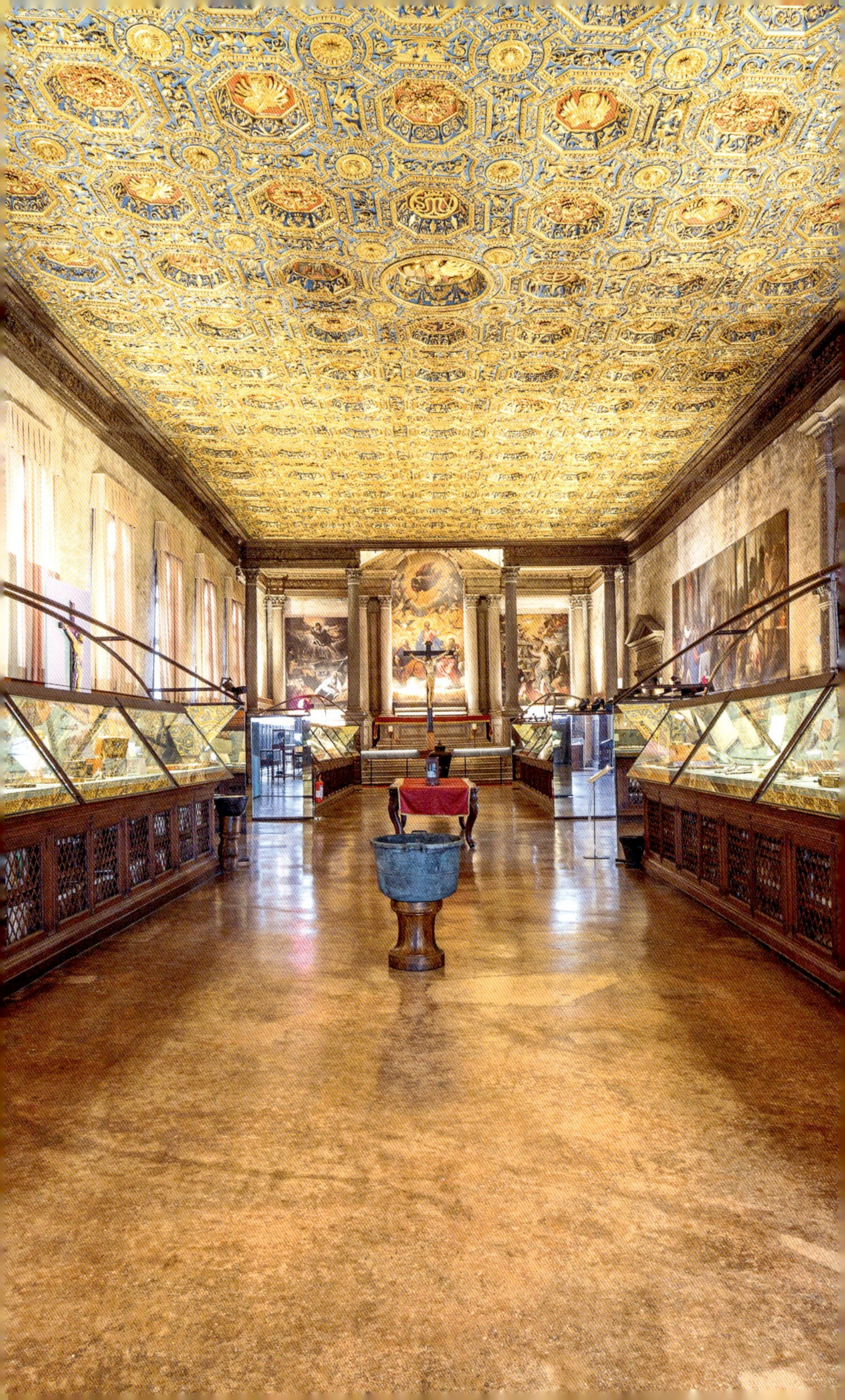

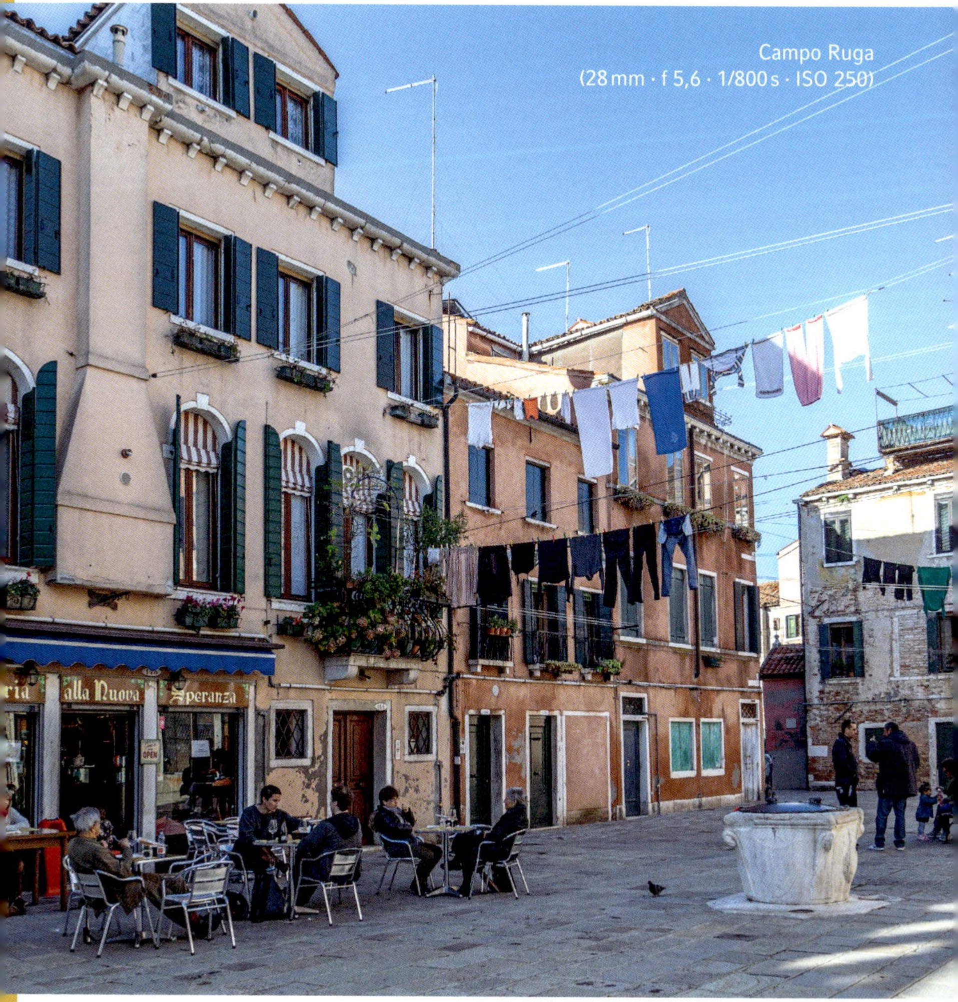

Campo Ruga
(28 mm · f 5,6 · 1/800 s · ISO 250)

6 CAMPO RUGA

Beste Tageszeit: tagsüber
Koordinaten: 45.433761, 12.357226
Adresse: Campo Ruga, 6777, 30122 Venezia VE

Campo Ruga ist eines der typischen Viertel, wo Venezianer ihren Alltag leben, Kinder spielen und man sich auf einen lokalen Ombretta trifft.

7 CAMPO SAN FRANCESCO

Beste Tageszeit: ganztags
Koordinaten: 45.438016, 12.347628
Adresse: Campiello della Confraternita, 2781, 30122 Venezia VE
Öffnungszeiten der Kirche: 08:00 bis 12:00 Uhr und 15:00 bis 19.00 Uhr

Der Campo San Francesco ist vielen aus der populären Donna-Leon-Fernsehserie mit Commissario Brunetti bekannt. Er diente als Drehort, an dem sich die Questura des Commissario befindet.

Hier steht die Kirche San Francesco della Vigna. Letzteres Wort bedeutet übersetzt Weinberg – einen solchen bekamen die Franziskaner 1253 geschenkt. Sie errichteten hier eine Kirche, die im Laufe der Jahrhunderte mehrmals umgebaut wurde. Deren Campanile ist dem am Markusplatz nachempfunden, weist aber weniger Ornamentik auf.

In der Regel ist hier nur wenig Betrieb und Sie können ganz in Ruhe an verschiedenen Kompositionen mit unterschiedlichen Brennweiten arbeiten.

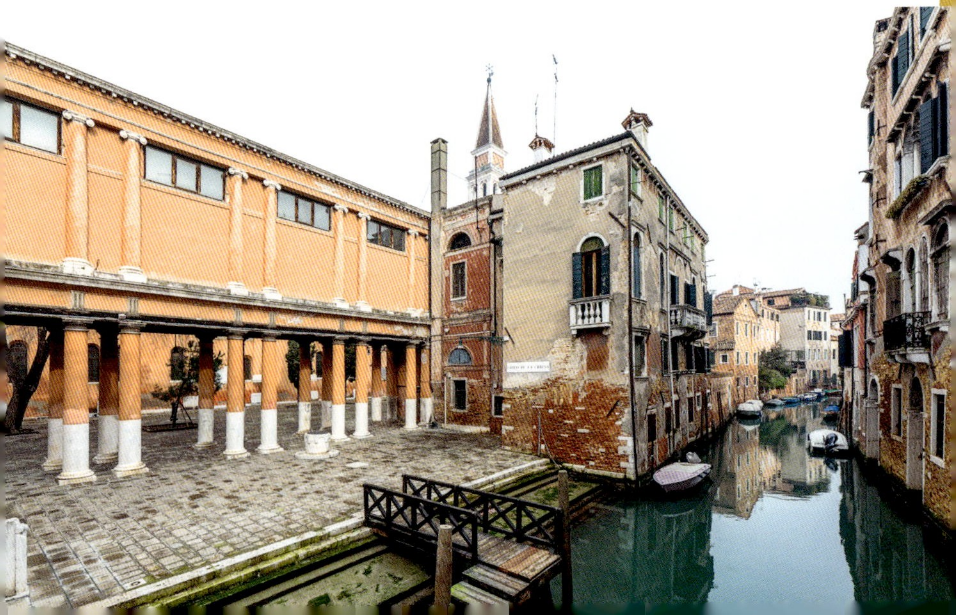

Der Campo San Francesco ist ein ruhiger und schattiger Platz. (14 mm · f 10 · 1/60 s · ISO 100 · Stativ) 45.437770, 12.347325 ▼

8 SANTA MARIA DELLA PIETÀ

Beste Tageszeit: morgens, tagsüber, abends
Koordinaten: 45.434003, 12.344938
Adresse: Riva degli Schiavoni, 4152, 30122 Venezia VE

Die Kirche La Pietà war einst ein Findel- und Waisenhaus. An der Seitenmauer ist noch eine Tafel zu sehen, die Eltern unter Androhung der Verdammnis davor warnte, ihre Kinder als angebliche Waisen hierher zu bringen.

Gegenüber der Tafel befand sich die Babyklappe, sodass die Übergabe anonym erfolgen konnte. Der Überbringer legte das Kind in eine Drehlade und durch Ziehen eines Glockenstrangs wurde dem Personal des Waisenhauses die Ankunft eines neuen Kindes signalisiert.

Anfang des 18. Jahrhunderts war Antonio Vivaldi Kapellmeister von La Pietà und auch heute finden hier noch zahlreiche Konzerte mit seiner Musik statt.

Sie können sich nicht weit genug von der Kirche entfernen, um die gesamte Fassade zu erfassen, ohne das Objektiv stark nach oben zu neigen. Am besten funktioniert die Aufnahme vom Vaporetto aus, wenn Sie an Santa Maria della Pietà vorbeifahren.

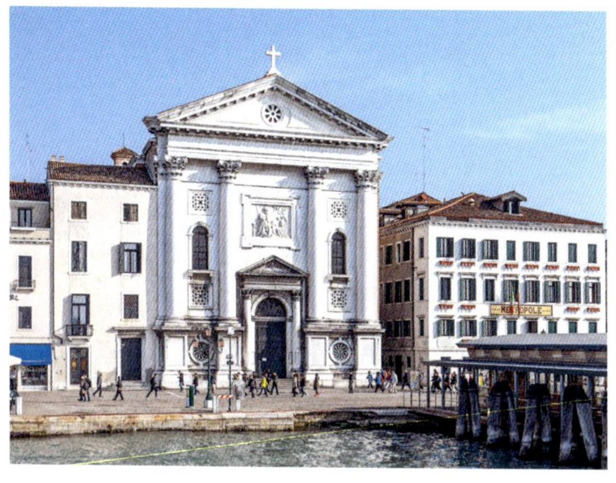

Die Aufnahme entstand von einem vorbeifahrenden Vaporetto aus.
(35 mm · f 10 · 1/1000 s · ISO 400)
45.433284, 12.344495

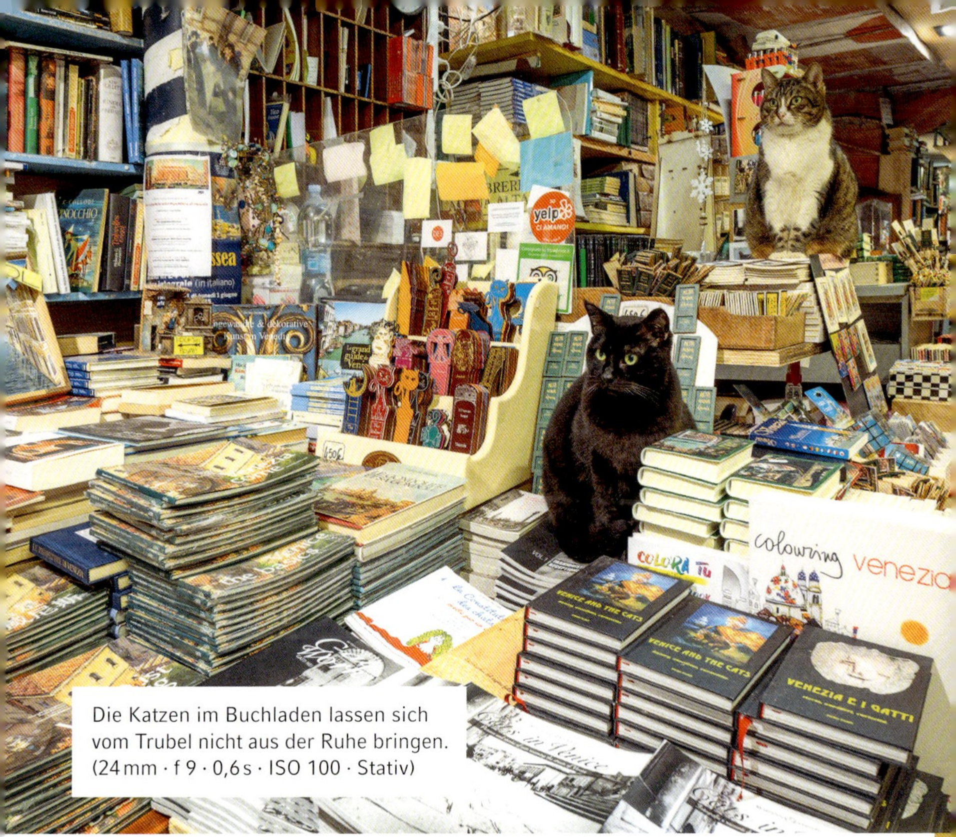

Die Katzen im Buchladen lassen sich vom Trubel nicht aus der Ruhe bringen. (24 mm · f 9 · 0,6 s · ISO 100 · Stativ)

9 LIBRERIA ACQUA ALTA

Beste Tageszeit: tagsüber
Koordinaten: 45.437990, 12.342313
Adresse: Calle Lunga Santa Maria Formosa, 5176b, 30122 Venezia VE
Öffnungszeiten: Montag bis Sonntag 9:00 bis 19:45 Uhr

Die Libreria Acqua Alta (»Hochwasser-Buchhandlung«) ist eine gemütliche, unkonventionelle Buchhandlung bzw. ein modernes Antiquariat mit zahlreichen gebrauchten Titeln, interessanten Exponaten und ansässigen Katzen.

Die Libreria Acqua Alta hat sich mithilfe der sozialen Medien zu einem beliebten Fotospot entwickelt und kann tagsüber mitunter sehr voll sein. Es lohnt sich trotzdem, diesen quirligen Buchladen zu besuchen, und möglicherweise müssen Sie anstehen, um sich auf der »Büchertreppe« fotografieren zu lassen.

Gerade während der Karnevalszeit, bei Hochzeitsfotografen aber auch ganzjährig sehr beliebt ist diese Location für Porträtaufnahmen in einem außergewöhnlichen Ambiente.

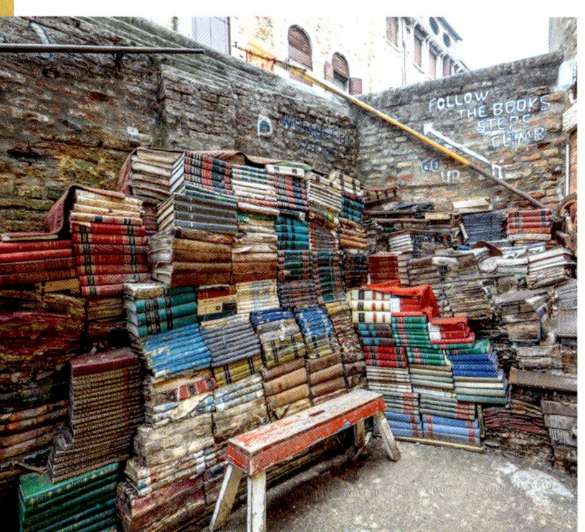

Die Büchertreppe im Hinterhof ermöglicht einen Blick auf den hinter der Mauer verlaufenden Kanal. (15 mm · f 9 · 0,4 s · ISO 100 · Stativ)

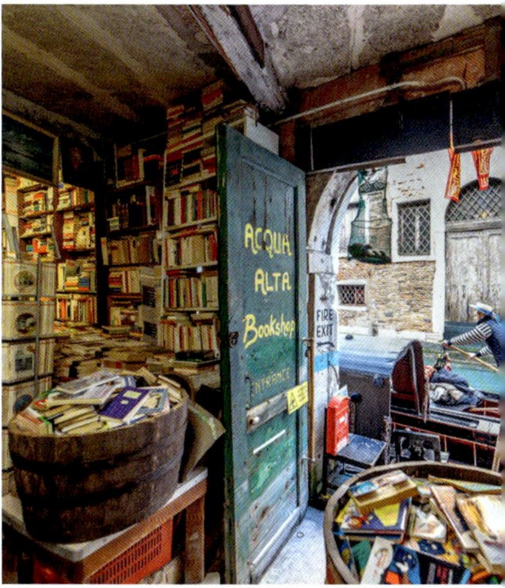

Ganz hinten in der Buchhandlung befindet sich eine alte Gondel am Anleger der Buchhandlung, die als beliebtes Fotomotiv dient. Ich habe an dieser Stelle gewartet, bis eine Gondel mit Gondoliere an der offenen Tür vorbeifuhr. (14 mm · f 3,5 · 1/160 s · ISO 1250 · Stativ)

TIPP

Das Tragen eines Rucksacks ist im Buchladen nicht gestattet. Nehmen Sie Ihren Foto-Rucksack ab und tragen Sie ihn in der Hand oder vorne am Körper. So vermeiden Sie, in der Enge aus Versehen Bücherstapel umzuwerfen oder andere Kunden damit anzustoßen.

10 PALAZZO TETTA

Beste Tageszeit: ganztags
Koordinaten: 45.438411, 12.342077
Adresse: Fondamenta dei Felzi, 6316, 30122 Venezia VE

Die ursprünglich aus Sibenik stammende Familie Tetta kam 1611 nach Venedig, um sich Handelsgeschäften zu widmen. Hier kaufte sie diesen Palast, der als einer von wenigen Gebäude in Venedig auf drei Seiten vom Wasser umflossen wird.

Am besten stehen Sie für die Aufnahmen auf der Ponte dei Conzafelzi gegenüber.

Um das ganze Gebäude mitsamt der Spiegelung im Wasser zu fotografieren, benötigen Sie ein großes Weitwinkel.

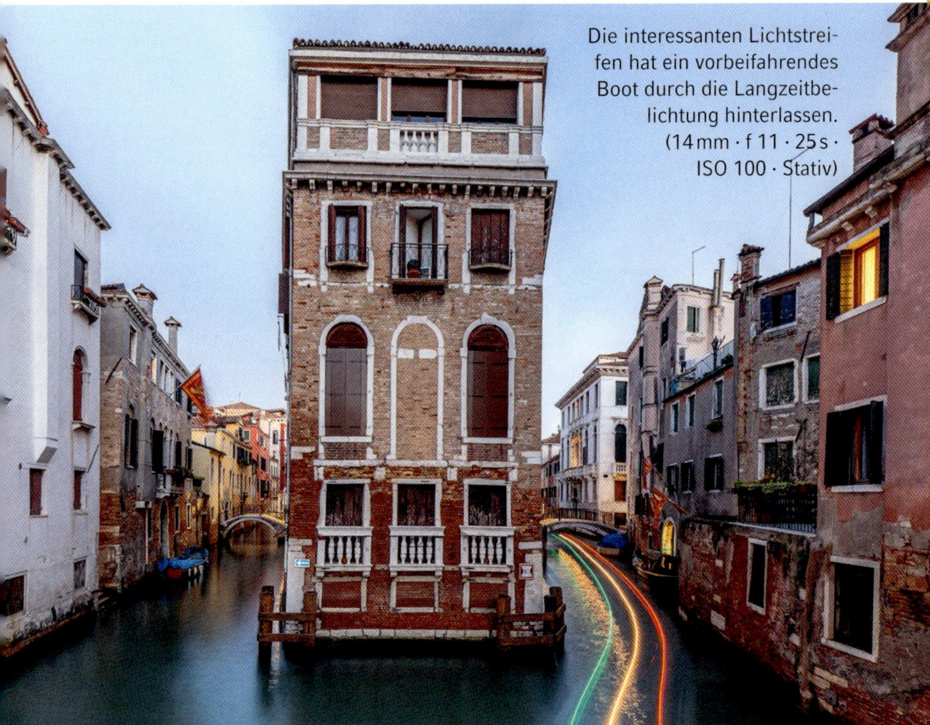

Die interessanten Lichtstreifen hat ein vorbeifahrendes Boot durch die Langzeitbelichtung hinterlassen. (14 mm · f 11 · 25 s · ISO 100 · Stativ)

11 RIVA CA' DI DIO

Beste Tageszeit: ganztags
Koordinaten: 45.433241, 12.348195
Adresse: Riva Ca' di Dio, 2185, 30122 Venezia VE

Die Riva Ca' di Dio stellt die Verlängerung der Uferstraße Riva degli Schiavoni im Sestiere Castello dar. Sie bietet weitere schöne Aufnahmemöglichkeiten in Richtung San Giorgio Maggiore über den Giudecca-Kanal.

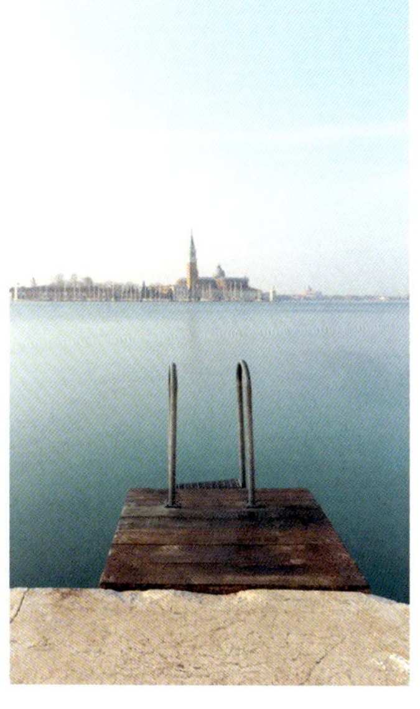

Ein kleiner Anleger reicht schon für ein interessantes Vordergrundmotiv aus.
(24 mm · f 16 · 57 s · ISO 100 · Stativ · ND 3.0)
45.433194, 12.348193

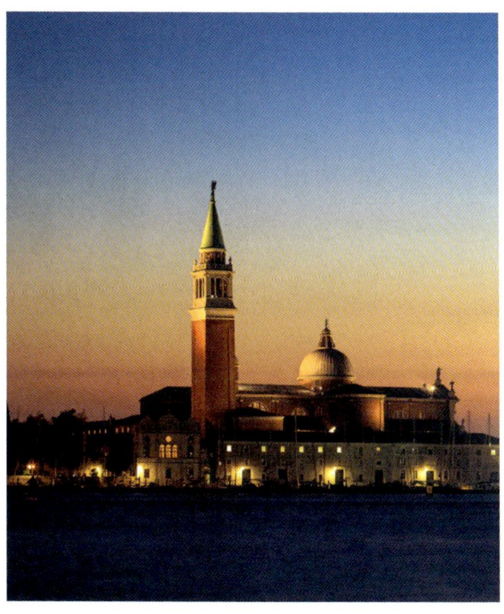

Eine wunderbare Lichtstimmung in Richtung San Giorgio Maggiore zum Sonnenuntergang
(88 mm · f 9 · 25 s · ISO 100 · Stativ)

Die Brücke Puente Arsenale am
Eingang des Rio dell'Arsenale
(24 mm · f 16 · 88 s · ISO 100 · Stativ · ND 3.0)
45.432848, 12.349392

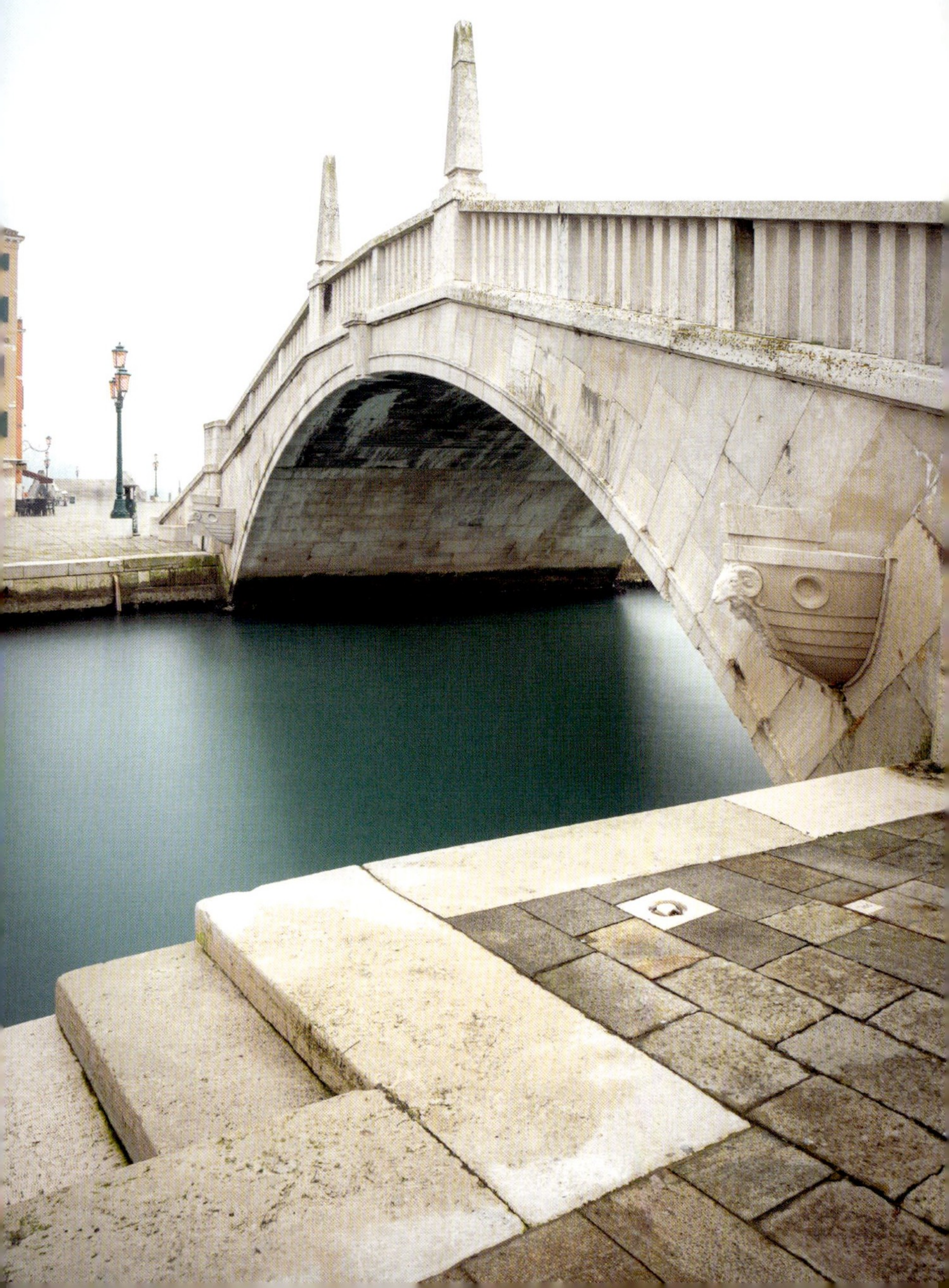

12 RIVA DEI SETTE MARTIRI

Beste Tageszeit: ganztags
Koordinaten: 45.431701, 12.351166
Adresse: Riva dei Sette Martiri, 30122 Venezia VE

Die Uferstraße im Sestiere Castello führt weiter über die Riva dei Sette Martiri. Auch hier bieten sich zahlreiche Möglichkeiten für Aufnahmen in Richtung San Giorgio Maggiore über den Giudecca-Kanal – inklusive toller Vordergrundmotive für Langzeitbelichtungen.

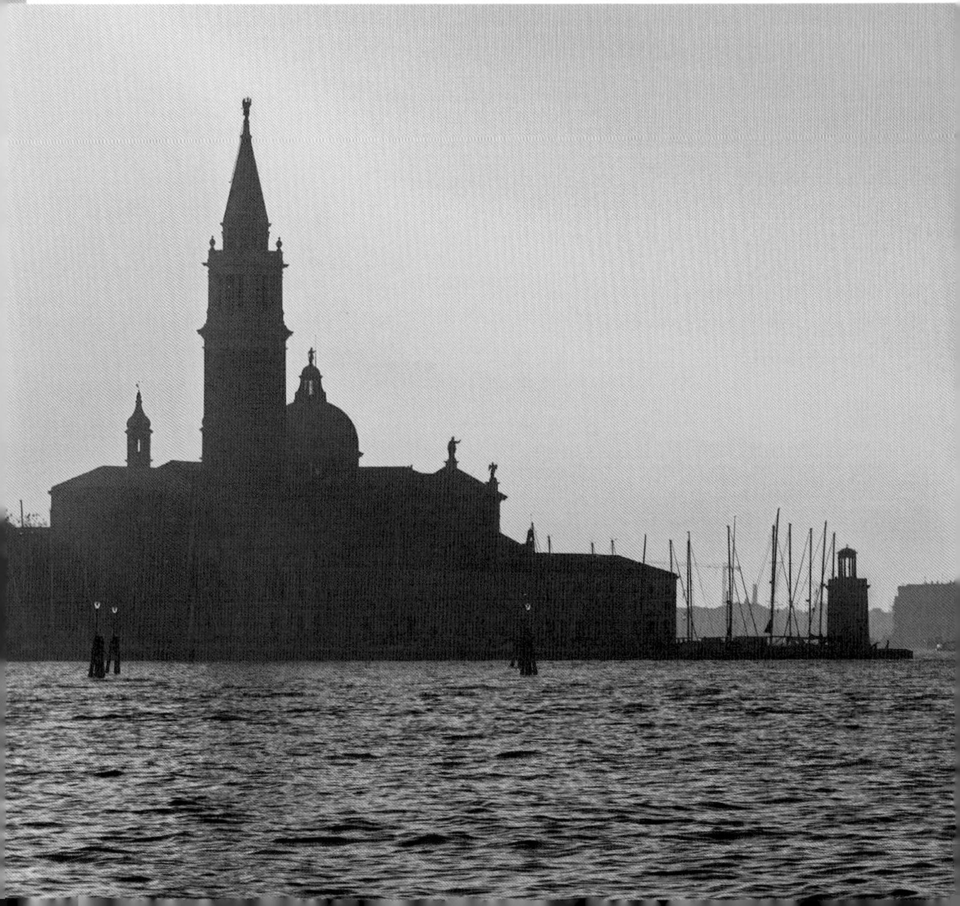

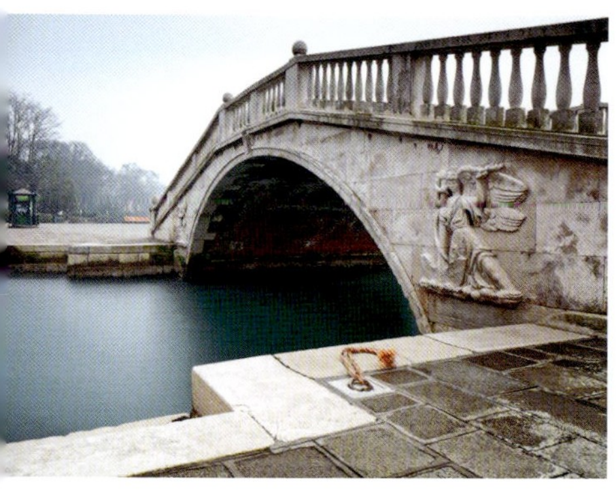

Die Brücke an der Riva dei Sette Martiri
(24 mm · f 16 · 92 s · ISO 100 · Stativ · ND 3.0)
45.430253, 12.354563

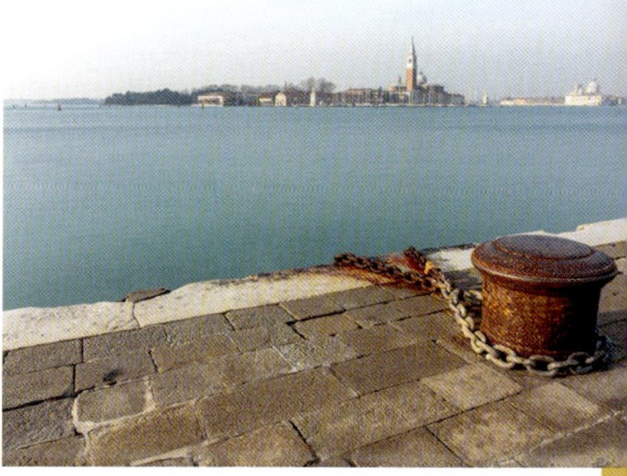

Poller und Kette als Vordergrundmotiv
(28 mm · f 16 · 58 s · ISO 50 · Stativ · ND 3.0)
45.431658, 12.351178

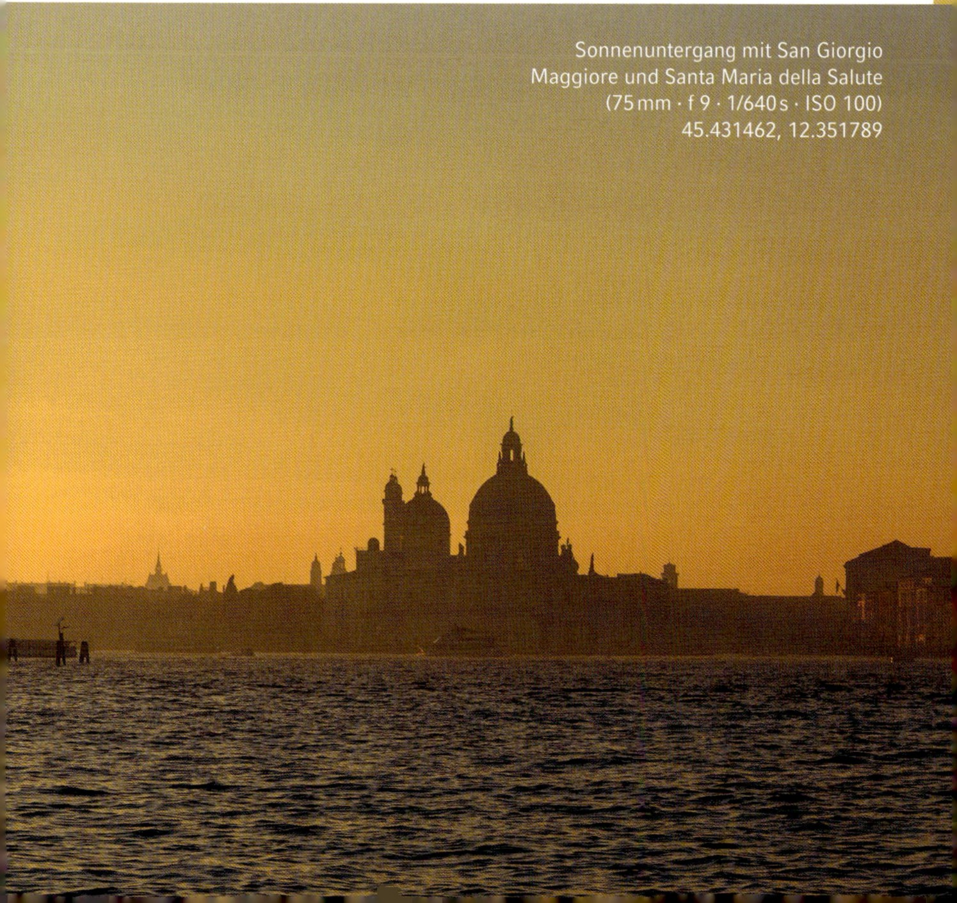

Sonnenuntergang mit San Giorgio
Maggiore und Santa Maria della Salute
(75 mm · f 9 · 1/640 s · ISO 100)
45.431462, 12.351789

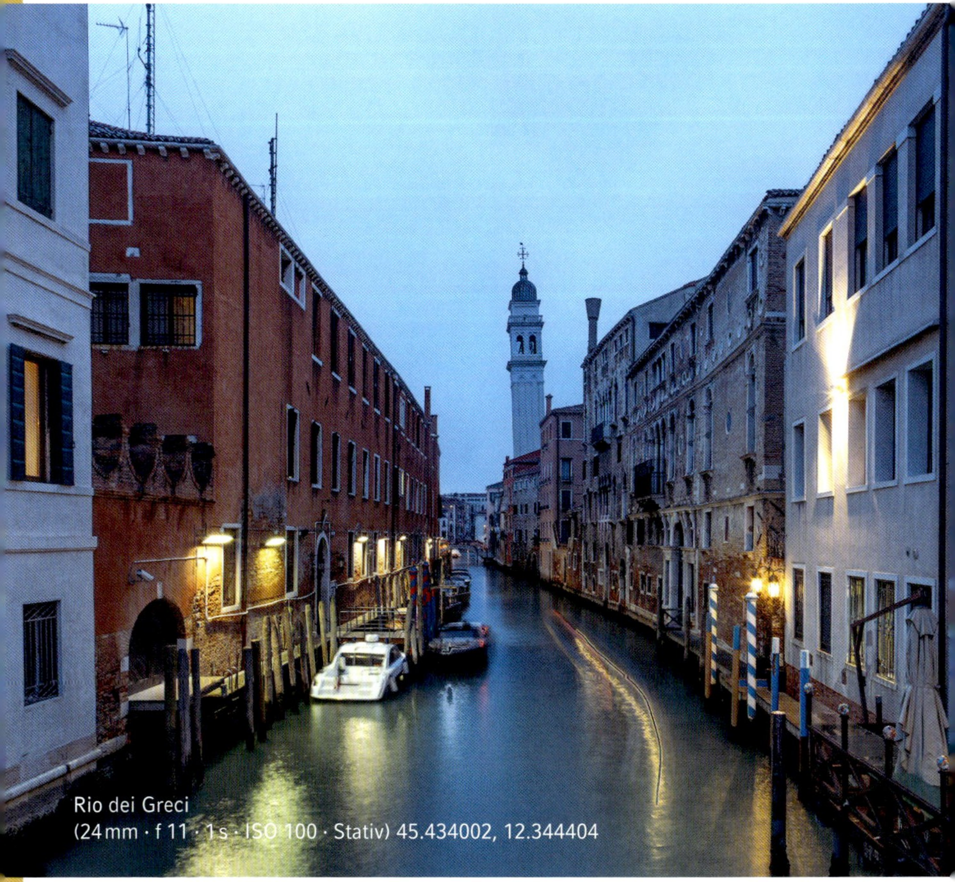

Rio dei Greci
(24 mm · f 11 · 1 s · ISO 100 · Stativ) 45.434002, 12.344404

13 SAN GIORGIO DEI GRECI

Beste Tageszeit: ganztags
Koordinaten: 45.434002, 12.344404
Adresse: Riva degli Schiavoni, 30122 Venezia VE

Der schiefe Turm an der griechischen Kirche San Giorgio dei Greci sieht so aus, als stürze er gleich in den Rio dei Greci. Dieser Standort ermöglicht eine Aufnahme mit Blick auf den Kanal in Richtung des Glockenturms.

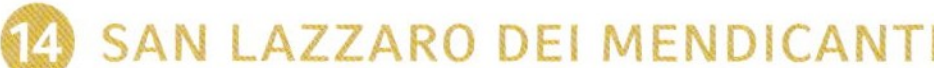

14 SAN LAZZARO DEI MENDICANTI

Beste Tageszeit: tagsüber
Koordinaten: 45.441304, 12.342375
Adresse: Fondamenta dei Mendicanti, 30122 Venezia VE
Öffnungszeiten: Montag bis Samstag 9:30 bis 17:30 Uhr

Die Kirche San Lazzaro dei Mendicanti ist die eigentliche Krankenhauskapelle und befindet sich im Ospedale SS. Giovanni e Paolo.

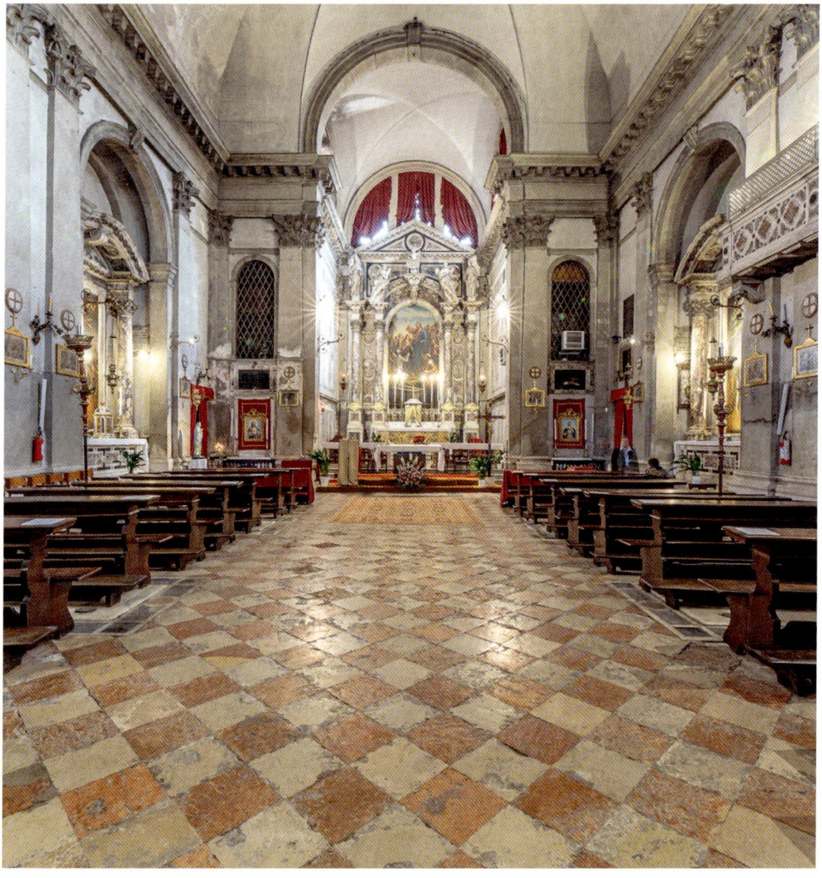

Aufnahme in Richtung Altar
(14 mm · f 16 · 5 s · ISO 100 · Stativ a. A.)

15 VIA GIUSEPPE GARIBALDI

Beste Tageszeit: ganztags
Koordinaten: 45.432011, 12.351150
Adresse: Via Giuseppe Garibaldi, 30122 Venezia VE

Die Via Giuseppe Garibaldi ist die belebte Hauptstraße des Sestiere Castello, in dem auch ein Denkmal für den italienischen Freiheitshelden nicht fehlen darf. Hinter dem Denkmal führt der parkähnliche Weg zu den Giardini Pubblici. Auf der Via Giuseppe Garibaldi gibt es zahlreiche Cafés und Restaurants. Am Ende der Straße verläuft der Rio di Sant'Anna mit der gut vertäuten Gemüsebarke. Hier bekommen Sie besonders frisches Obst und Gemüse.

1808 entstand die breiteste Straße Venedigs durch Aufschüttung eines Kanals. Entlang der Via Giuseppe Garibaldi und den Seitenstraßen bieten sich zahlreiche Aufnahmemöglichkeiten. Halten Sie die Augen nach interessanten Motiven offen.

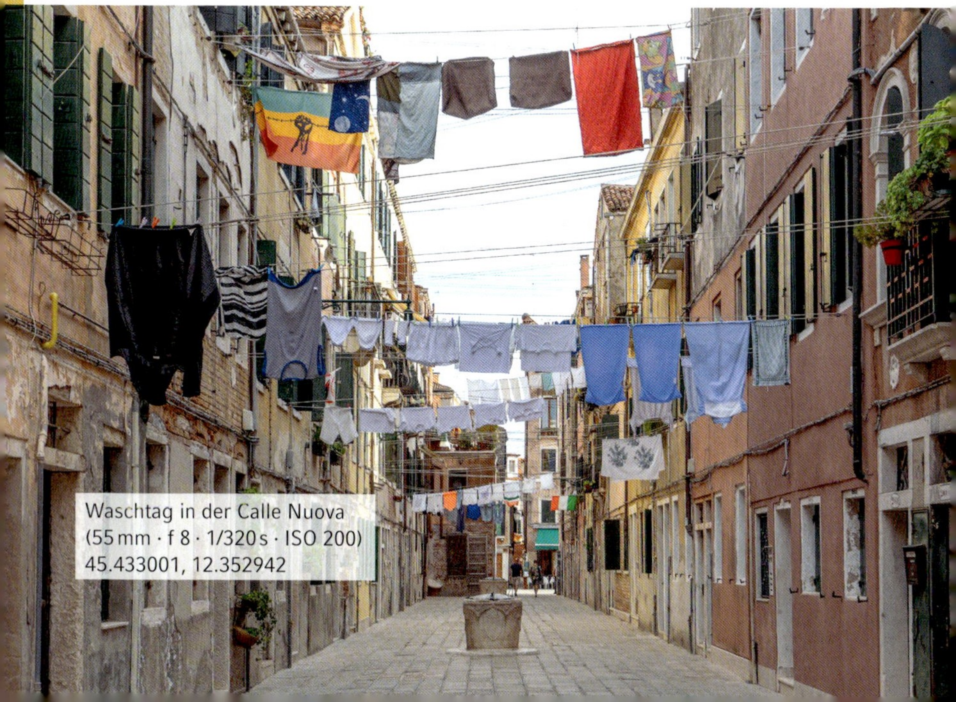

Waschtag in der Calle Nuova
(55 mm · f 8 · 1/320 s · ISO 200)
45.433001, 12.352942

Geländer
(43 mm · f 16 · 74 s ·
ISO 100 · Stativ · ND 3.0)

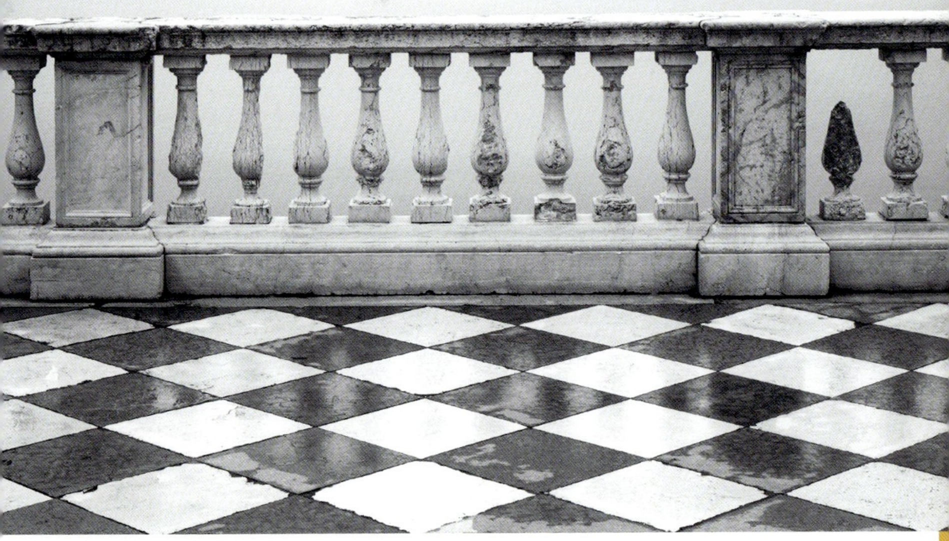

16 VIALE GIARDINI PUBBLICI

Beste Tageszeit: tagsüber
Koordinaten: 45.428649, 12.356626
Adresse: Viale Giardini Pubblici, 30122 Venezia VE

Die Giardini della Biennale befinden sich beinahe am östlichsten Zipfel Venedigs. In Jahren mit ungerader Jahreszahl präsentieren hier im Sommer die Pavillons der Biennale höchst unterschiedliche Werke zeitgenössischer Künstler aus 40 bis 50 Nationen.

An der Uferstraße der Giardini Pubblici finden sich diese beiden Motive, die Sie mit einer Langzeitbelichtung gut in Szene setzen können.

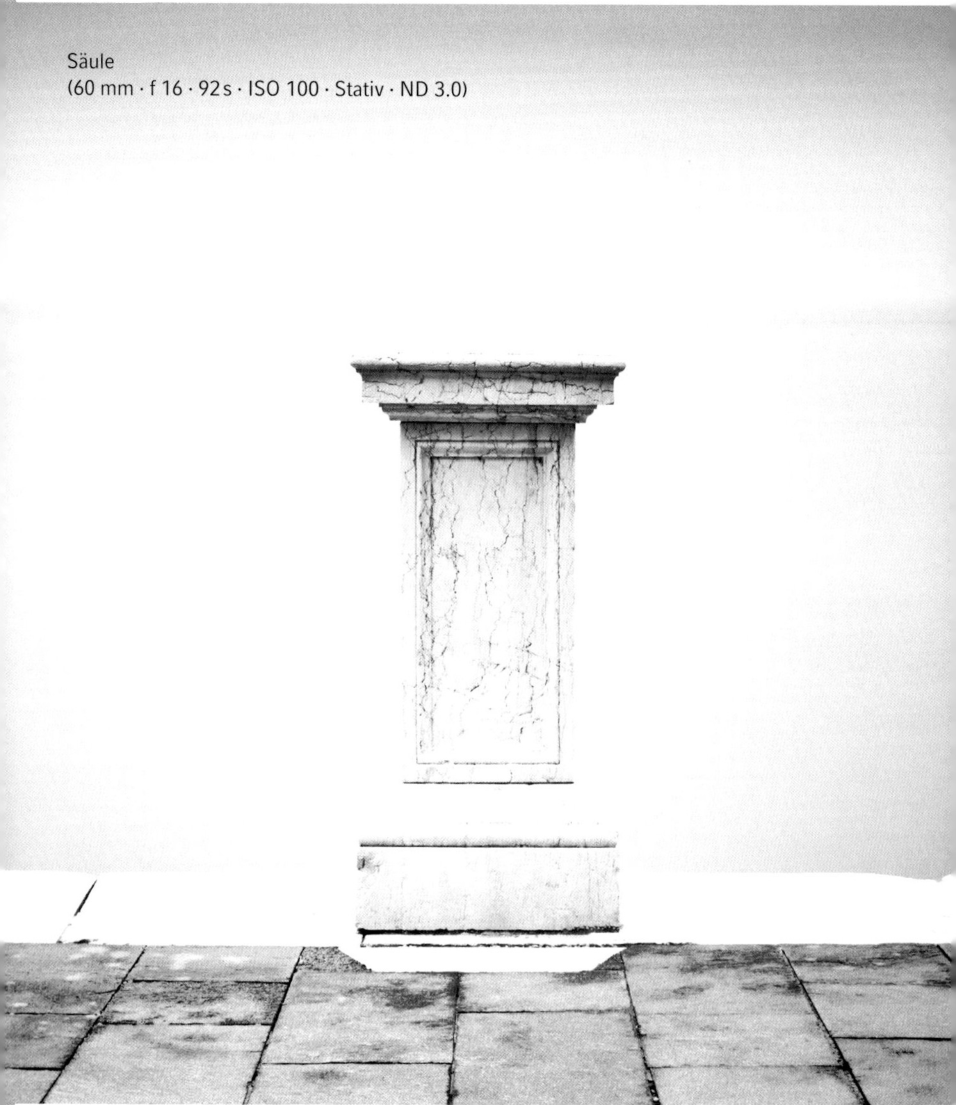

Säule
(60 mm · f 16 · 92s · ISO 100 · Stativ · ND 3.0)

17 RIVA DEGLI SCHIAVONI (CASTELLO)

Beste Tageszeit: Sonnenaufgang, tagsüber
Koordinaten: 45.433937, 12.343153
Adresse: Riva degli Schiavoni, 30122 Venezia VE

Als Fortführung der Riva degli Schiavoni am Molo San Marco beginnt die Riva degli Schiavoni im Sestiere Castello hinter der Brücke Ponte della Paglia.

Auf der Riva steht eine imposante Reiterstatue von Vittorio Emanuele II, dem ersten König des vereinten Italien. Diese lässt sich am besten frühmorgens fotografieren, wenn auf der Riva degli Schiavoni noch wenig Betrieb herrscht.

Unmittelbar vor dem Reiterdenkmal, an der Wasserfront, finden Sie eine gute Stelle, um Spiegelungen von Gondeln zu fotografieren. Bei einer Hochwasserhöhe von ungefähr 75 bis 80 cm klatscht der Wellengang gegen die höchste Stufe der Treppen, die ins Wasser bei den Gondeln führen. Die Wasserspritzer lassen sich gut mit einer kurzen Verschlusszeit festhalten.

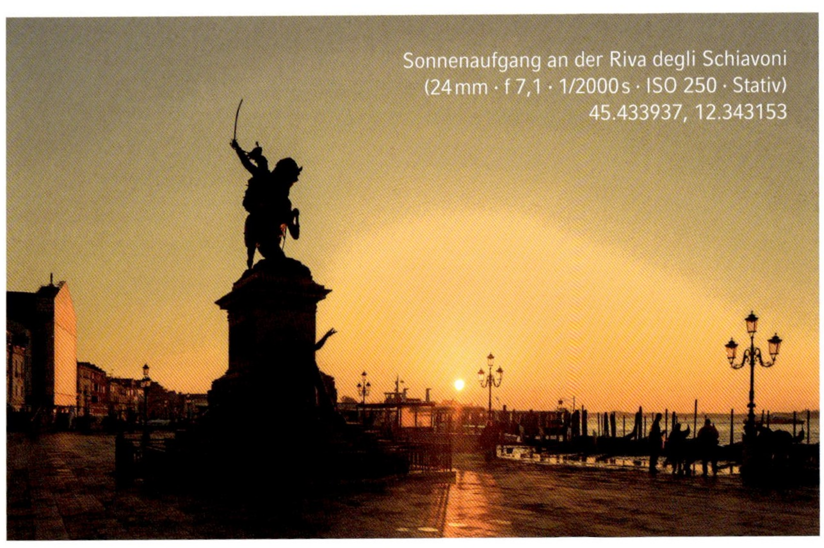

Sonnenaufgang an der Riva degli Schiavoni
(24 mm · f 7,1 · 1/2000 s · ISO 250 · Stativ)
45.433937, 12.343153

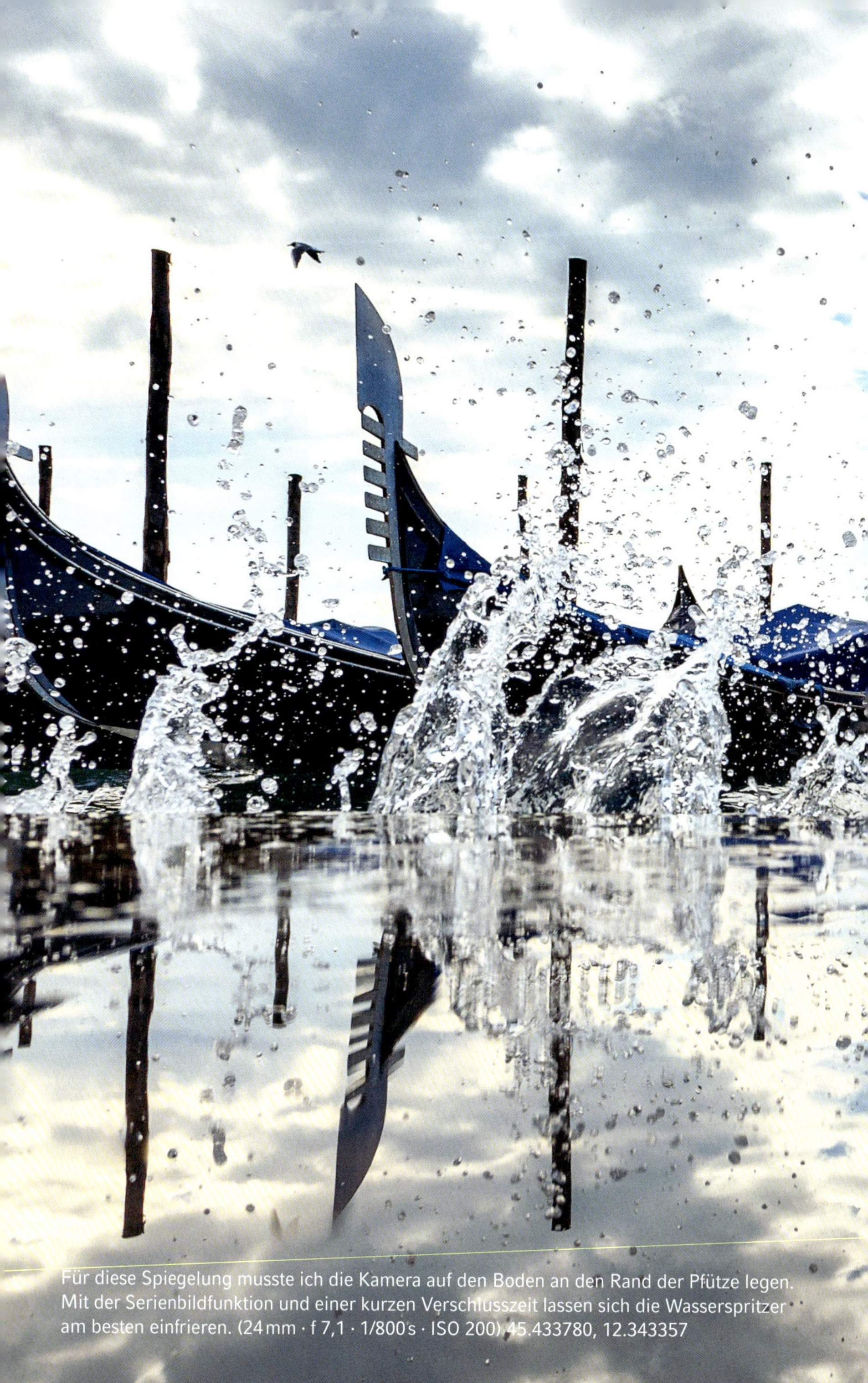

Für diese Spiegelung musste ich die Kamera auf den Boden an den Rand der Pfütze legen. Mit der Serienbildfunktion und einer kurzen Verschlusszeit lassen sich die Wasserspritzer am besten einfrieren. (24 mm · f 7,1 · 1/800 s · ISO 200) 45.433780, 12.343357

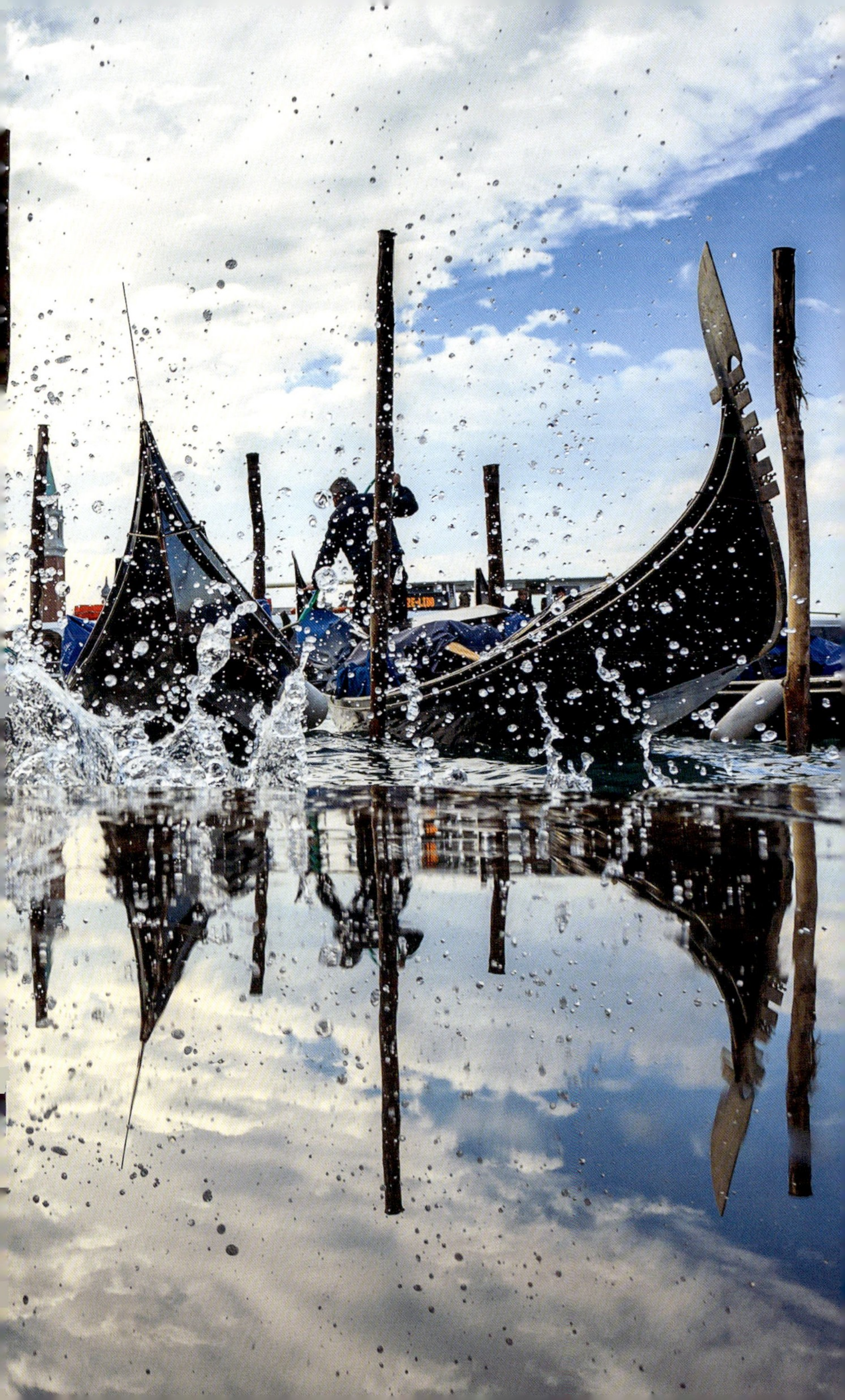

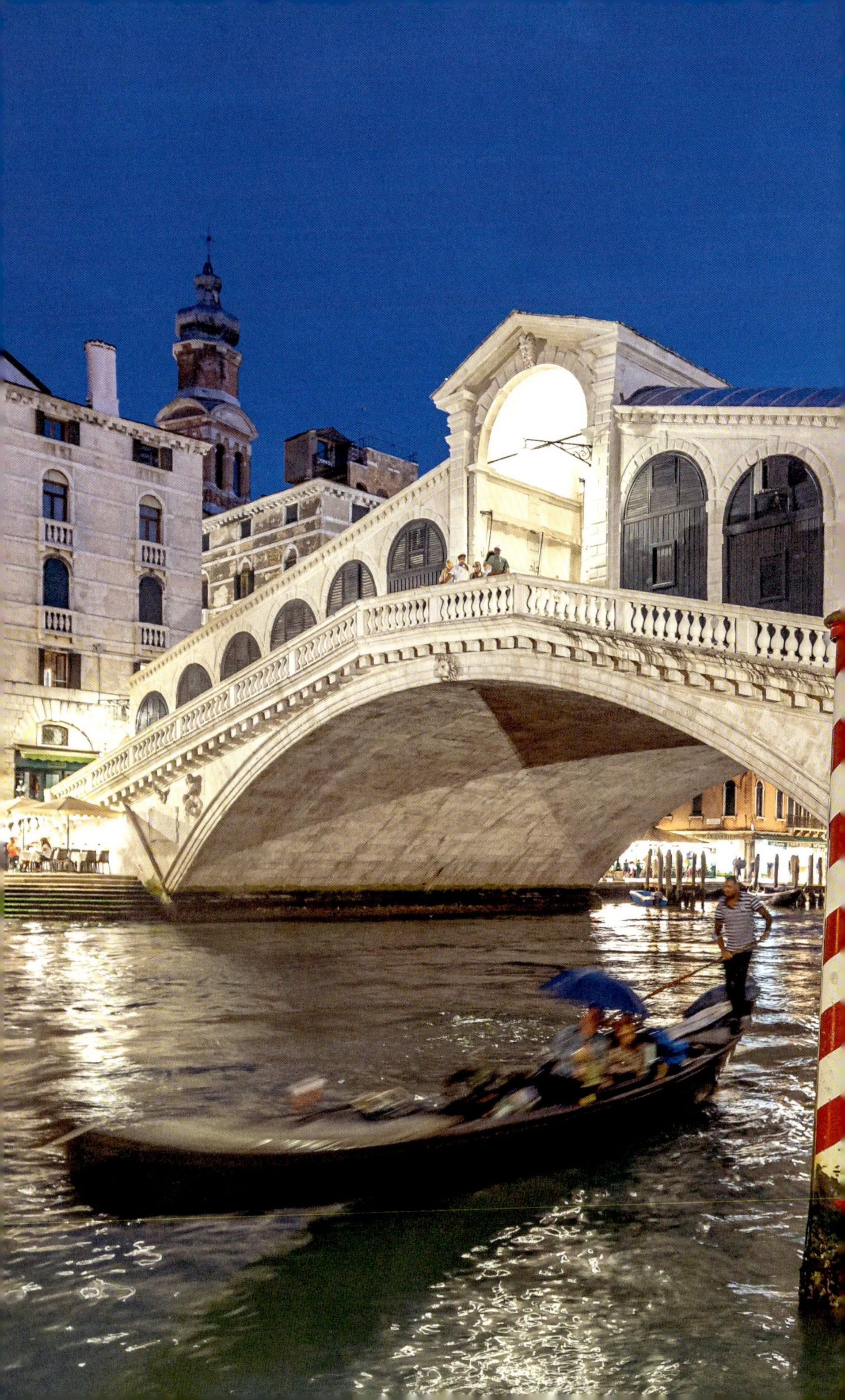

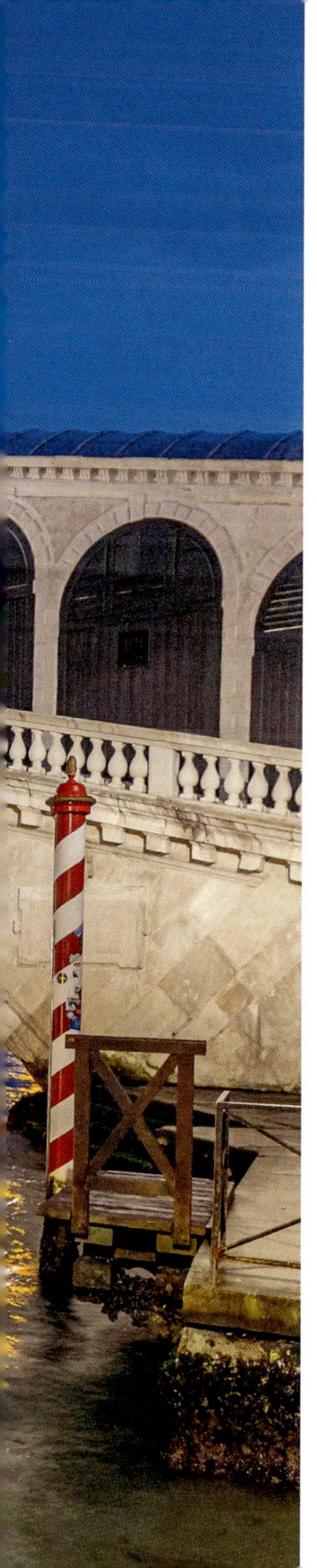

SAN POLO
TOUR 6

Das Sestiere San Polo entwickelte sich im 11. Jahrhundert zum wirtschaftlichen Zentrum, da hier die ersten Märkte entstanden. Auch heute ist San Polo ein lebhaftes Viertel rund um die als Fotomotiv beliebte Rialtobrücke und den Markt mit seinen Verkaufsständen für Fisch, Obst und Gemüse. Ganz in der Nähe treffen sich die Einheimischen auf eine Ombretta und Cicchetti, bevor sie zum Abendessen in eines der zahlreichen Restaurants aufbrechen. Am lebhaftesten geht es dabei auf dem Campo San Polo zu.

SAN POLO
TOUR 6

1. PONTE DI RIALTO
2. MERCATO DI RIALTO
3. CASA DI CARLO GOLDONI
4. CAMPO SAN CASSIANO
5. SCUOLA GRANDE DI SAN ROCCO
6. SANTA MARIA GLORIOSA DEI FRARI
7. CAMPO SAN GIACOMO DI RIALTO
8. CAMPO SAN POLO
9. FONDAMENTA RIO MARIN
10. FONDAMENTA RIVA OLIO
11. RIO TERA' DEI NOMBOLI
12. RIVA DEL VIN
13. SCUOLA GRANDE DI SAN GIOVANNI EVANGELISTA
14. TRAGICOMICA

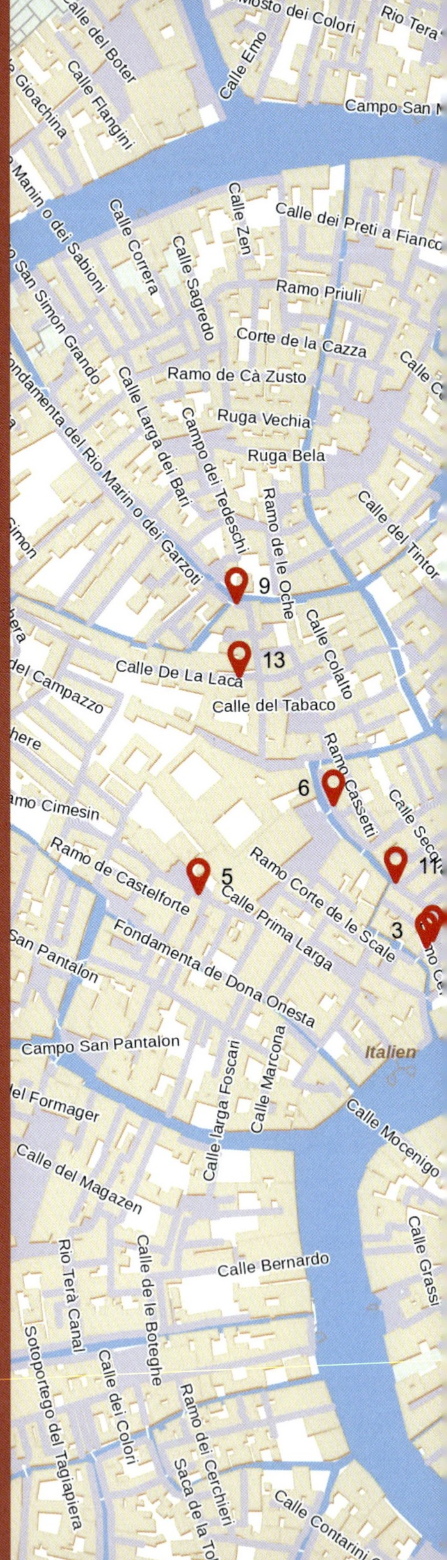

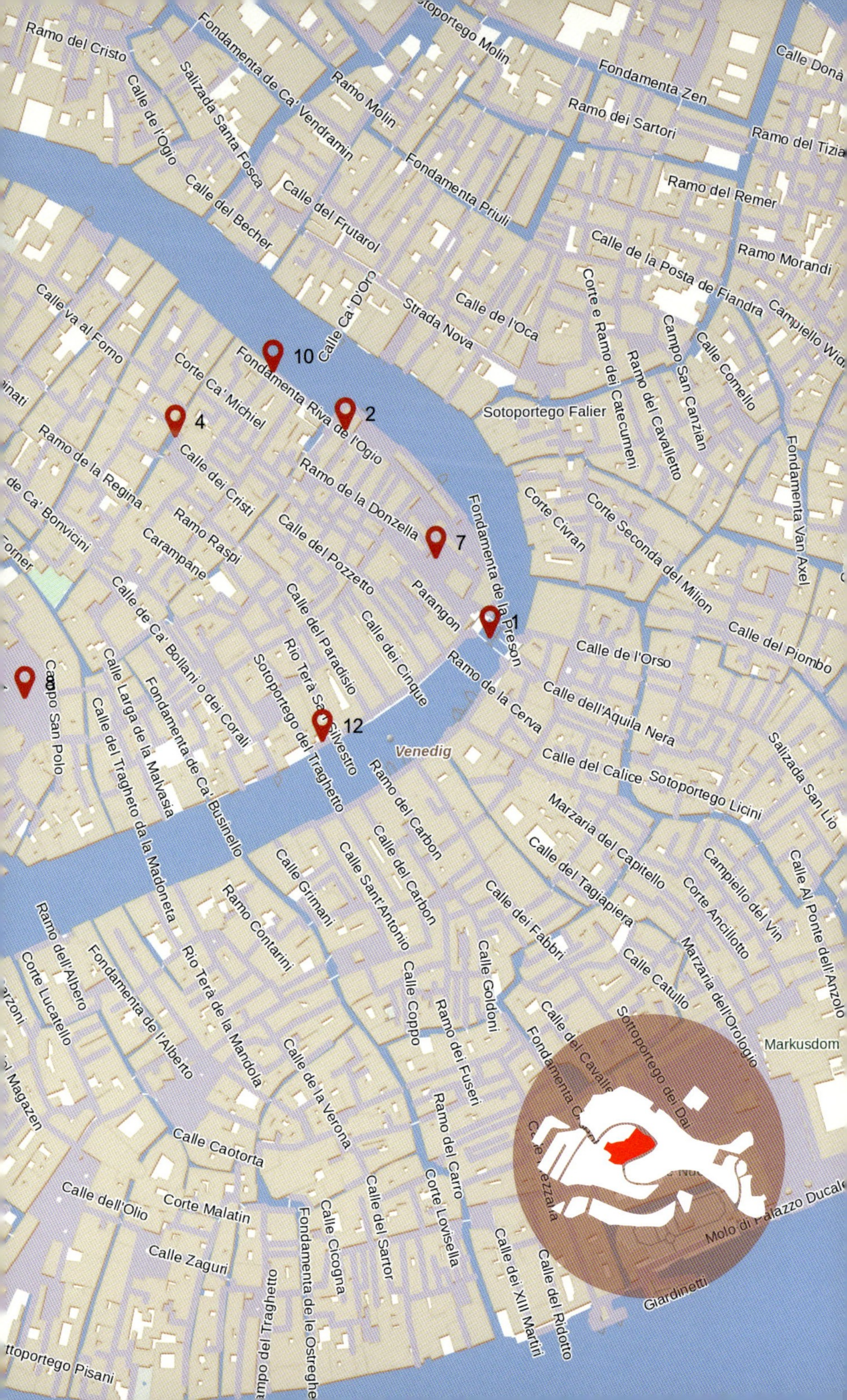

Ramo del Cristo
Fondamenta de Ca' Vendramin
Sotoportego Molin
Calle Donà
Fondamenta Zen
Ramo Molin
Ramo dei Sartori
Ramo del Tizia
Calle de l'Ogio
Salizada Santa Fosca
Fondamenta Priuli
Ramo del Remer
Calle del Becher
Calle del Frutarol
Calle de la Posta de Fiandra
Ramo Morandi
Calle Ca' D'Oro
Strada Nova
Calle de l'Oca
Corte e Ramo dei Catecumeni
Campiello Widi
Calle va al Forno
Ramo del Cavalletto
Campo San Canzian
Calle Comello
10
Corte Ca' Michiel
Fondamenta Riva de l'Ogio
2
Sotoportego Falier
4
Fondamenta Van Axel
Ramo de la Regina
Calle dei Cristi
Ramo de la Donzella
Corte Civran
Corte Seconda del Milion
de Ca' Bonvicini
Ramo Raspi
7
Fondamenta de la Preson
Carampane
Calle del Pozzetto
Parangon
Corner
Calle de Ca' Bollani o dei Corali
Calle del Paradiso
Calle dei Cinque
1
Calle del Piombo
Calle de l'Orso
Campo San Polo
Calle Larga de la Malvasia
Rio Terà San Silvestro
Ramo de la Cerva
Calle dell'Aquila Nera
Calle del Tragheto da la Madoneta
Fondamenta de Ca' Businello
Sotoportego del Tragheto
12
Venedig
Calle del Calice
Sotoportego Licini
Salizada San Lio
Ramo del Carbon
Marzaria del Capitello
Calle del Carbon
Calle Grimani
Calle Sant'Antonio
Calle del Tagiapiera
Campiello del Vin
Calle Al Ponte dell'Anzolo
Ramo Contarini
Calle dei Fabbri
Corte Ancillotto
Ramo dell'Albero
Calle Goldoni
Calle Catullo
Marzaria dell'Orologio
Corte Lucatello
Fondamenta de l'Alberto
Rio Terà de la Mandola
Calle Coppo
Ramo dei Fuseri
Calle del Cavalletto
Sotoportego dei Dai
Markusdom
Calle de la Verona
Fondamenta Orseolo
Ramo del Carro
Magazen
Calle Caotorta
Calle dell'Olio
Corte Malatin
Calle Cicogna
Calle del Sartor
Corte Lovisella
Molo di Palazzo Ducale
Calle Zaguri
Fondamenta de le Ostreghe
Calle dei XIII Martiri
Calle del Ridotto
Giardinetti
Sotoportego Pisani
Campo del Tragheto

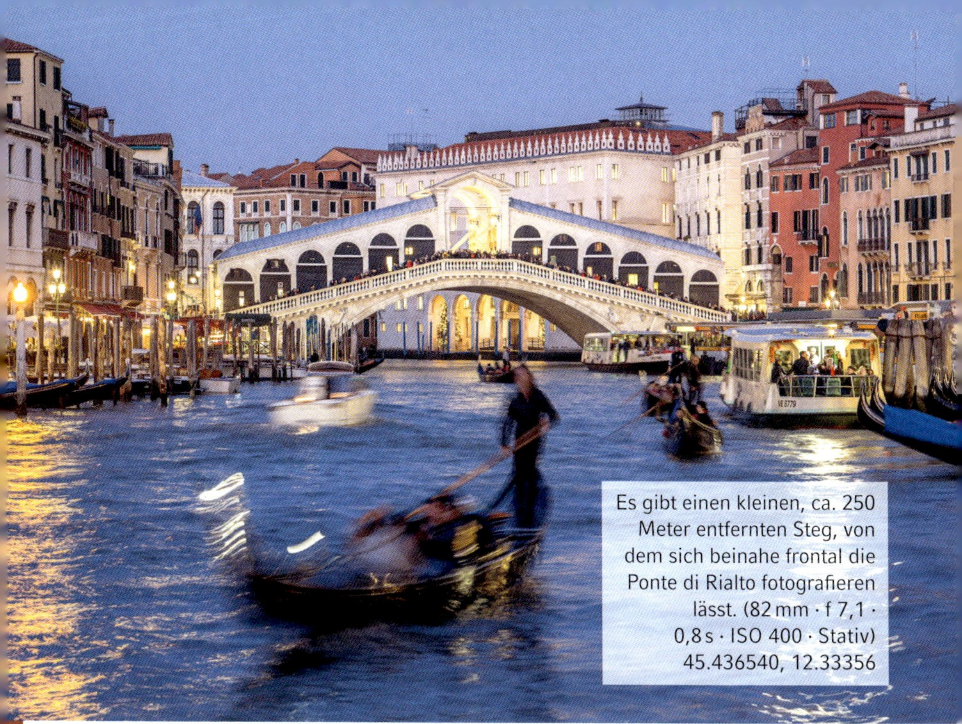

Es gibt einen kleinen, ca. 250 Meter entfernten Steg, von dem sich beinahe frontal die Ponte di Rialto fotografieren lässt. (82 mm · f 7,1 · 0,8 s · ISO 400 · Stativ) 45.436540, 12.33356

1 PONTE DI RIALTO

Beste Tageszeit: ganztags
Koordinaten: 45.438039, 12.335852
Adresse: Ponte di Rialto, 30125 Venezia VE

Die Ponte di Rialto dient als Wahrzeichen Venedigs und markiert das geografische Zentrum der Stadt. Sie ist die älteste und schönste Brücke über den Canal Grande. Nach ihrer kürzlichen Renovierung erscheint sie jetzt in einem strahlenden Weiß. Von der Brücke aus eröffnen sich herrliche Motive auf den Canal Grande – für Fotografen ein unverzichtbarer Anlaufpunkt.

Die Ponte di Rialto ist zu jeder Tageszeit stark frequentiert, und wenn Sie sich zum Sonnenuntergang einen guten Platz sichern möchten, sollten Sie dort rechtzeitig eintreffen. Die Aufnahme von der Brücke mit Blick in Richtung Südwesten ist ein lohnenswertes Motiv während des Sonnenuntergangs. Aber auch auf

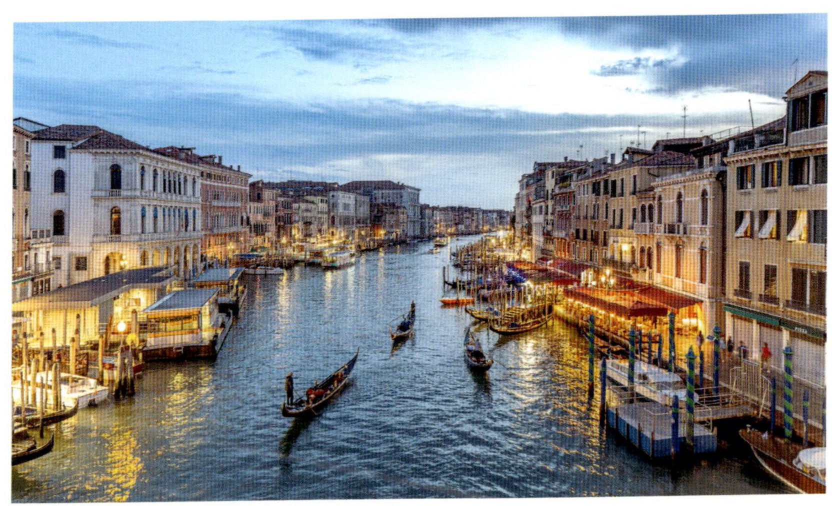

Der klassische Aufnahmestandort auf der Rialtobrücke, in südwestliche Richtung fotografiert. (22 mm · f 5 | 1/5 s · ISO 1250 · Stativ) 45.437940, 12.335964

der eigentlichen Rückseite der Brücke bieten sich einige Motive in nordöstliche Richtung an – und hier ist den ganzen Tag über so gut wie nichts los.

Um die Rialtobrücke selbst zu fotografieren, bieten sich beide Uferseiten an. Das Weitwinkel ist für solche Aufnahmen die richtige Wahl.

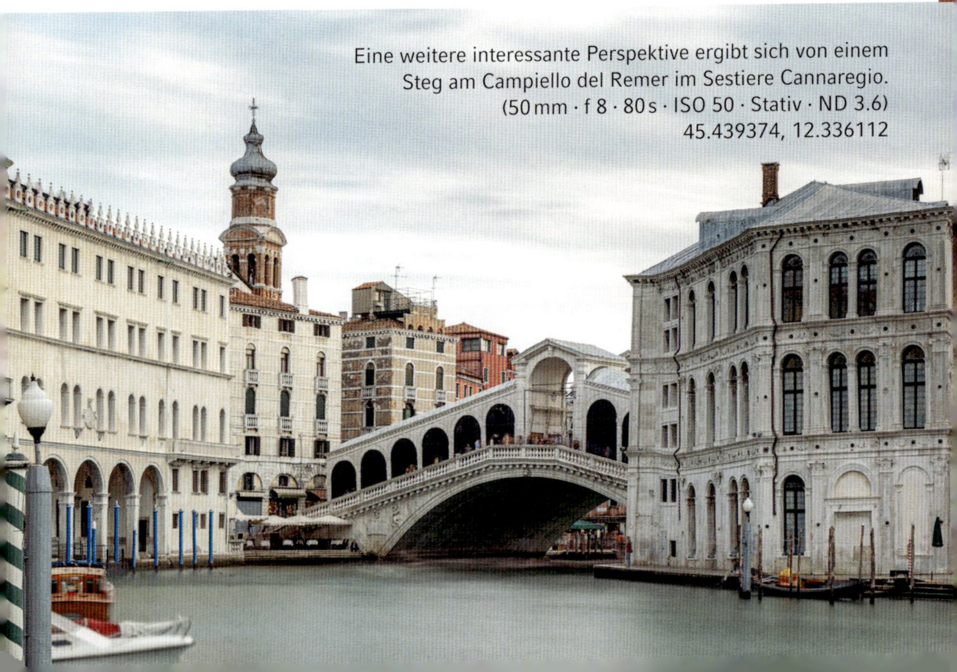

Eine weitere interessante Perspektive ergibt sich von einem Steg am Campiello del Remer im Sestiere Cannaregio. (50 mm · f 8 · 80 s · ISO 50 · Stativ · ND 3.6) 45.439374, 12.336112

2 MERCATO DI RIALTO

Beste Tageszeit: morgens und abends
Koordinaten: 45.439828, 12.334012
Adresse: Campo de la Pescaria, 30125 Venezia VE
Öffnungszeiten: Erberia, Montag bis Samstag bis 12:30 Uhr; Pescheria, Dienstag bis Samstag bis 12:30 Uhr

Seit Jahrhunderten erledigen die Venezianer auf dem Mercato di Rialto (Rialtomarkt) ihre Einkäufe. Für frisches Obst und Gemüse gehen sie in die Erberia. Die Anlieferung erfolgt im Morgengrauen von den voll beladenen Barken an das Ufer des Canal Grande. Dabei kommt das Gemüse direkt von den umliegenden Inseln Sant'Erasmo und Le Vigole. Der angrenzende

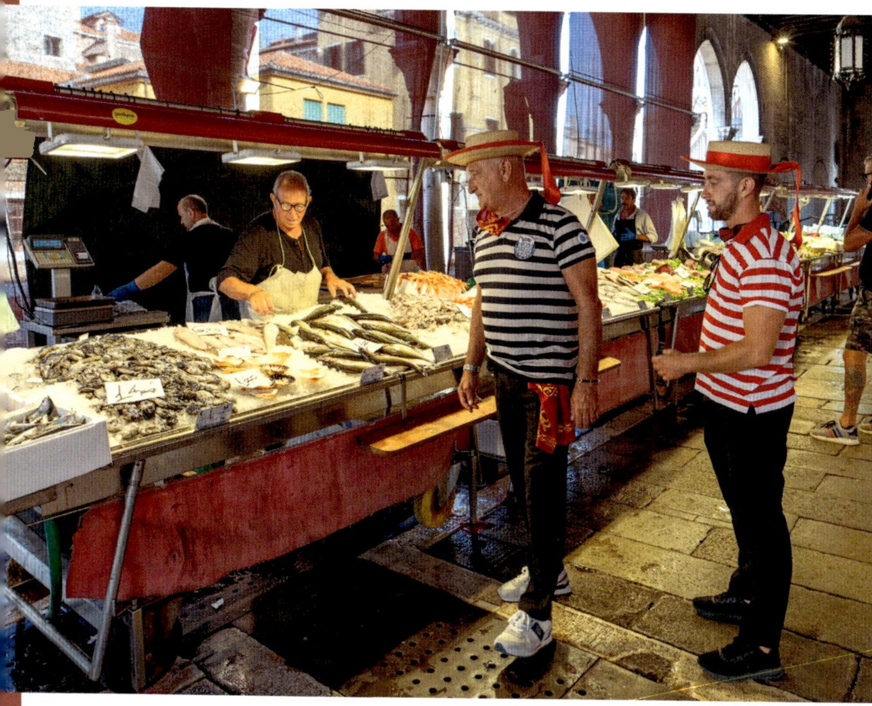

(24 mm · f 7,1 · 1/160 s · ISO 1600)

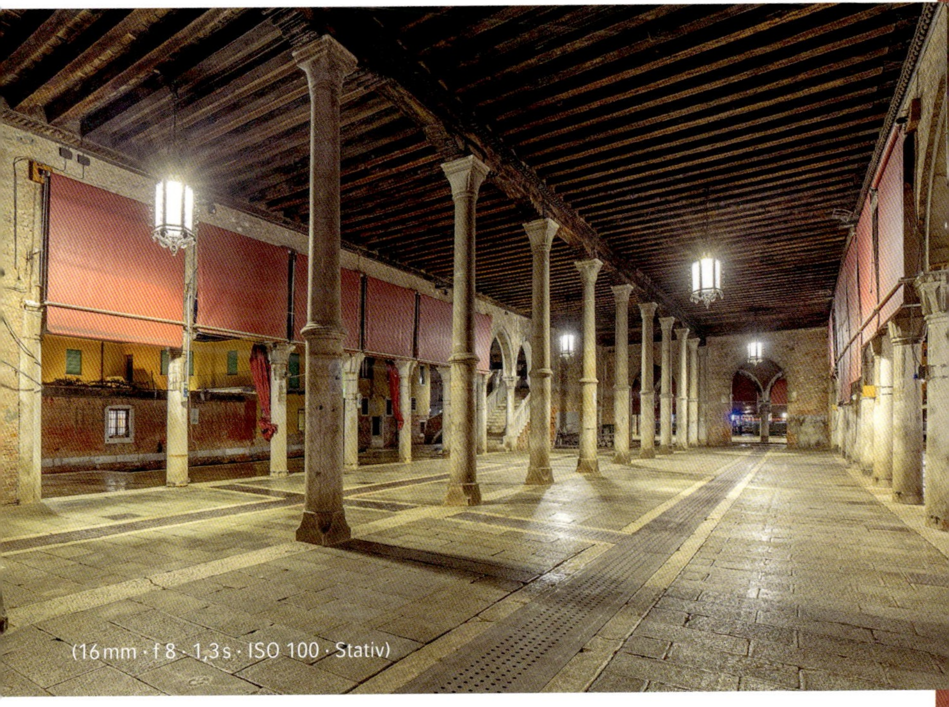
(16 mm · f 8 · 1,3 s · ISO 100 · Stativ)

Fischmarkt (Pescheria) bietet Muscheln, Seezunge, Rochen und viele andere Fische und Meeresfrüchte.

Um das rege Treiben auf der Erberia und der Pescheria zu fotografieren, bietet sich der frühe Morgen an. Am Abend, nach der Reinigung, ist dann die elegante, offene und nun leere Markthalle ein lohnendes Motiv.

TIPP

Der Fischmarkt befindet sich in einer Markthalle. Vergessen Sie nicht, die ISO-Werte Ihrer Kamera anzupassen, um die Aufnahmen wegen der schwachen Lichtverhältnisse nicht zu verwackeln. Am Abend, wenn auf dem Markt nichts mehr los ist, sollten Sie am besten ein Stativ benutzen.

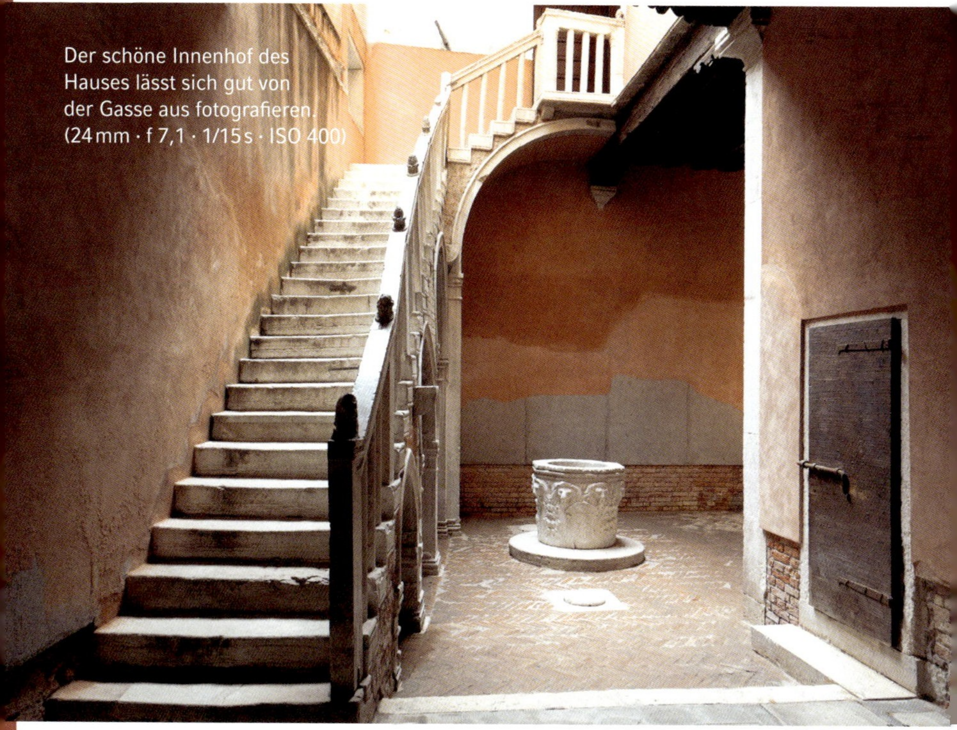

Der schöne Innenhof des Hauses lässt sich gut von der Gasse aus fotografieren. (24 mm · f 7,1 · 1/15 s · ISO 400)

3 CASA DI CARLO GOLDONI

Beste Tageszeit: tagsüber und abends
Koordinaten: 45.436217, 12.328287
Adresse: Rio Tera' die Nomboli, 2794, 30125 Venezia VE

Carlo Goldoni wurde 1707 geboren und ist einer der berühmtesten Söhne der Stadt. Er schrieb über 250 Komödien, von denen viele auf Figuren der Commedia dell'Arte basieren. Heute beherbergt das Geburtshaus ein Theatermuseum und eine Bibliothek.

Der hübsche Innenhof ist tagsüber in ein schönes Licht getaucht. Diese Aufnahme wurde von der kleinen Gasse gleich gegenüber dem Maskengeschäft »Tragicomica« aus fotografiert. Dafür musste ich das Objektiv durch die Gitterstäbe der Tür führen.

4 CAMPO SAN CASSIANO

Beste Tageszeit: tagsüber
Koordinaten: 45.439776, 12.331874
Adresse: Campo San Cassiano, 30125 Venezia VE

Ein sehr schöner Treppenaufgang, der über eine Brücke und in die Calle dei Morti (Gasse der Toten) führt, befindet sich am Campo San Cassiano. Dieser war im 15. Jahrhundert ein Tummelplatz der Prostituierten.

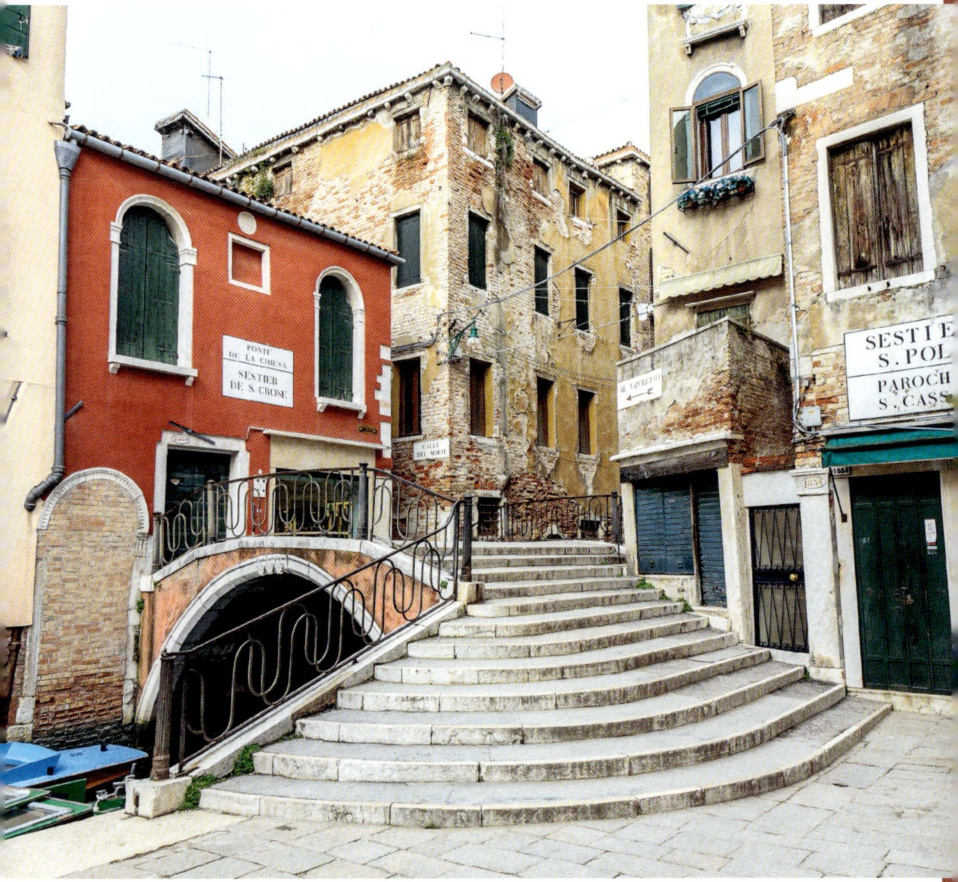

Treppenaufgang in die Gasse der Toten (24 mm · f 9 · 1/400 s · ISO 500)

5 SCUOLA GRANDE DI SAN ROCCO

Beste Tageszeit: tagsüber
Koordinaten: 45.436625, 12.325726
Adresse: Campo S. Rocco, 3052, 30125 Venezia VE
Öffnungszeiten: Täglich 10 bis 17:30 Uhr
Eintritt: 10 Euro
Webseite: *www.scuolagrandesanrocco.org/home*

Die Scuola Grande di San Rocco ist die besterhaltene der sechs großen Scuole Venedigs und befindet sich schräg gegenüber der Kirche San Rocco. Sie ist vor allem berühmt für ihre reiche Ausstattung mit einem aus 56 Gemälden von Jacopo Tintoretto bestehenden Bilderzyklus, den der Maler zwischen 1564 und 1588 schuf und der zu seinen größten Meisterwerken zählt.

Ich empfehle gleich nach Öffnung in den oberen Saal zu gehen, da dort dann noch wenig Publikumsverkehr herrscht.

Die monumentale Treppe ist mit zwei großen Gemälden dekoriert, die an die Pest von 1630 erinnern.

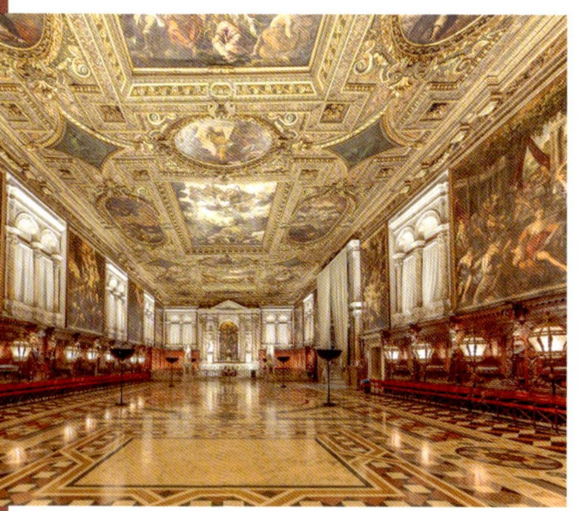

Der Sala Capitolare im Obergeschoss
(14 mm · f 8 · 1,3 s · ISO 100 · Stativ a. A.)

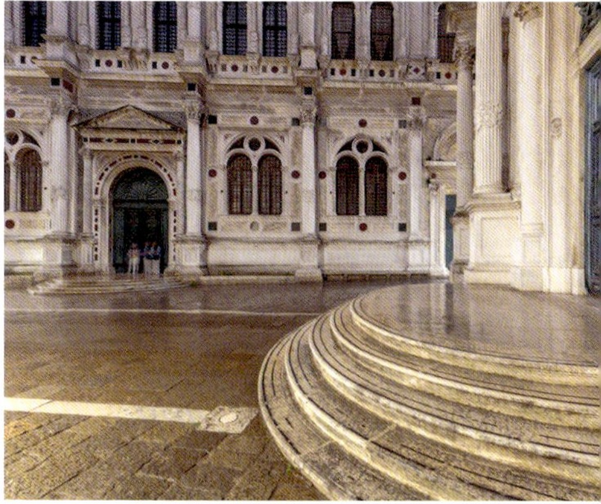

Die Stufen der Kirche San Rocco
(16 mm · f 5,6 · 30 s · ISO 250)
45.436873, 12.325517

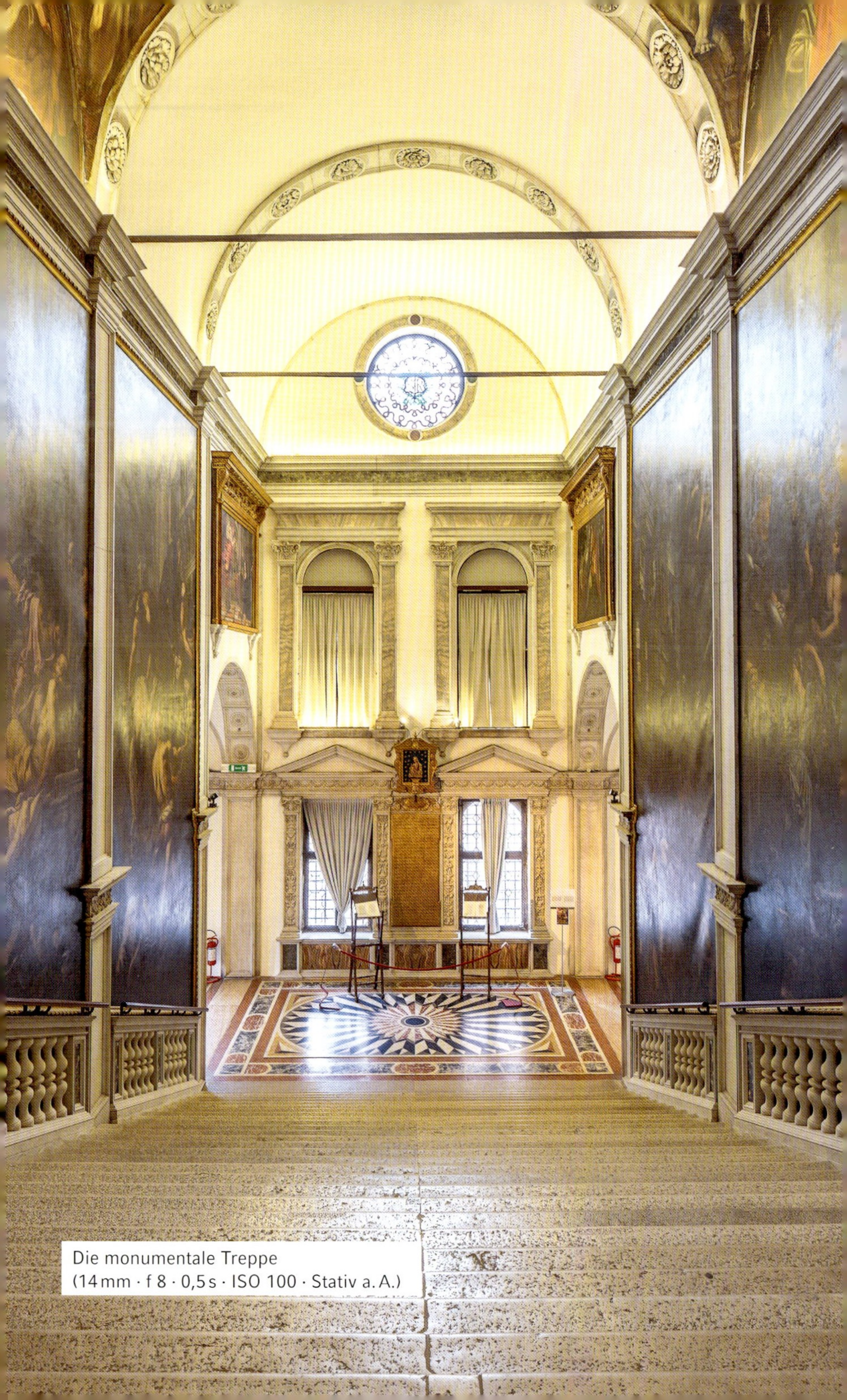
Die monumentale Treppe
(14 mm · f 8 · 0,5 s · ISO 100 · Stativ a. A.)

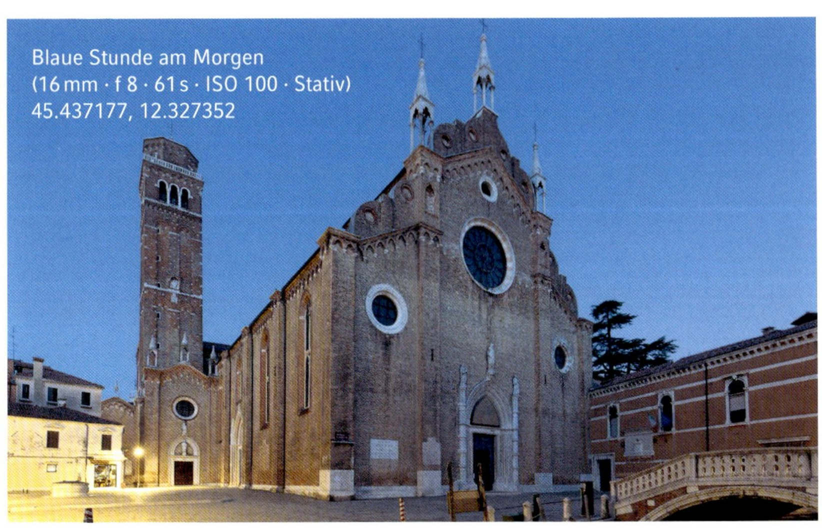

Blaue Stunde am Morgen
(16 mm · f 8 · 61 s · ISO 100 · Stativ)
45.437177, 12.327352

6 SANTA MARIA GLORIOSA DEI FRARI

Beste Tageszeit: morgens
Koordinaten: 45.437296, 12.327243
Adresse: Fondamenta Frari, 30125 Venezia VE
Öffnungszeiten: Montag bis Samstag 09 bis 18 Uhr, Sonntag 13 bis 18 Uhr
Eintritt: 3 Euro
Webseite: *www.basilicadeifrari.it*

Die auch als Basilica dei Frari bekannte gotische Kirche wurde zwischen 1250 und 1338 von den Franziskanern errichtet. Der Innenraum beeindruckt durch seine Größe, darin findet sich auch einige Meisterwerke von Tizian und Giovanni Bellini sowie weitere von bedeutenden Venezianern. Deshalb lohnt sich ein Besuch im Innenraum, auch wenn dort das Fotografieren nicht erlaubt ist.

Ein großes Weitwinkel ist nötig, um die ganze Außenfassade der Basilika zu fotografieren. Dabei empfehle ich auch einmal auf die andere Seite des Rio dei Frari zu gehen, um noch mehr Distanz zu gewinnen. Von dort aus ist dann auch eine Komposition mit Spiegelung möglich. Morgens wird die Fassade am vorteilhaftesten von der Sonne angestrahlt.

7 CAMPO SAN GIACOMO DI RIALTO

Beste Tageszeit: morgens, tagsüber, abends
Koordinaten: 45.438724, 12.335165
Adresse: Campo San Giacomo di Rialto, 30125 Venezia VE

Die ursprüngliche Kirche am Campo San Giacomo di Rialto war Venedigs erstes Gotteshaus. Die heutige Kirche beeindruckt durch ihre gotische Säulenhalle, und die 24-Stunden-Uhr ist ihr markantes Wahrzeichen.

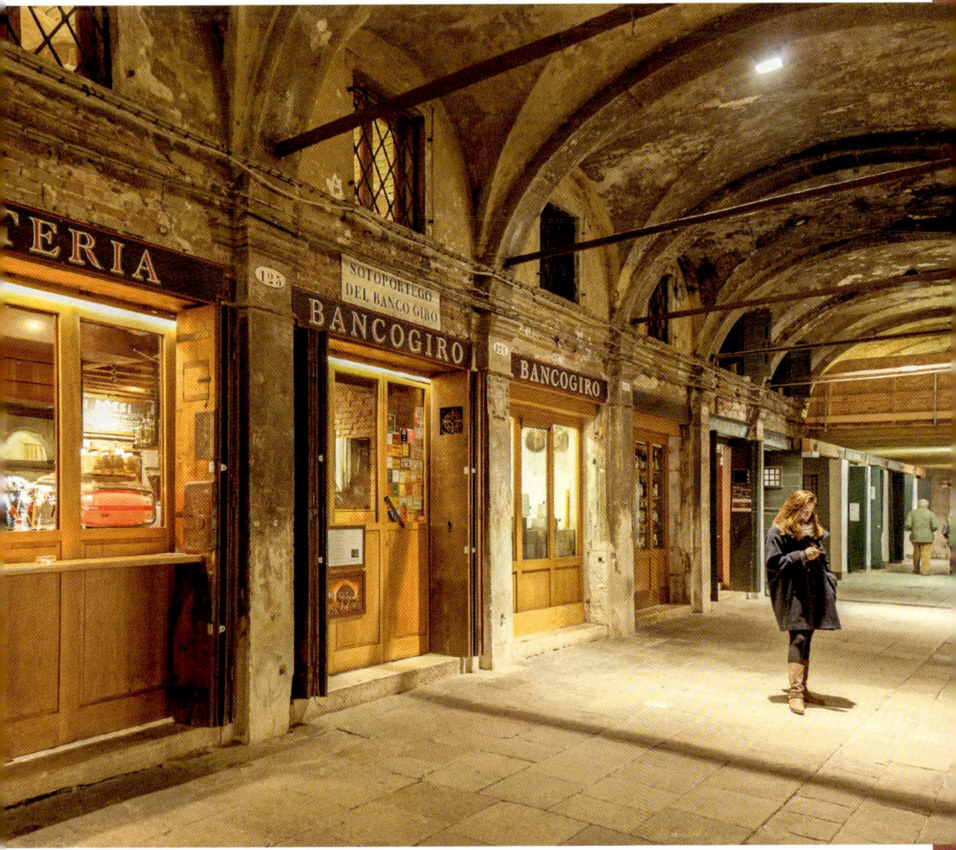

Die Osteria Bancogiro
(24 mm · f 4 · 1/8 s · ISO 1600 · Stativ)
45.438813, 12.335312

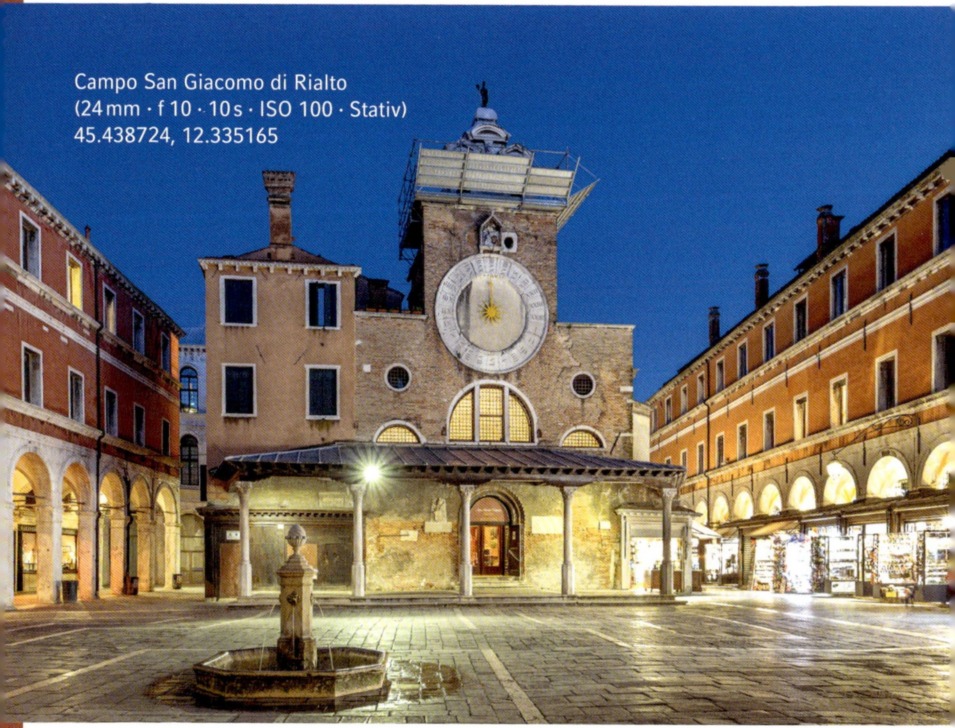

Campo San Giacomo di Rialto
(24 mm · f 10 · 10 s · ISO 100 · Stativ)
45.438724, 12.335165

Am Campo befindet sich ebenfalls eine fotogene geduckte Steinfigur, der Gobbo (Bucklige), und die Arkaden mit ihren Geschäften und Bars bieten ebenfalls zahlreiche Fotomotive.

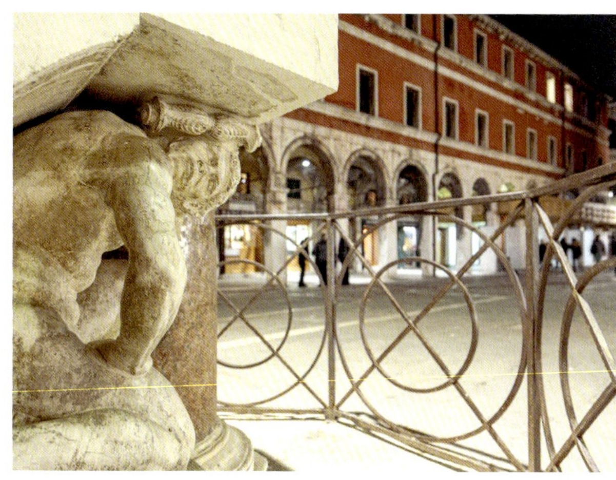

Der Gobbo
(24 mm · f 4 ·
1/4 s · ISO 1600)
45.438783, 12.335107

8 CAMPO SAN POLO

Beste Tageszeit: morgens, tagsüber, abends
Koordinaten: 45.437549, 12.329973
Adresse: Campo San Polo, 30125 Venezia VE

Der weitläufige Campo San Polo war schon im 15. Jahrhundert Schauplatz großer Ereignisse. Hier fanden Feste, Maskenbälle und Stierkämpfe statt. Seit 1979 werden auf dem Campo wieder Karnevalsfeste veranstaltet und die Jugend Venedigs trifft sich hier zum Spielen, Fahrradfahren und Skaten.

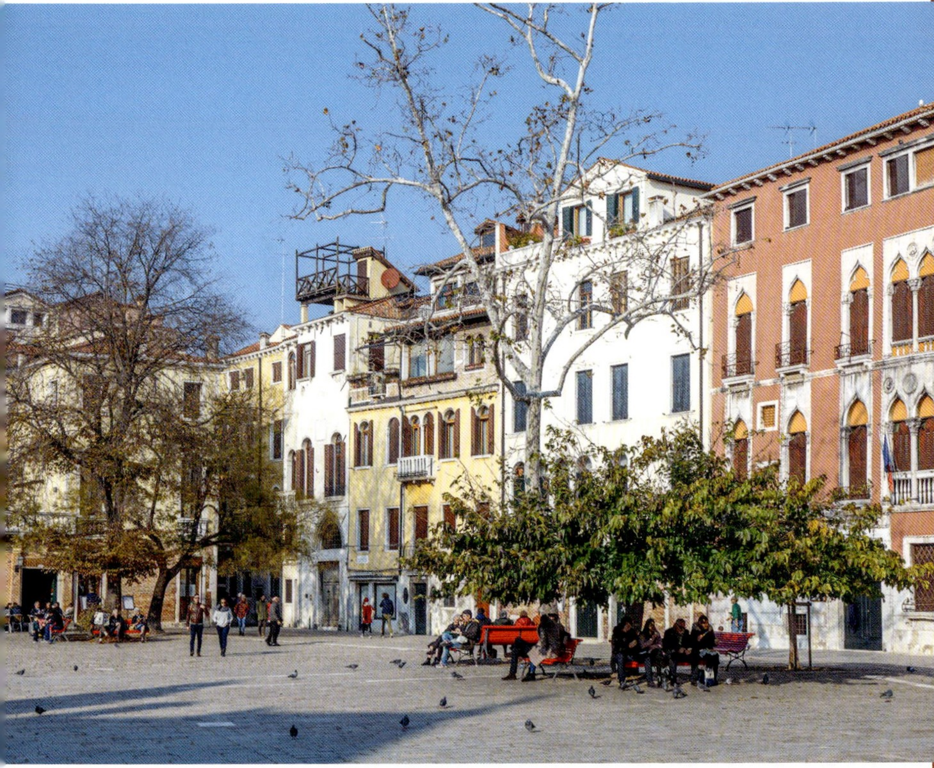

Campo San Polo
(47 mm · f 7,1 · 1/30 s · ISO 100)
45.437246, 12.330243

9 FONDAMENTA RIO MARIN

Beste Tageszeit: morgens, tagsüber, abends
Koordinaten: 45.438832, 12.326153
Adresse: Fondamenta Rio Marin, 30125 Venezia VE

Am Fondamenta Rio Marin in San Polo befindet sich diese schmiedeeiserne Brücke mit Blick zum Ponte del Cristo, die den Rio Marin überquert.

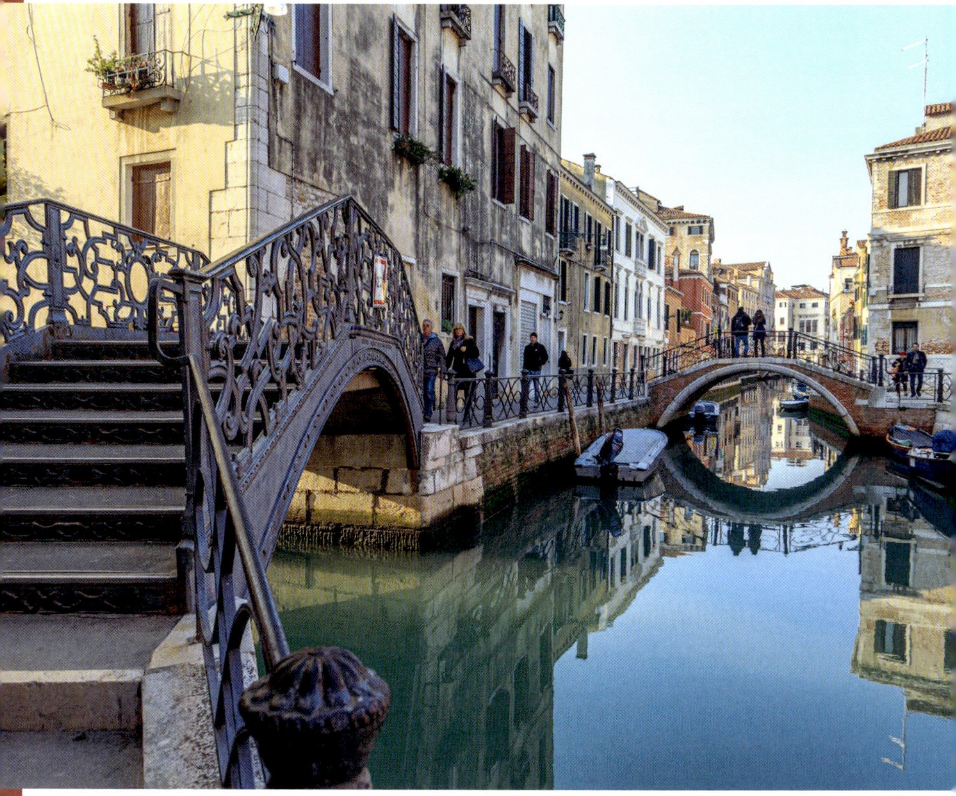

Das Geländer und die Brücke dienen als Führungslinie.
(24 mm · f 8 · 1/60 s · ISO 100)

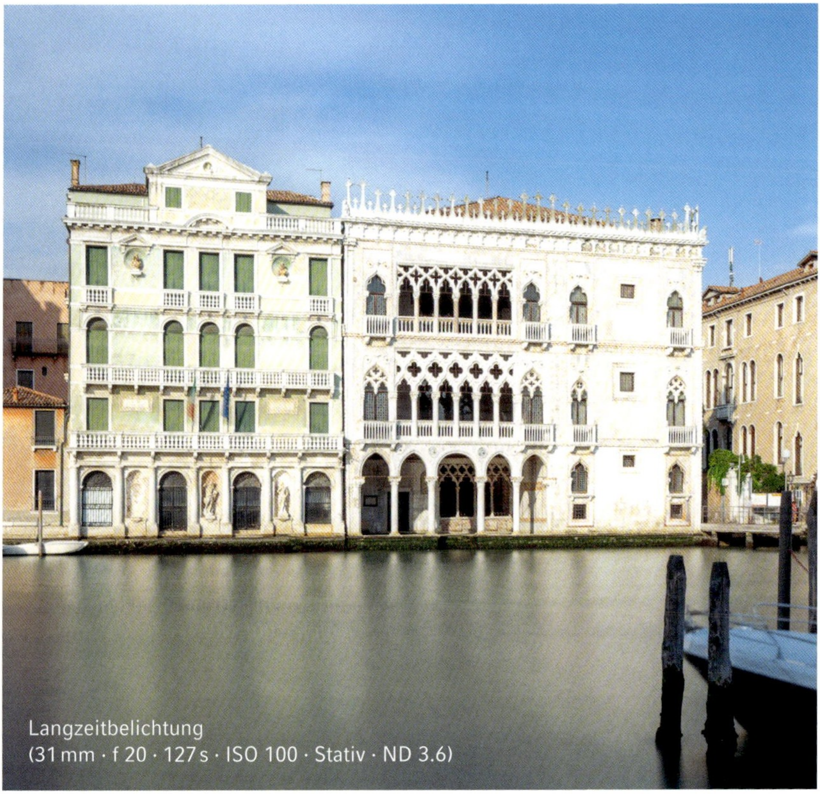

Langzeitbelichtung
(31 mm · f 20 · 127 s · ISO 100 · Stativ · ND 3.6)

10 FONDAMENTA RIVA OLIO

Beste Tageszeit: tagsüber, abends
Koordinaten: 45.440324, 12.333107
Adresse: Fondamenta Riva Olio, 30125 Venezia VE

Am westlichen Ende der Riva Olio führt ein hölzerner Bootssteg auf den Canal Grande. Er ermöglicht einen guten und beinahe freien Blick auf das Ca' d'Oro – das wohl bekannteste Bauwerk der venezianischen Gotik und eine der meistbesuchten Sehenswürdigkeiten am Canal Grande. Die früher üppig vergoldete Marmorfassade mit Maßwerkgitter und Säulenbalustraden trägt deutlich orientalische Züge.

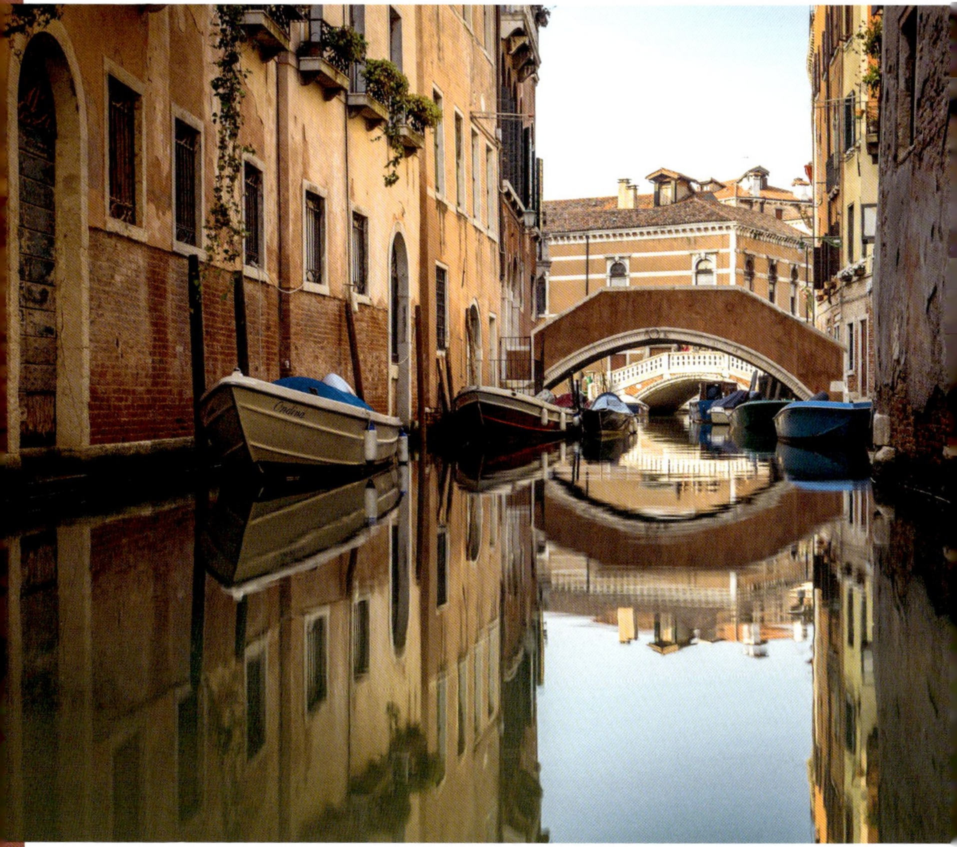

Für die tiefe Perspektive steht die Kamera auf dem Boden.
(47 mm · f 8 · 1/20 s · ISO 100)

11 RIO TERA' DEI NOMBOLI

Beste Tageszeit: tagsüber
Koordinaten: 45.436713, 12.327941
Adresse: Rio Tera' dei Nomboli, 30125 Venezia VE

Am Ende der Gasse Rio Tera' dei Nomboli bietet sich ein schöner Blick auf den Rio del Frari. Um diese schöne Spiegelung zu produzieren, musste die Kamera sehr tief positioniert werden. In diesem Fall habe ich die Kamera auf den Boden gestellt.

12 RIVA DEL VIN

Beste Tageszeit: ganztags
Koordinaten: 45.437165, 12.333727
Adresse: Riva del Vin, 1097, 30125 Venezia VE

Nicht weit von der Ponte di Rialto befindet sich die Station Gondola Traghetto di Riva del Vin. Deshalb stehen hier in der Regel immer genügend Gondeln, die ein schönes Motiv bieten – mit den Booten im Vordergrund, dem Canal Grande und den Palazzi im Hintergrund.

Ein großes Weitwinkel ist nötig, damit möglichst viele Gondeln in den Bildausschnitt passen. Dies ist auch eine gute Position für Langzeitaufnahmen.

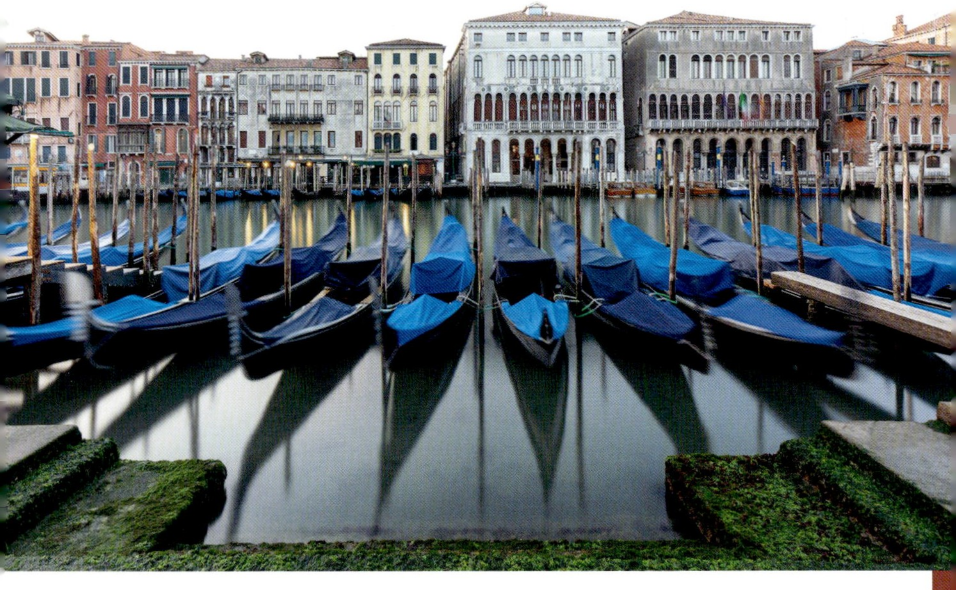

(16 mm · f 8 · 183 s · ISO 100 · Stativ · ND 3.0 · Tilt-Shift)

13 SCUOLA GRANDE DI SAN GIOVANNI EVANGELISTA

Beste Tageszeit: tagsüber
Koordinaten: 45.438271, 12.326184
Adresse: Campiello de la Scuola, 30125 Venezia VE

Die Scuola des Evangelisten Johannes wurde im 13. Jahrhundert von einer Bruderschaft der Flagellanten gegründet. Das elegante Marmorportal trennt den Hof zur Straße.

Die große Halle der Scuola wird über die prächtige Doppeltreppe erreicht. Große Gemälde zieren die Wände und Decken der Halle aus dem 18. Jahrhundert.

Die große Halle Salone San Giovanni (14 mm · f 16 · 15 s · ISO 100 · Stativ a. A.) ▶

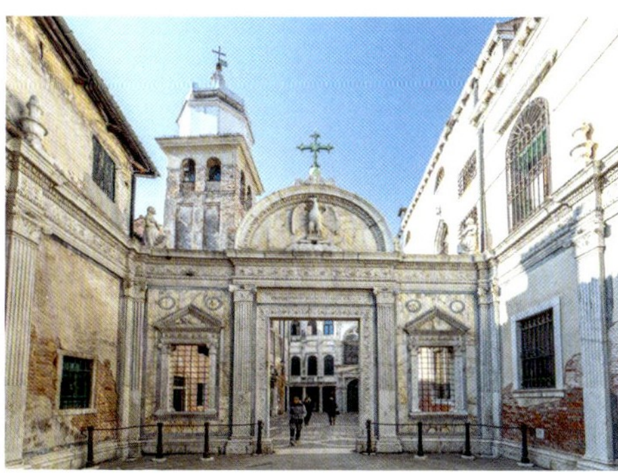

Das Marmorportal (14 mm · f 5,6 · 1/8000 s · ISO 500)

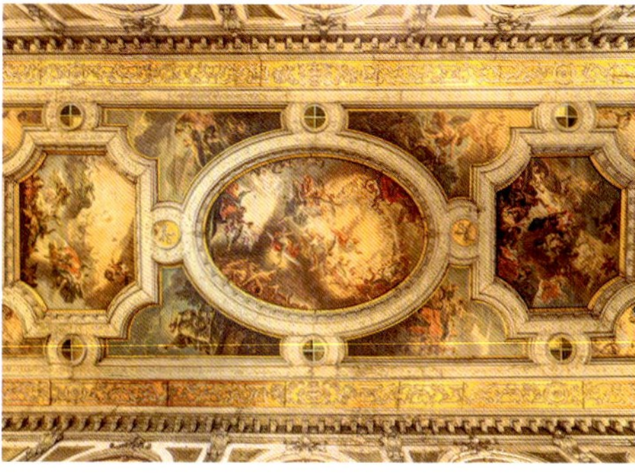

Die Decke in der Großen Halle (14 mm · f 8 · 4 s · ISO 100 · Stativ a. A.)

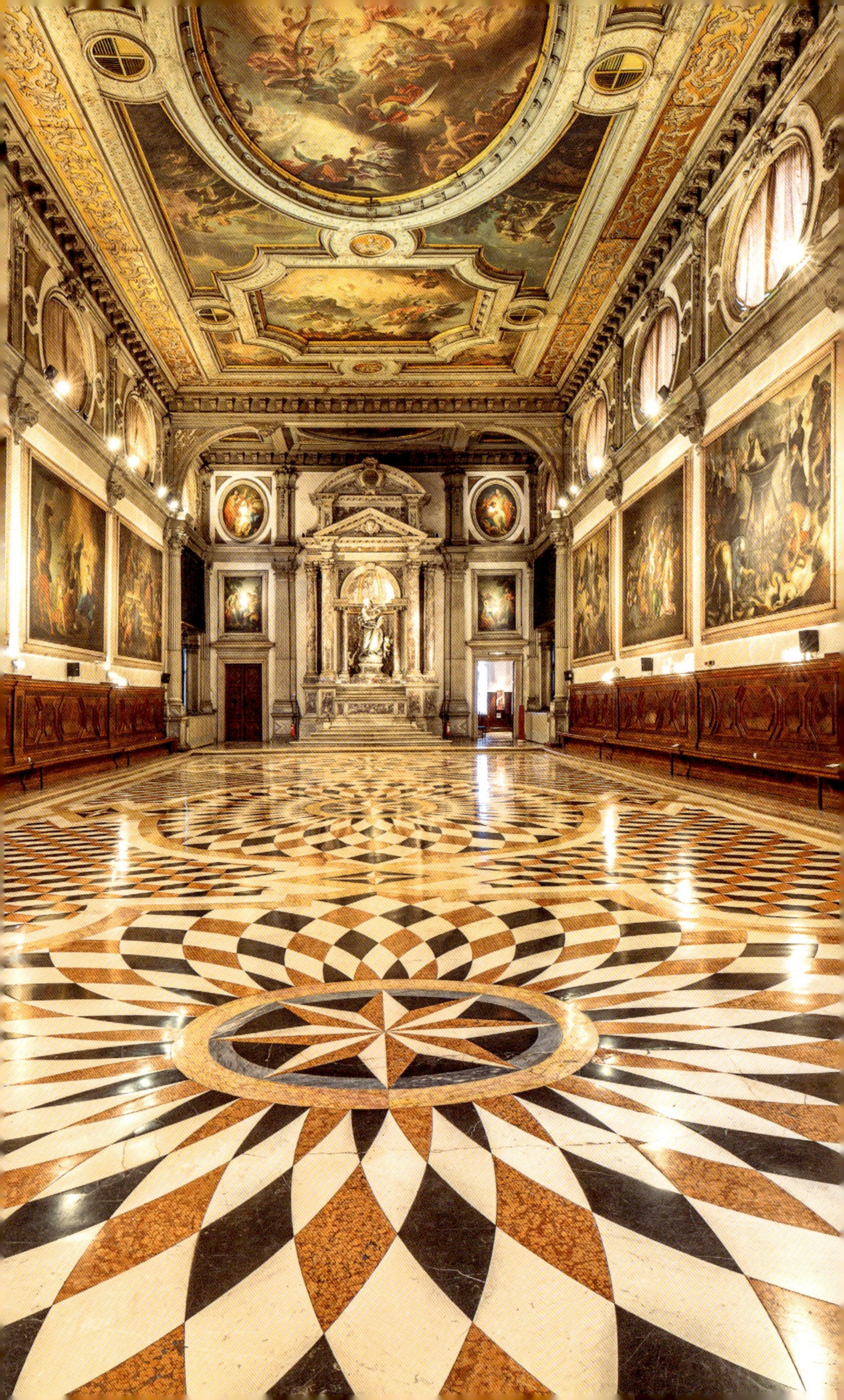

14 TRAGICOMICA

Beste Tageszeit: tagsüber
Koordinaten: 45.436268, 12.328357
Adresse: Rio Tera' dei Nomboli, 2800, 30125 Venezia VE
Öffnungszeiten: Montag bis Samstag 10 bis 13 Uhr und 14 bis 19 Uhr
Webseite: *www.tragicomica.it*

Das »Tragicomica« ist sicherlich eines der schönsten Geschäfte in Venedig, das traditionelle aber auch moderne Masken und Kostüme anbietet.

Das Fotografieren ist hier im Gegensatz zu den meisten anderen Maskengeschäften erlaubt. Wenn

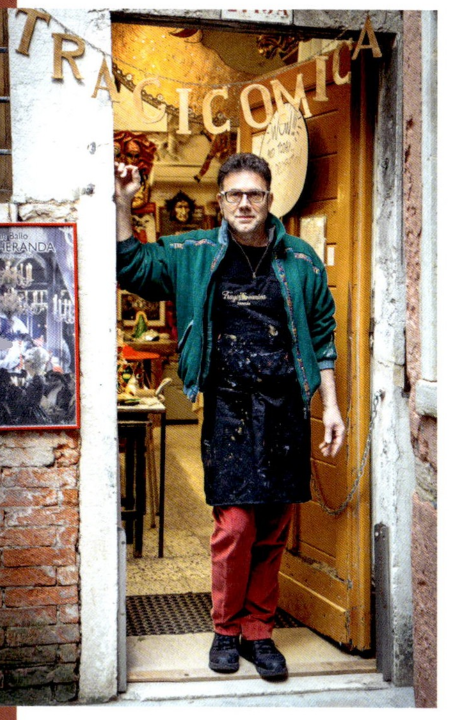

Gualtiero Dall'Osto vor seinem Atelier
(50 mm · f 4 · 1/50 s · ISO 800 · Stativ a. A.)
45.436427, 12.328245

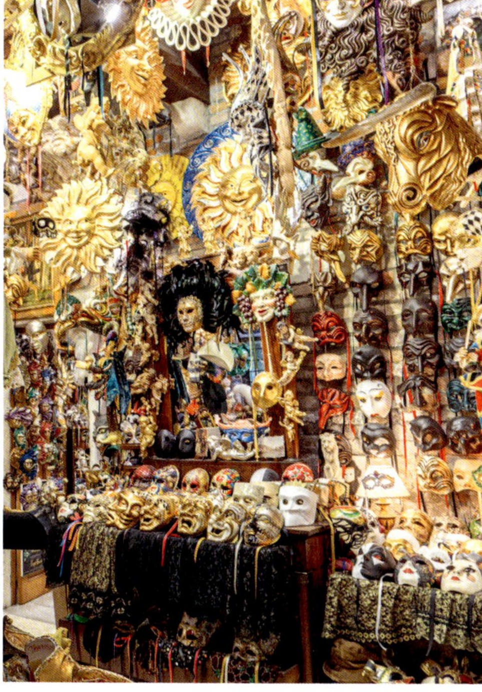

Der Verkaufsraum hängt voller Masken.
(24 mm · f 11 · 1/4 s · ISO 200 · Stativ a. A.)

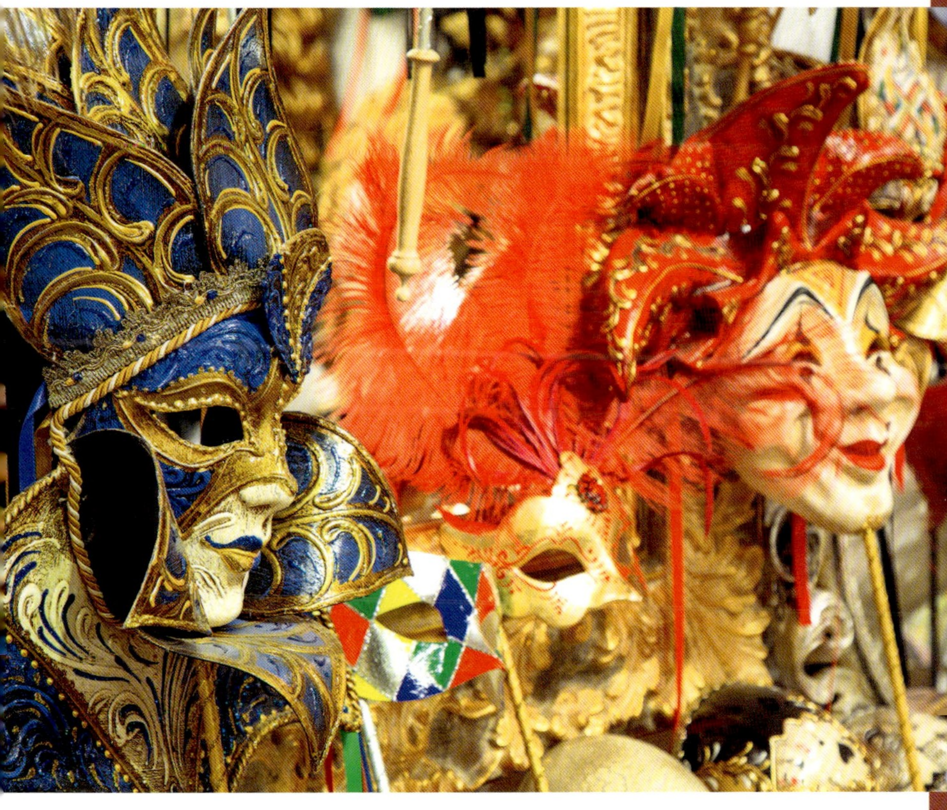

(76 mm · f 7,1 · 0,5 s · ISO 200 · Stativ a. A.)

Sie eine Maske kaufen, ist das Fotografieren kostenlos, ansonsten bezahlen Sie einen Euro dafür. Am besten geben Sie gleich nach dem Betreten am Verkaufstisch Bescheid, dass Sie fotografieren möchten, und legen einen Euro in das Körbchen. Dann können Sie sich mit Ihrer Kamera so viel Zeit lassen, wie Sie wollen.

Gualtiero Dall'Osto heißt der Künstler, der die Masken in Handarbeit produziert und für seine Arbeiten schon mehrfach ausgezeichnet wurde. Er bietet auch Workshops in seinem Atelier an, das nur wenige Meter vom Geschäft entfernt ist. Hier können Teilnehmer lernen, wie man eine eigene Maske entwirft.

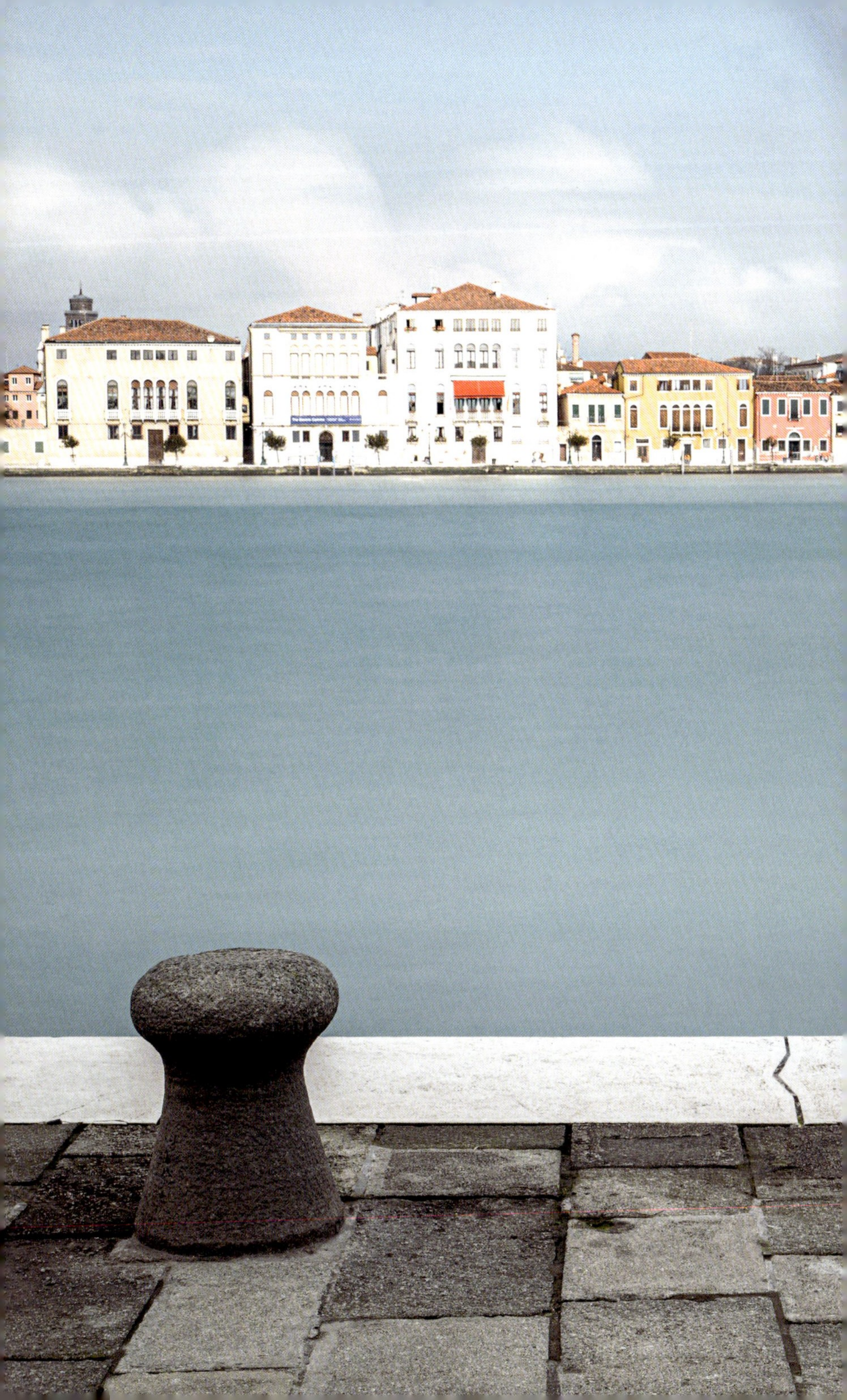

GIUDECCA

Gegenüber dem Sestiere Dorsoduro liegt die Inselgruppe Giudecca, Venedigs inoffizielles siebtes Sestiere. Hier wohnten früher die Patrizier, heute ist Giudecca ein geschätztes Wohngebiet der venezianischen Bevölkerung. Im Westen liegt der im neugotischen Stil gestaltete Molino Stucky, die ehemalige Kornmühle mit angeschlossener Nudelfabrik. Sie war bis 1945 die größte ihrer Art in Italien. Heute befinden sich ein Fünf-Sterne-Hotel und ein Kongresszentrum in dem Gebäude.

Entlang des Nordufers finden sich mehrere Motive zum Fotografieren und eine großartige Aussicht auf Venedig. Langzeitbelichtungen über den Guidecca-Kanal hinweg funktionieren hier ausgesprochen gut.

◀ Mole
(54 mm · f 16 · 124 s · ISO 100 · Stativ · ND 3.0)
45.427381, 12.322632

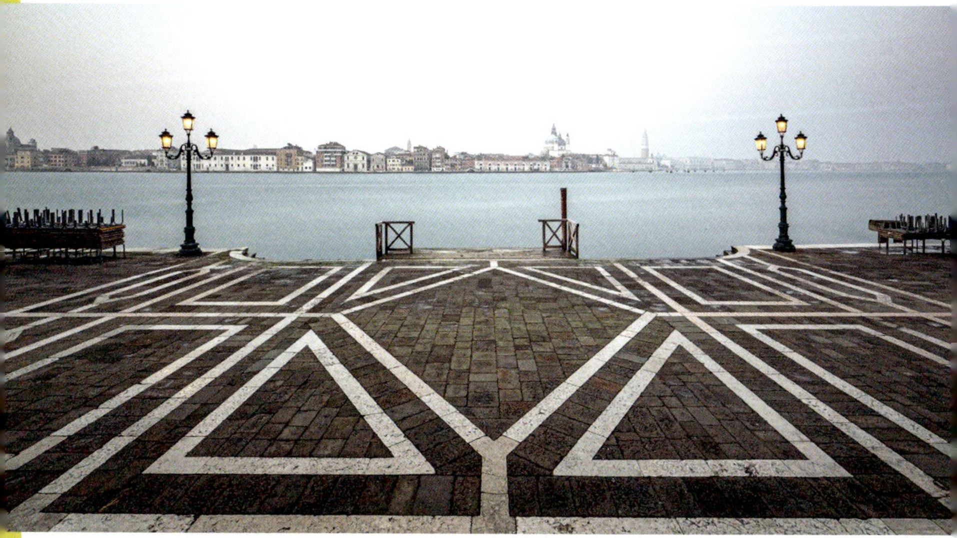

Von den Stufen der Chiesa del Santissimo Redentore aus fotografiert, bilden die Linien ein interessantes Vordergrundelement. Hier handelt es sich um eine Langzeitbelichtung über den Giudecca-Kanal hinweg.
(14 mm · f 8 · 120 s · ISO 200 · Stativ · ND 3.0) 45.425282, 12.332461

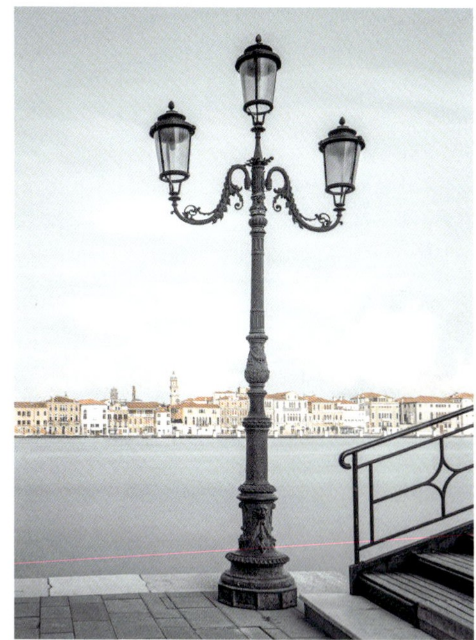

Straßenlaterne und Stufen
(35 mm · f 16 · 248 s ·
ISO 50 · Stativ · ND 3.0)
45.428247, 12.320364

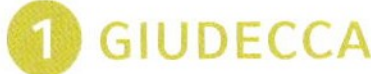

Beste Tageszeit: ganztags
Koordinaten: 45.425282, 12.332461
Adresse: Giudecca, 30133 Venezia VE

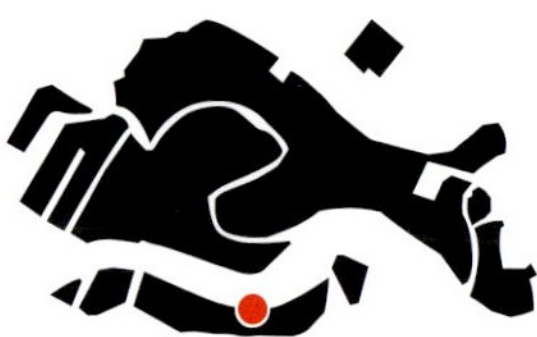

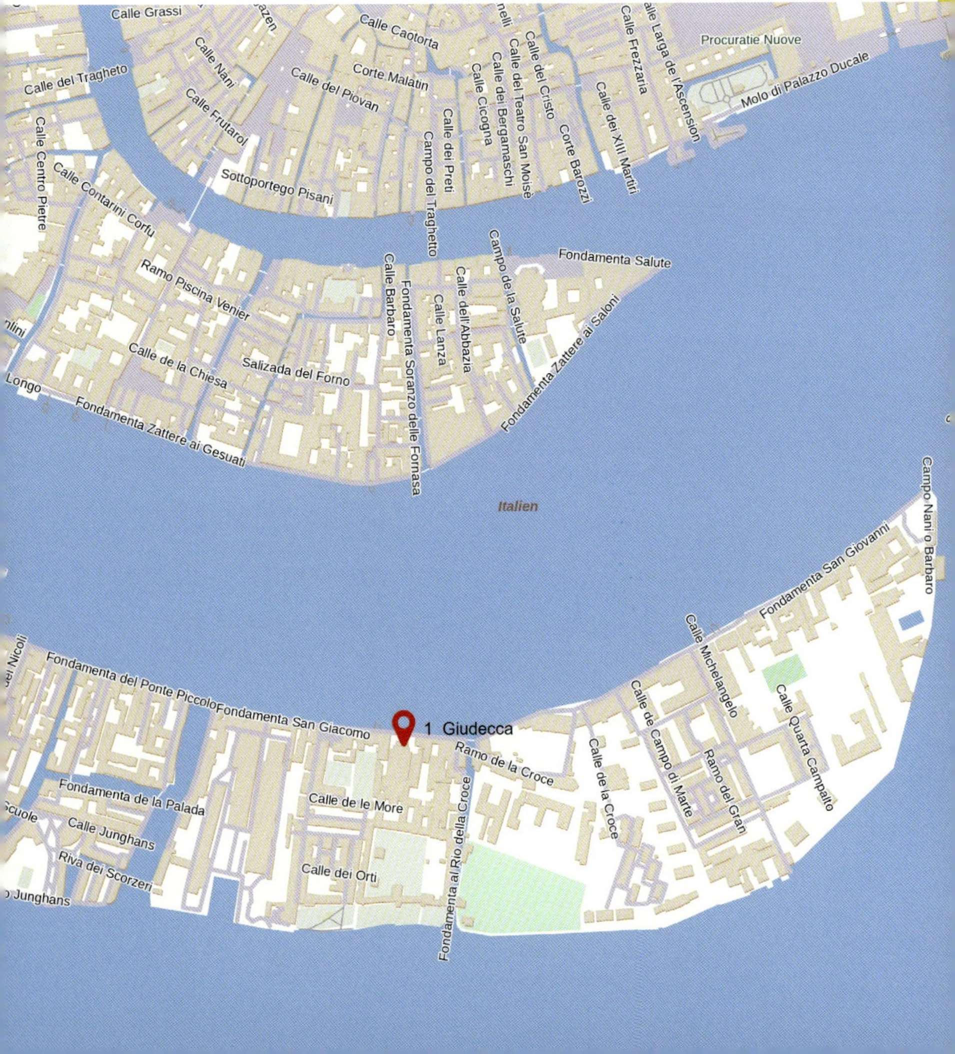

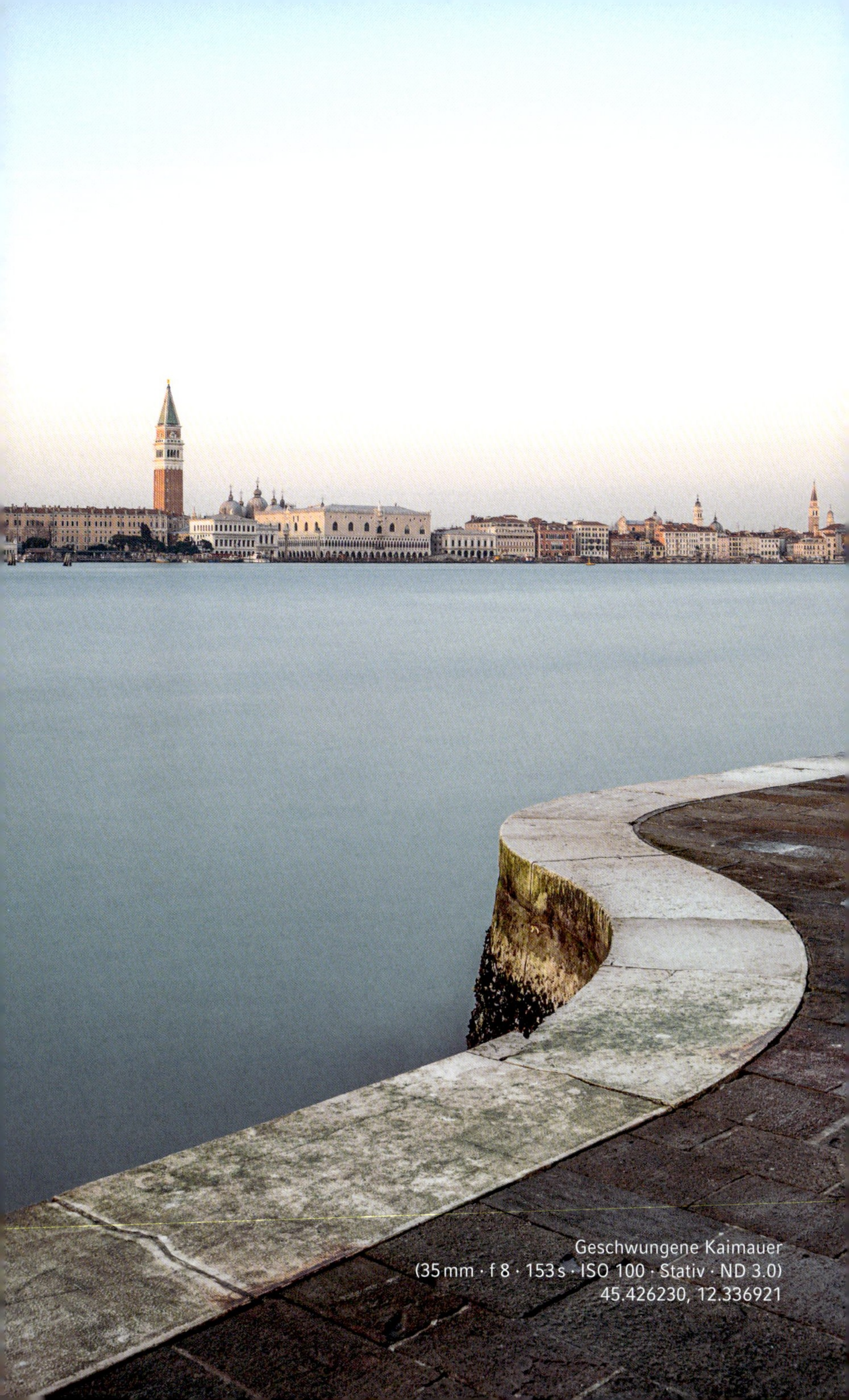

Geschwungene Kaimauer
(35 mm · f 8 · 153 s · ISO 100 · Stativ · ND 3.0)
45.426230, 12.336921

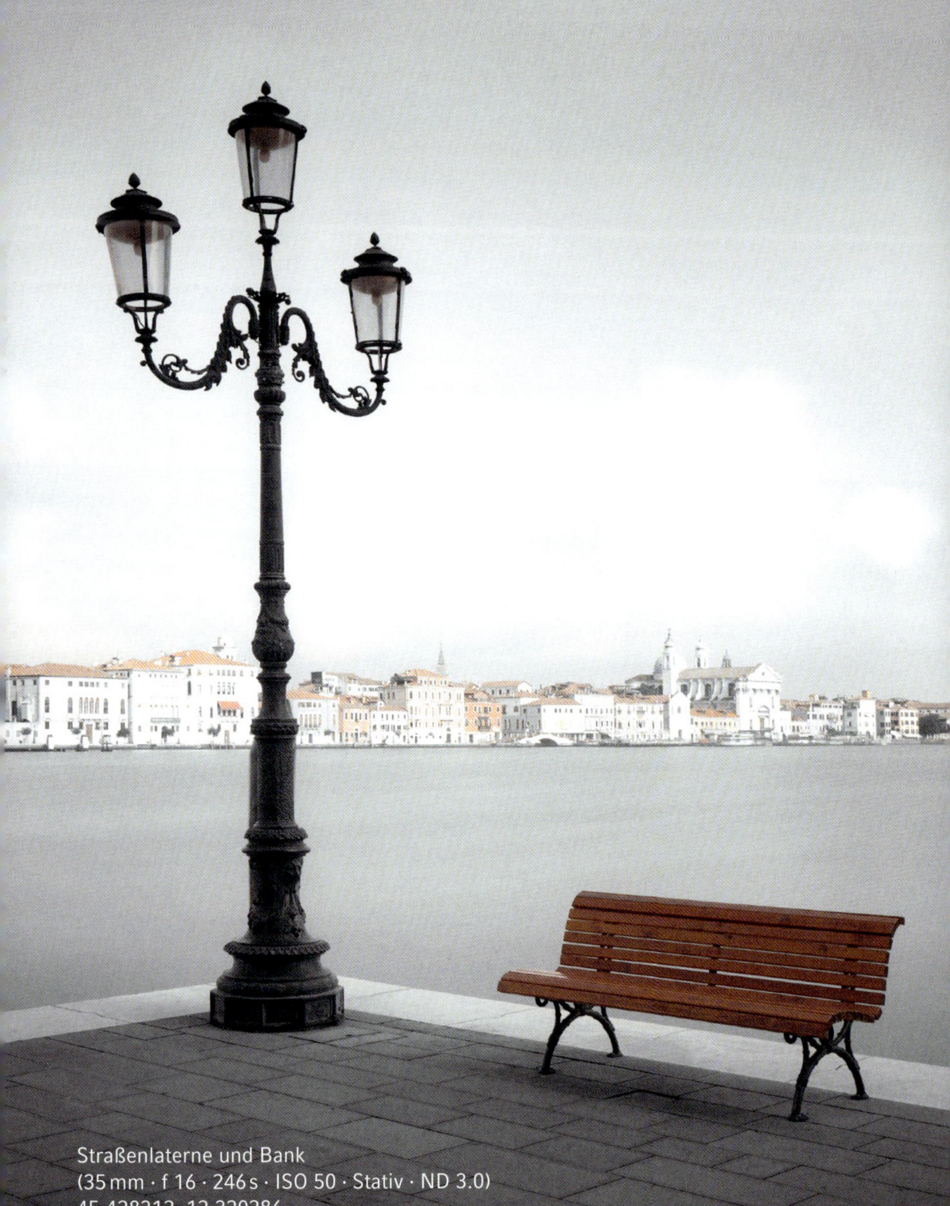

Straßenlaterne und Bank
(35 mm · f 16 · 246 s · ISO 50 · Stativ · ND 3.0)
45.428312, 12.320286

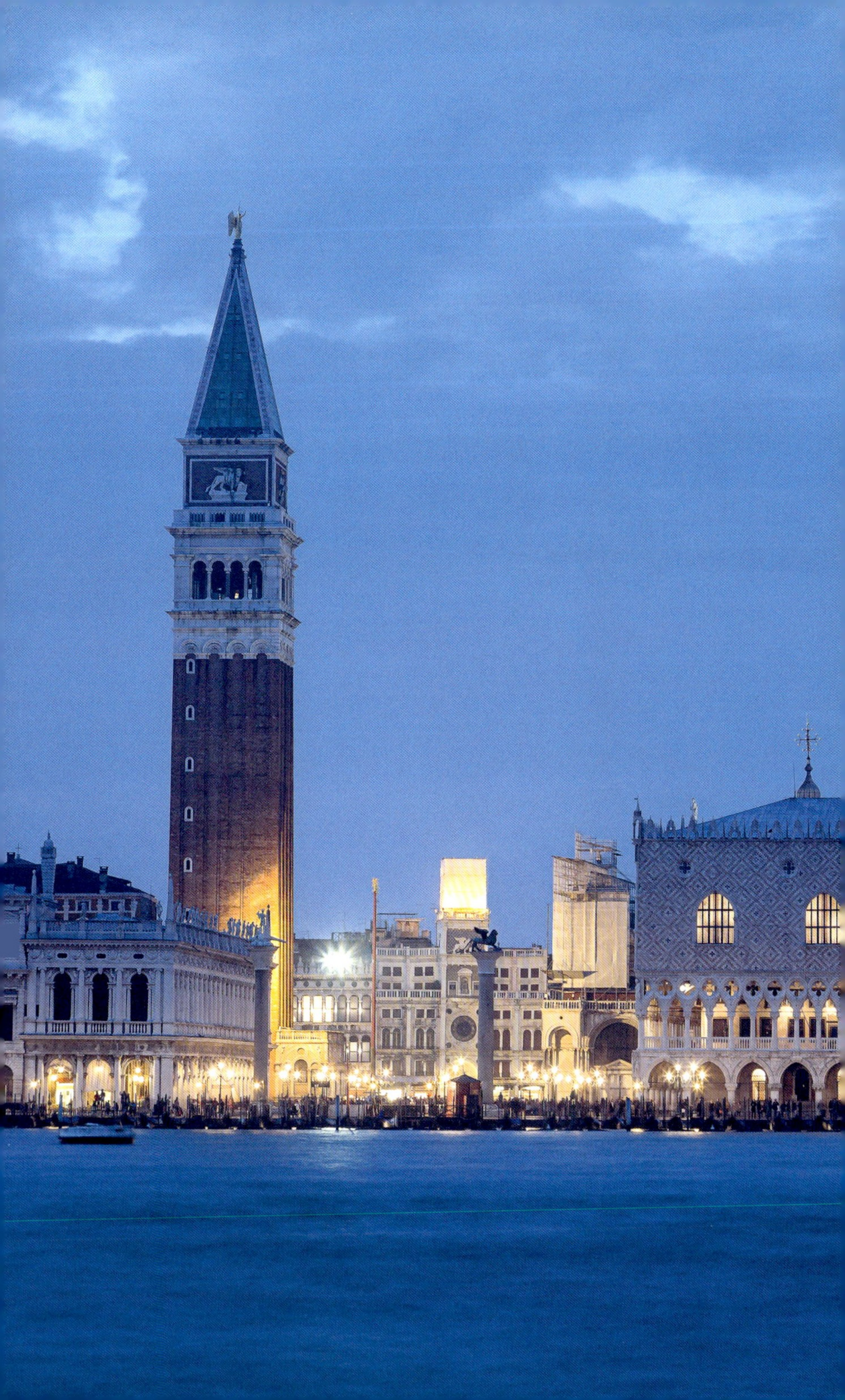

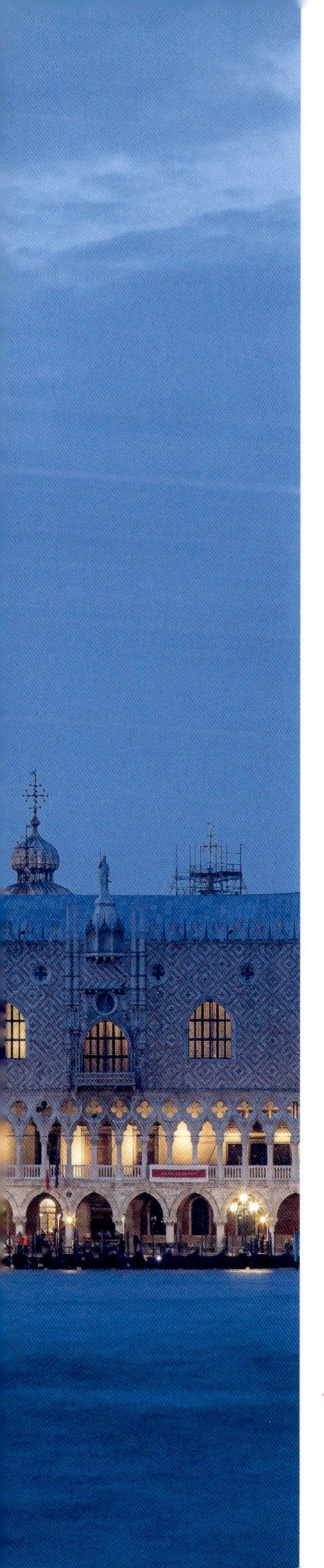

SAN GIORGIO MAGGIORE

Von der Piazzetta San Marco ist die Kirche San Giorgio Maggiore auf der gleichnamigen Insel eines der beliebtesten Motive überhaupt. Die leuchtend weiße Marmorfassade wurde von Andrea Palladio entworfen und ist ein wahres Meisterwerk. Sowohl die Fassade als auch der Innenraum bieten sich für Fotoaufnahmen an.

Aber auch Bilder vom Vorplatz der Kirche San Giorgio Maggiore in Richtung San Marco lohnen sich. Von hier gelingen fabelhafte Aufnahmen von der Seufzerbrücke, dem Dogenpalast und dem Campanile auf dem Markusplatz. Packen Sie dafür am besten ein Teleobjektiv in die Kameratasche. Empfehlenswert ist hier die Blaue Stunde vor Sonnenauf- bzw. nach Sonnenuntergang, tagsüber gelingen hier Langzeitbelichtungen.

Zur Blauen Stunde nach Sonnenuntergang in Richtung Piazza San Marco fotografiert (82 mm · f 8 · 6 s · ISO 100 · Stativ)

Von der Spitze des Campanile aus (bequem per Aufzug zu erreichen) ist der Blick auf ganz Venedig und die Lagune grandios. Am besten fotografieren Sie vom Campanile am späten Nachmittag bzw. zum Sonnenuntergang. Die Benutzung eines Stativs ist dort nicht erlaubt, aber es gibt eine Mauer, auf der sich die Kamera einigermaßen gut abstellen lässt oder Sie die Ellenbogen abstützen können.

TIPP

Die Insel San Giorgio Maggiore ist nur mit dem Vaporetto zu erreichen. Sie sollten nach Ihrer Ankunft am besten gleich die Abfahrtszeiten für Ihre Rückfahrt kontrollieren, um längere Wartezeiten (bis zu 20 Minuten) auf das nächste Vaporetto zu vermeiden.

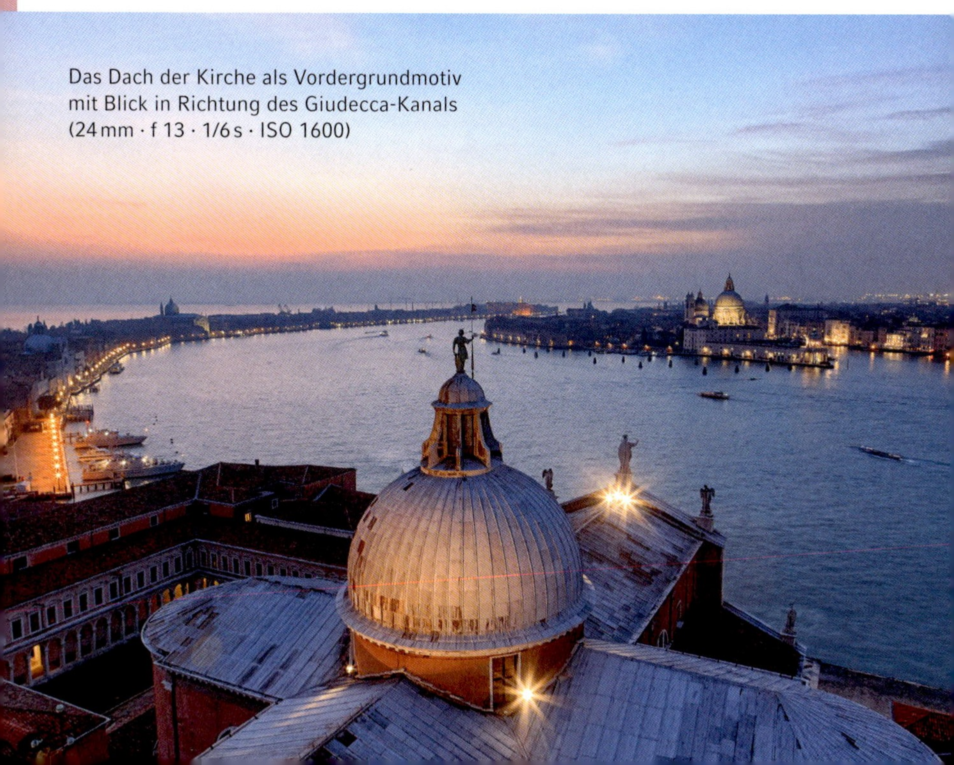

Das Dach der Kirche als Vordergrundmotiv mit Blick in Richtung des Giudecca-Kanals (24 mm · f 13 · 1/6 s · ISO 1600)

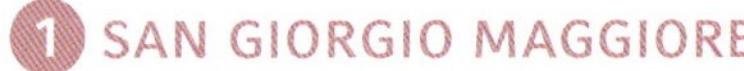

1 SAN GIORGIO MAGGIORE

Beste Tageszeit: ganztags
Koordinaten: 45.429578, 12.342612
Adresse: Isola di San Giorgio Maggiore, 30133 Venezia VE
Öffnungszeiten: April bis Oktober 9:00 bis 19:00 Uhr
November bis März 8:30 bis 18:00 Uhr
Eintritt Campanile: 6 Euro

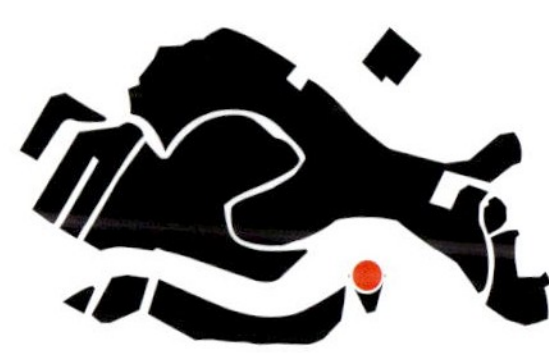

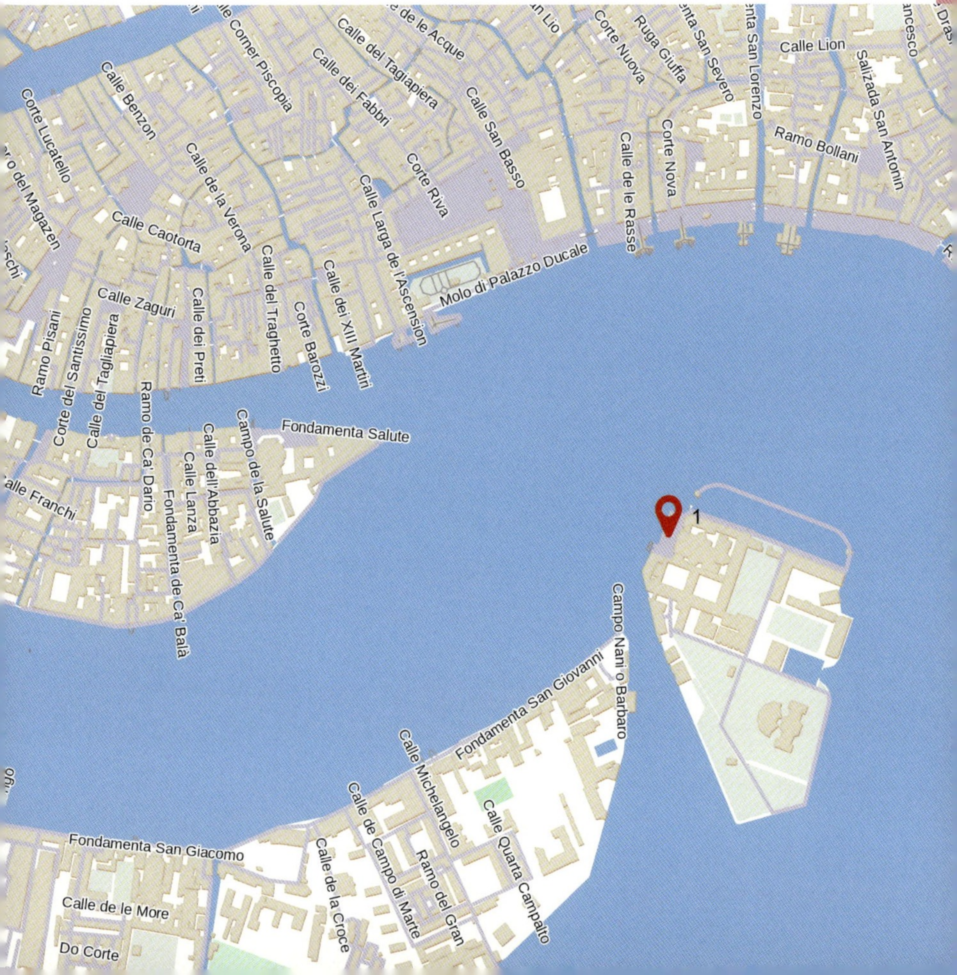

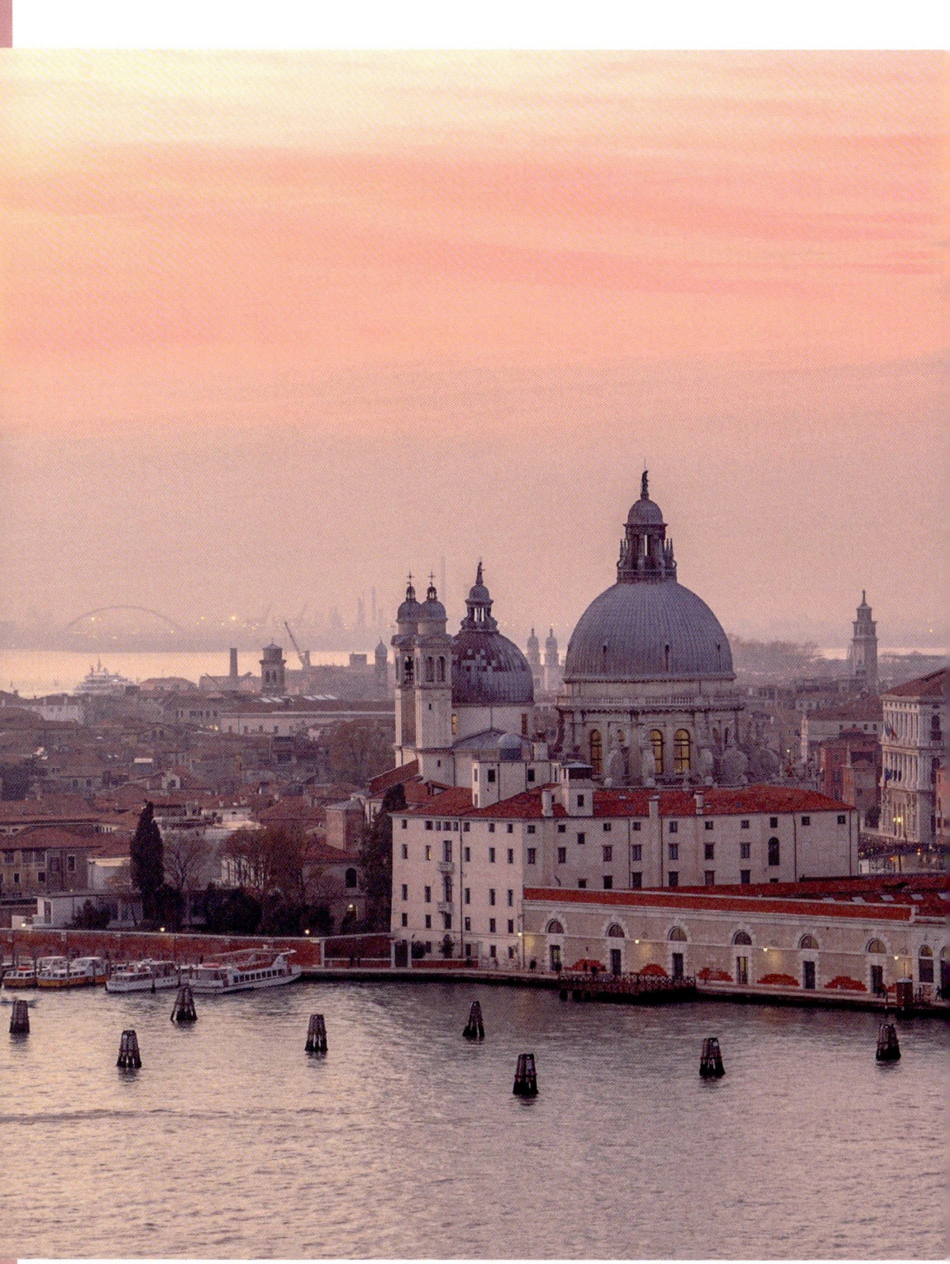

Aufnahme in Richtung Punta della Dogana und Santa Maria della Salute
(75 mm · f 9 · 0,4 s · ISO 100)

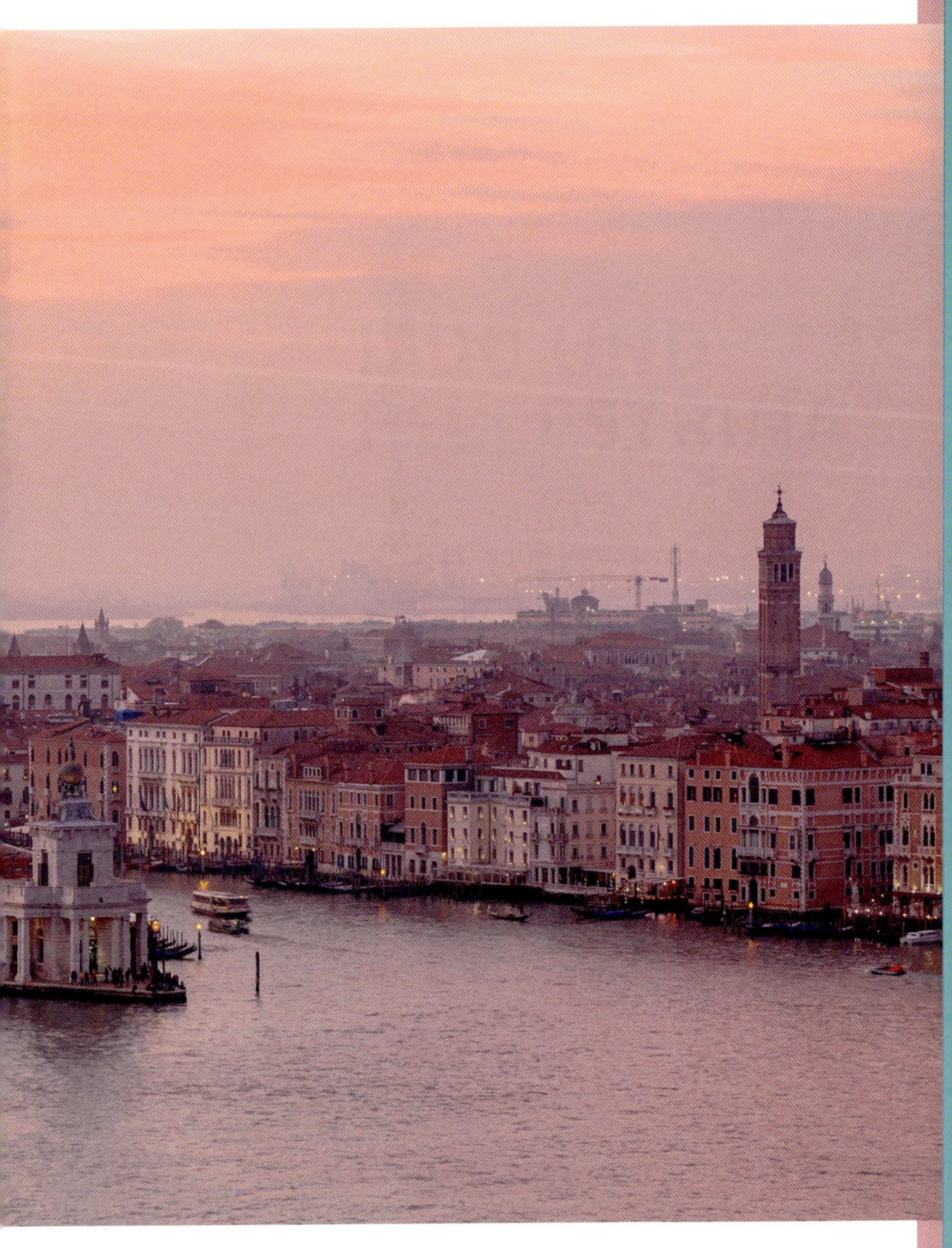

Vom Lido aus eröffnet sich Ihnen eine weitere Möglichkeit, in Richtung Venedig zu fotografieren. Von hier benötigen Sie ein Teleobjektiv mit einer Brennweite von ungefähr 200 mm. Damit lässt sich die Perspektive interessant stauchen und die Dalben bilden ein reizvolles Vordergrundelement.

Die Insel Pellestrina erstreckt sich südlich des Lido in südlicher Richtung bis kurz vor Chioggia. Hier trifft man auf weitläufige Fischersiedlungen mit schlichten bunten Häusern auf der geschützten Lagunenseite. Die kleinen Hütten und Pfähle im Wasser eignen sich ganz hervorragend für Langzeitbelichtungen. Die beste Tageszeit zum Fotografieren ist der Morgen.

Die vorgestellten Fotospots auf Pellestrina erreichen Sie am besten mit dem Linienbus Nr. 11. Dieser startet von der Vaporetto-Station Lido (S.M.E.) und überquert mit einer Fähre die Lagunenöffnung Porto di Malamocco. Die Busfahrt bis zur Haltestelle Pellestrina Sant'Antonio dauert etwa 40 Minuten.

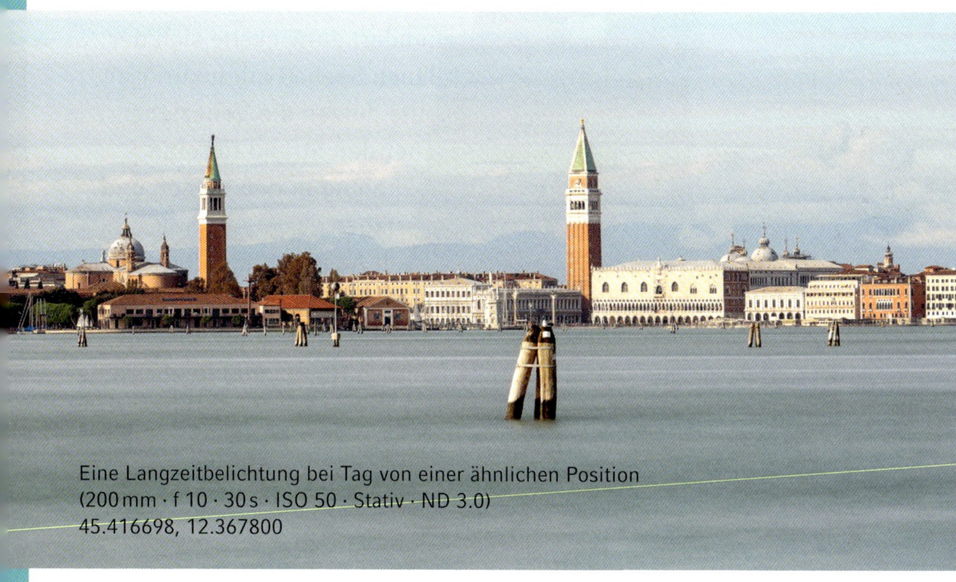

Eine Langzeitbelichtung bei Tag von einer ähnlichen Position
(200 mm · f 10 · 30 s · ISO 50 · Stativ · ND 3.0)
45.416698, 12.367800

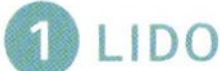

1 LIDO

Beste Tageszeit: morgens
Koordinaten: 45.416698, 12.367800
Adresse: Lido di Venezia, 30126 Venezia VE

2 PELLESTRINA

Beste Tageszeit: morgens
Koordinaten: 45.282834, 12.304257
Adresse: Isola di Pellestrina, 30126 Venezia VE

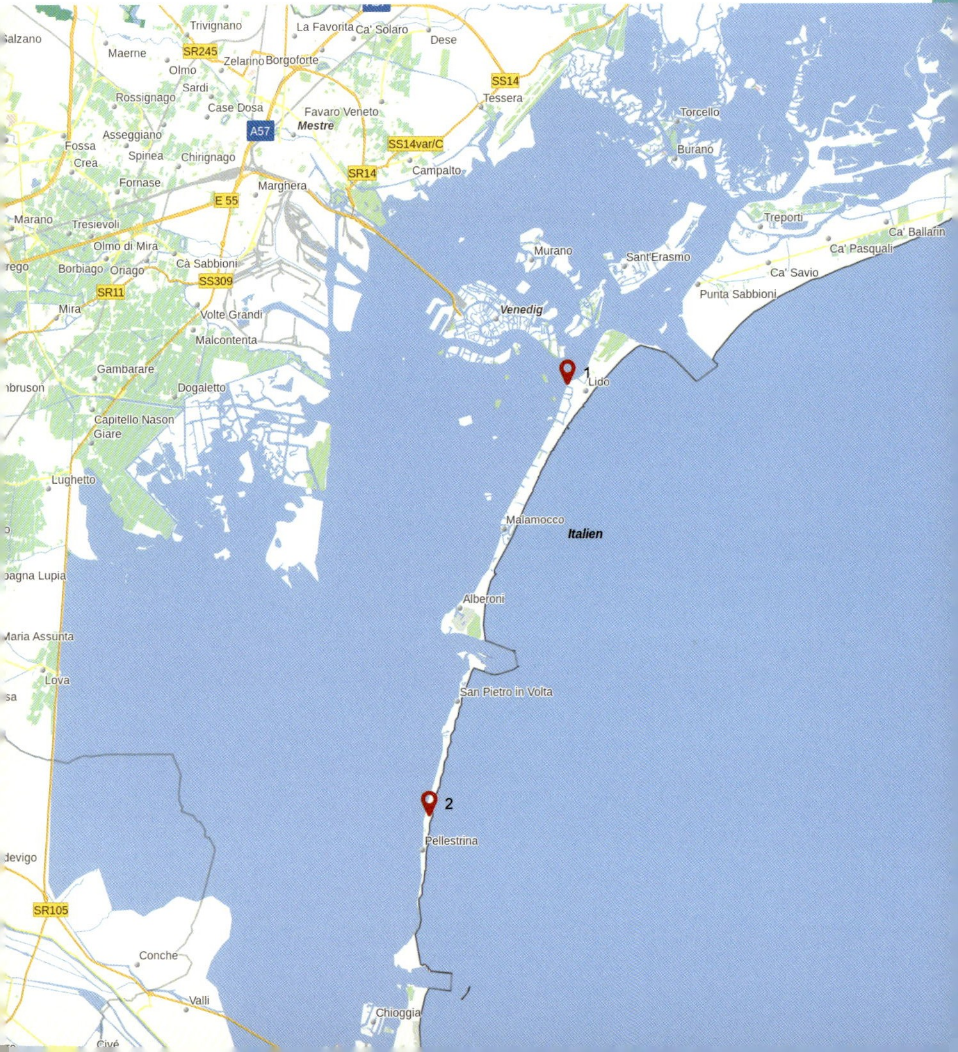

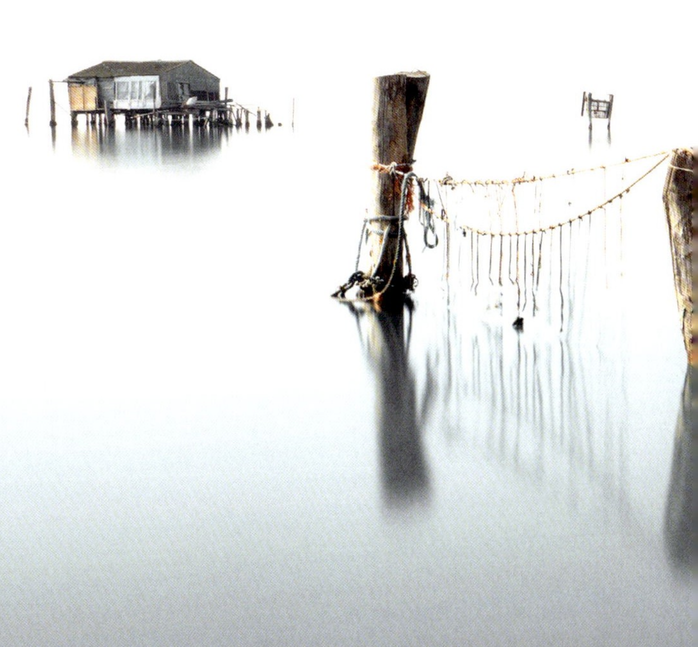

(24 mm · f 18 · 152 s · ISO 100 · Stativ · ND 3.0)
45.277101, 12.300945

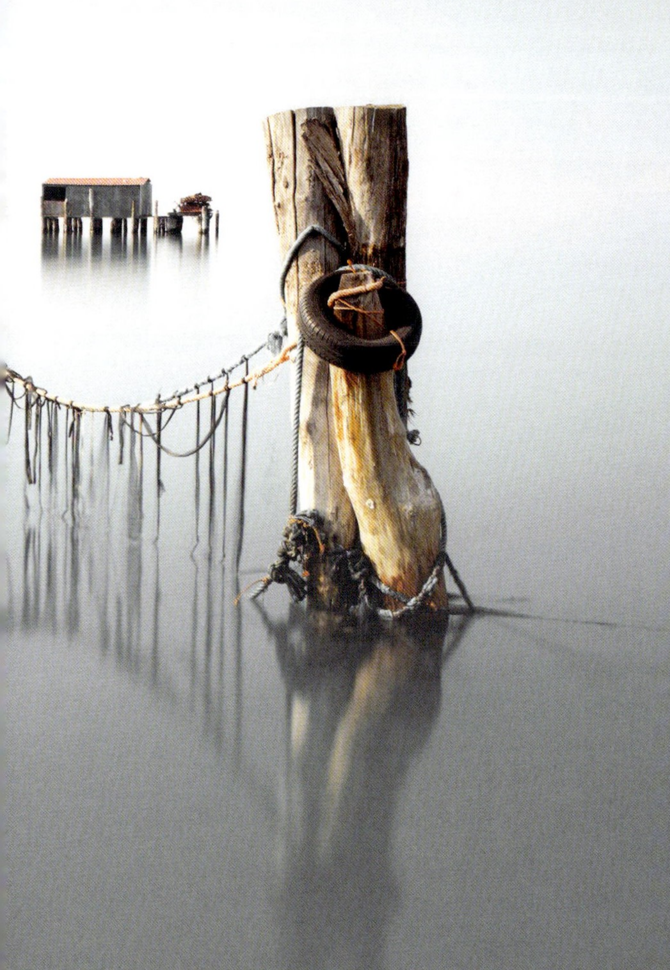

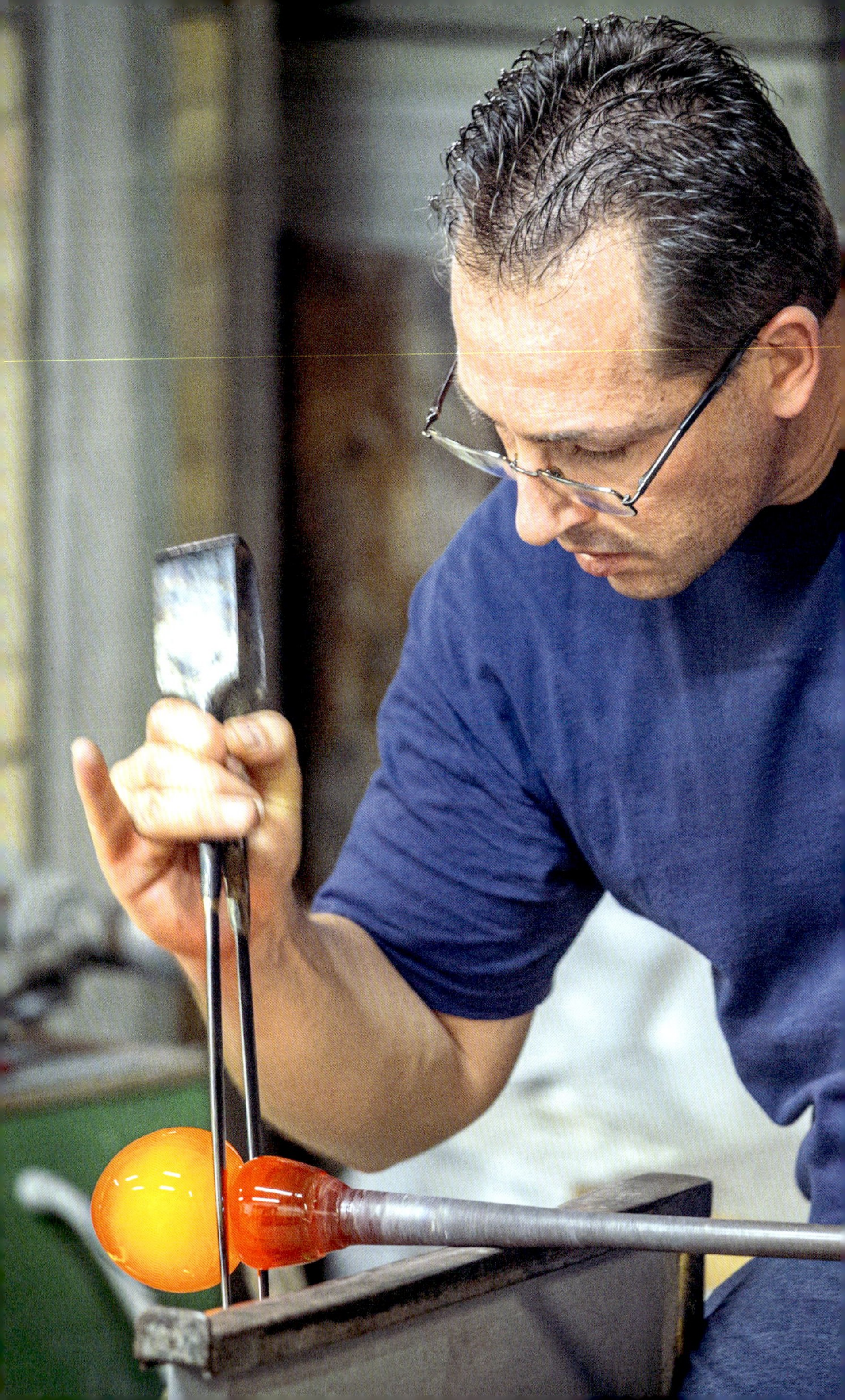

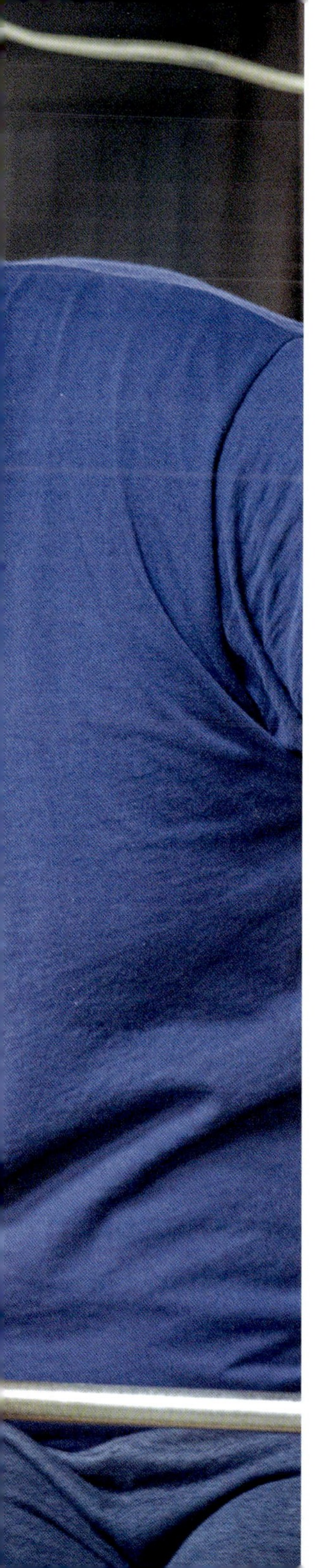

MURANO

Die Venezianer arbeiten schon seit dem 10. Jahrhundert mit Glas. Aufgrund der Brandgefahr, die mit der Glasbläserei einhergeht, aber auch um das Geheimnis der Glasblaskunst zu schützen, wurde die Industrie im 13. Jahrhundert auf die Insel Murano verlegt.

Das Muranoglas ist weltberühmt und auf der Insel besteht in zahlreichen Werkstätten die Möglichkeit, Glasbläsern bei der Arbeit zuzuschauen und zu fotografieren. Dabei können Sie beobachten, wie der Glasbläser einen Klumpen aus der Glasschmelze durch Drehen, Wenden und Blasen in eine Lampenform, einen Vogel oder Löwen verwandelt. Bitte bedenken Sie, dass nicht in jeder Werkstatt das Fotografieren erlaubt ist, und einige erheben ein Eintrittsgeld.

◀ Glasbläser bei der Arbeit
(173 mm · f 4 · 1/25 s · ISO 3200)

Ebenfalls ist in vielen Ausstellungsräumen und Galerien das Fotografieren der Glaskunst nicht gestattet.

Ein lohnenswertes Motiv und Wahrzeichen von Murano ist die Basilica dei Santi Maria e Donato. Die Aufnahme an einem sonnigen Tag lässt den Backsteinbau regelrecht erstrahlen. Von der gegenüberliegenden Seite des Kanals erhalten Sie eine weitere lohnende Perspektive für das Foto. Mit einem Teleobjektiv lassen sich zudem gut Details der Basilika in den Fokus nehmen.

Ein weiteres Wahrzeichen ist der Faro di Murano (Leuchtturm).

Von Murano aus bietet sich die Weiterfahrt zur Insel Burano an – wobei ich persönlich Burano als die fotografisch interessantere Insel empfinde und mehr Zeit dort einplanen würde.

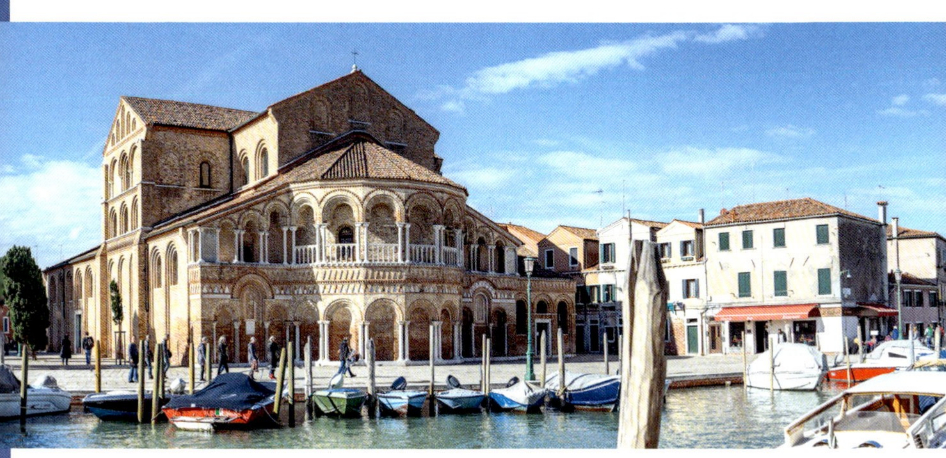

Die Basilica dei Santi Maria e Donato in einer Panoramaaufnahme aus 16 Bildern (70 mm · f 5,6 · 1/1250 s · ISO 400)
45.457331, 12.357942

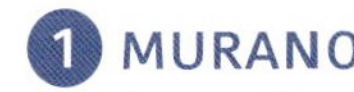

MURANO

Beste Tageszeit: tagsüber
Koordinaten: 45.457331, 12.357942
Adresse: Murano, 30141 Venezia VE

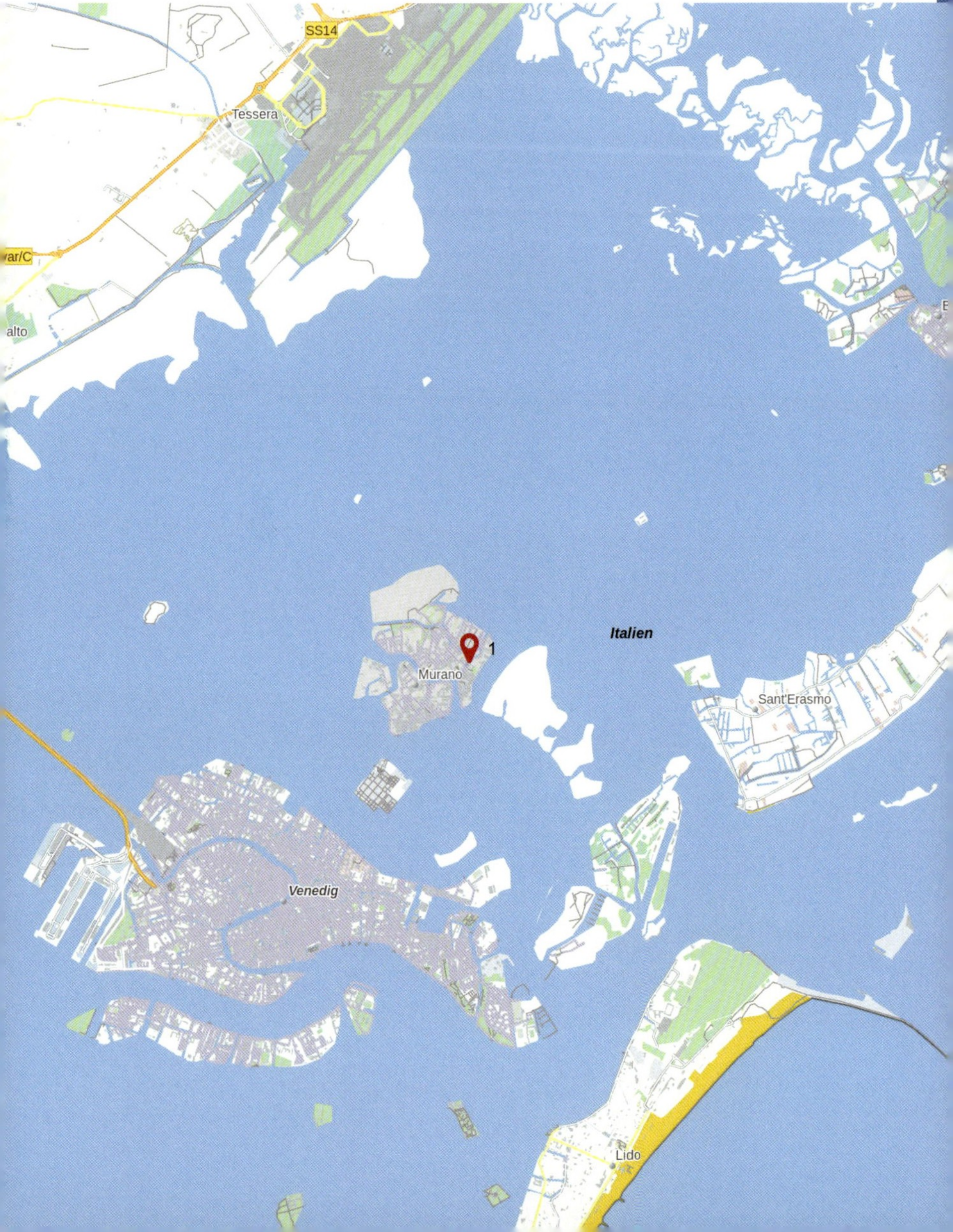

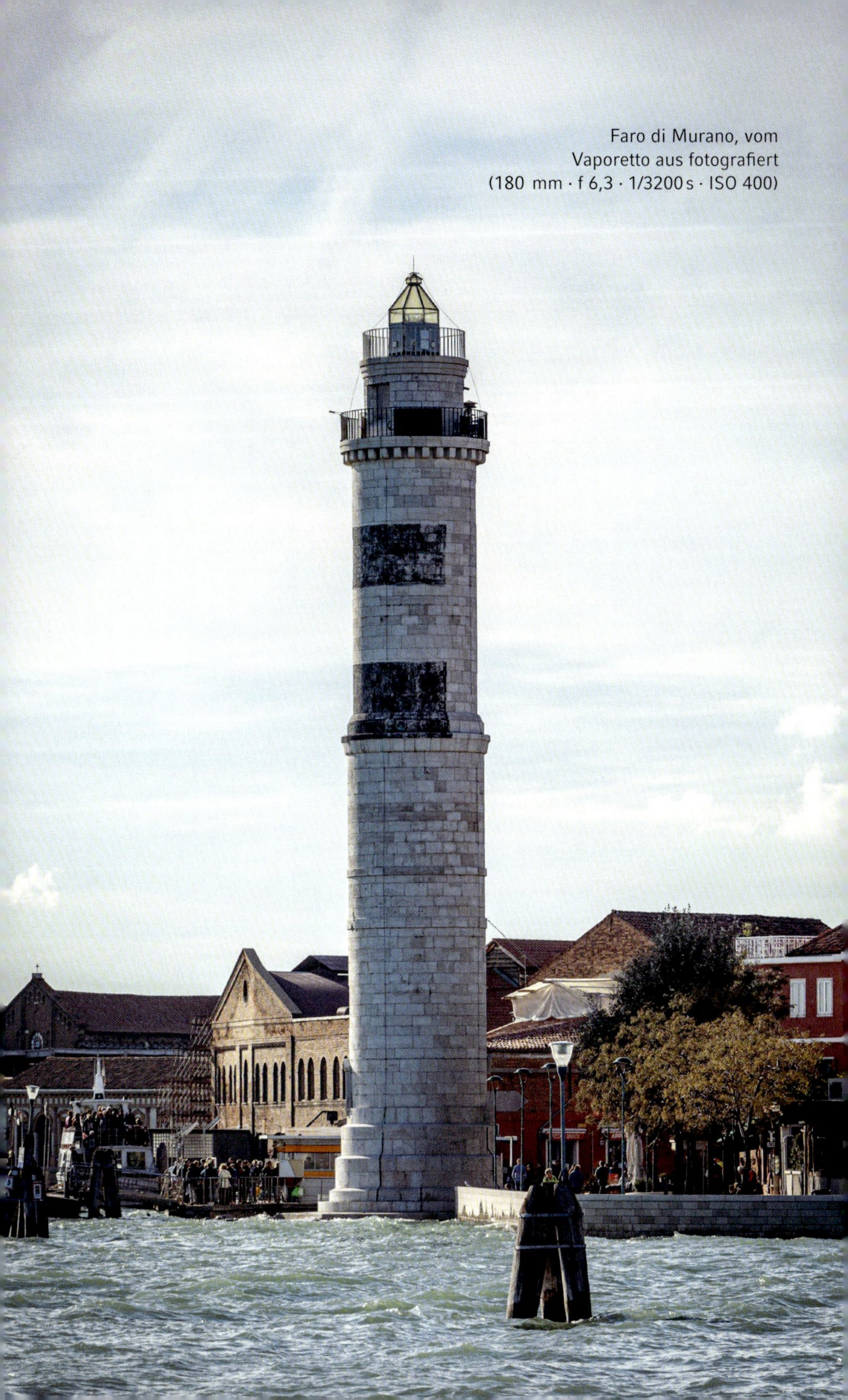

Faro di Murano, vom Vaporetto aus fotografiert (180 mm · f 6,3 · 1/3200 s · ISO 400)

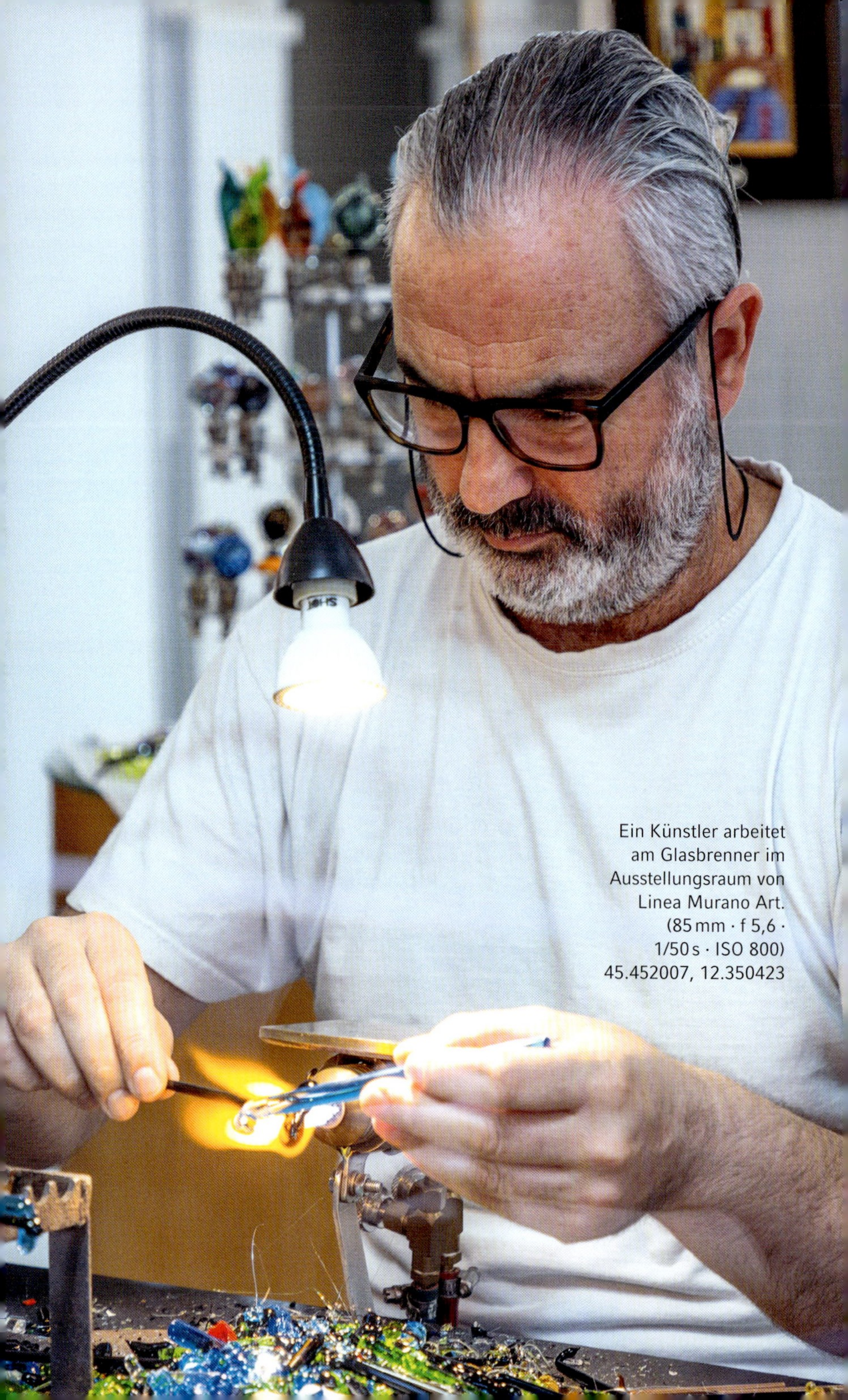

Ein Künstler arbeitet am Glasbrenner im Ausstellungsraum von Linea Murano Art. (85 mm · f 5,6 · 1/50 s · ISO 800) 45.452007, 12.350423

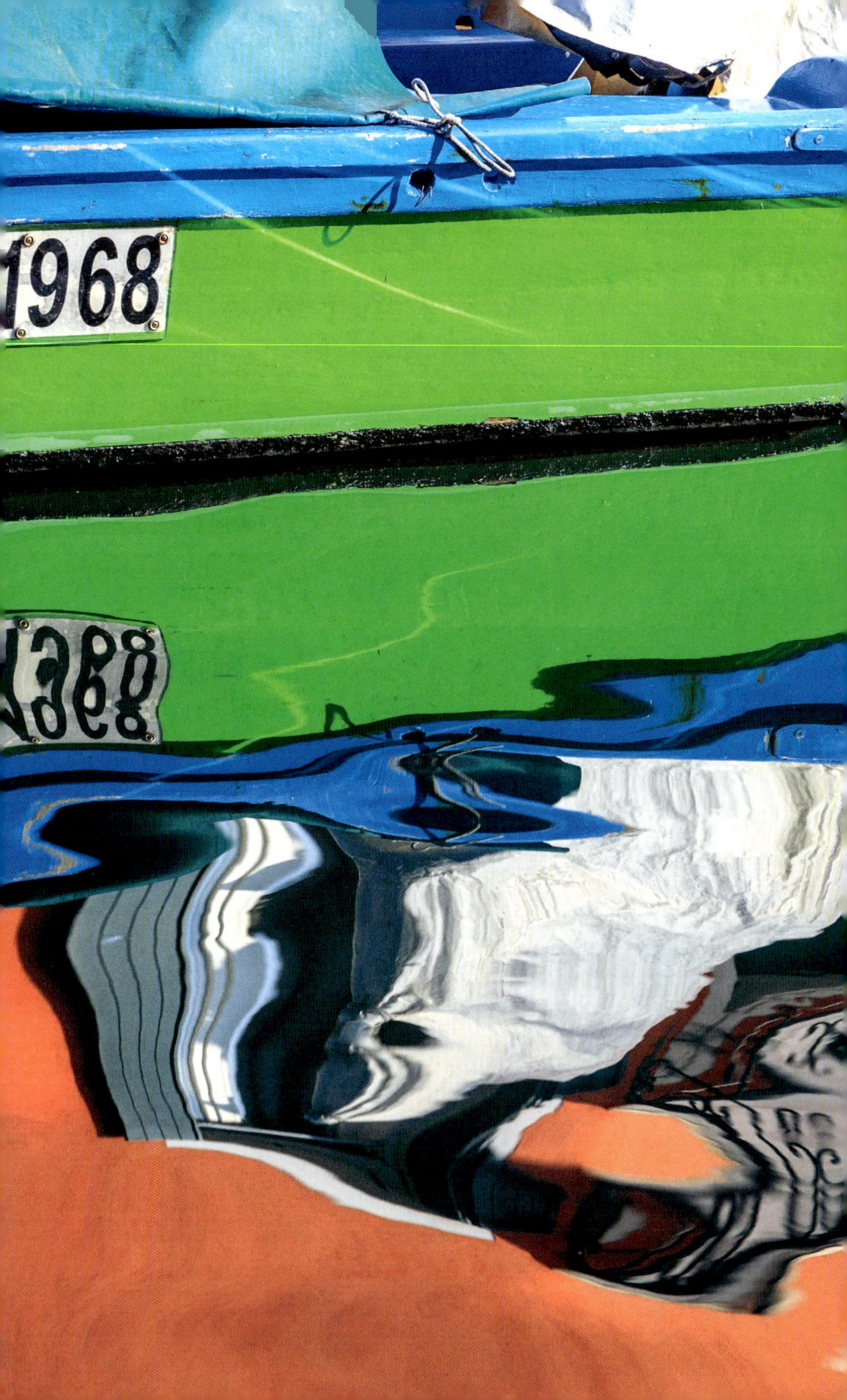
1968

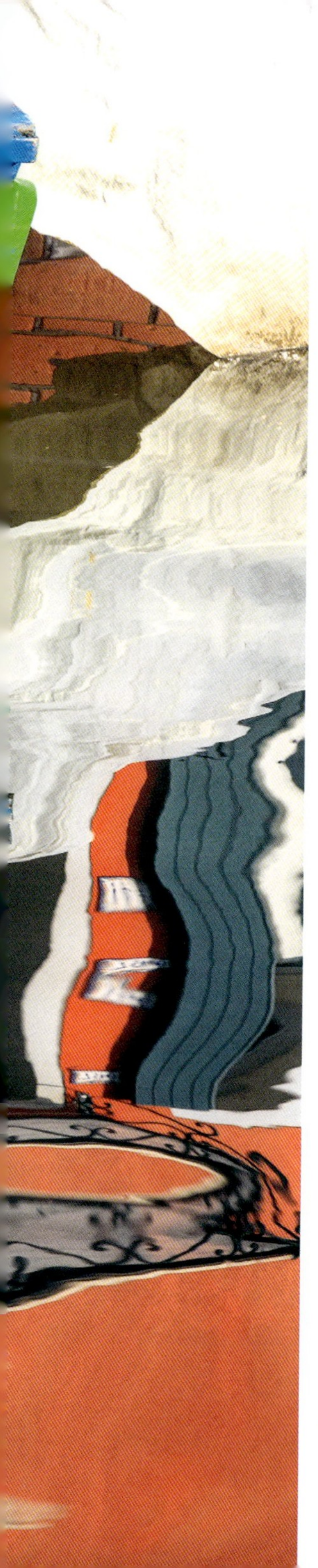

BURANO

Typisch für Burano sind die vielen kleinen, in einer zu dem Nachbarn jeweils kontrastierend kräftigen Farbe gestrichenen Fischerhäuser. Diese spiegeln sich in den Kanälen und betonen die Individualität der Hausbesitzer. Diese kuriose Farbenpracht lockt viele Maler und insbesondere Fotografen nach Burano. Es ist nahezu unmöglich, die Insel nicht mit mindestens einem Dutzend beeindruckender Aufnahmen zu verlassen.

Neben den farbenfrohen Häusern hat Burano eine lange Tradition der Spitzenstickerei aufzuweisen. Das Museo del Merletto beschäftigt sich mit der Handwerkskunst und Geschichte der Spitzenstickerei auf Burano. Der Besuch lohnt sich!

◀ Spiegelung im Kanal
(105 mm · f 9 · 1/400 s · ISO 400)

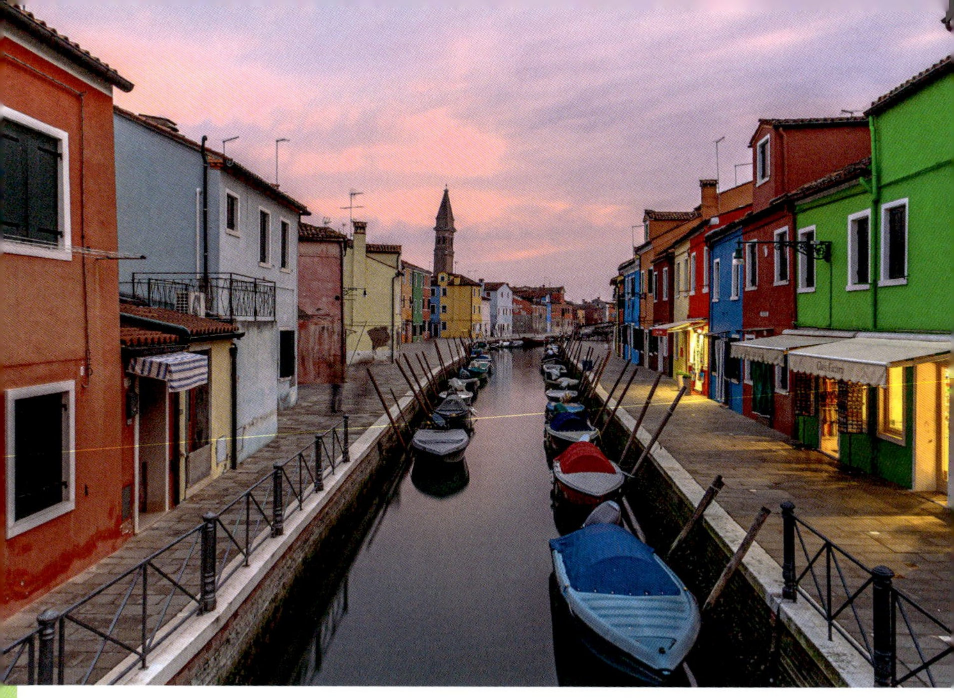

Nur wenige Meter entfernt von der Cao-Moleca-Brücke fotografiert (24 mm · f 13 · 30 s · ISO 100) 45.485441, 12.415441

Mit der Vaporetto-Linie 12 geht es von der Haltestelle Fondamente Nove erst über Murano und dann weiter in Richtung Burano. Die Fahrt dauert zwischen 40 und 50 Minuten.

TIPP

Die meisten Tagestouristen treffen gegen 11 Uhr ein. Sie sollten nach Möglichkeit früher vor Ort sein, um zu erleben, wie die Bewohner ihren Tag vor dem Publikumsverkehr beginnen. In den Wintermonaten ist Burano regelmäßig vom Hochwasser betroffen. Planen Sie dann entsprechend und ziehen Sie Ihre Gummistiefel an.

Ein Burano-Besuch lohnt sich insbesondere bei strahlendem Sonnenschein. Der lässt die Farben der bunten Häuser geradezu strahlen, und eine leichte Unterbelichtung verstärkt die Farbsättigung während der Mittagssonne.

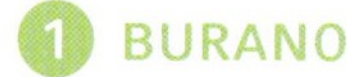

1 BURANO

Beste Tageszeit: ganztags
Koordinaten: 45.485413, 12.415401
Adresse: Burano, 30142 Venezia VE

An der Kreuzung Fondamenta di Cao Moleca und Via Giudecca (45.485413, 12.415401) befinden sich zwei Brücken, von denen sich sehr gut, vor allem während der Blauen Stunde, die Kanäle und Häuser fotografieren lassen.

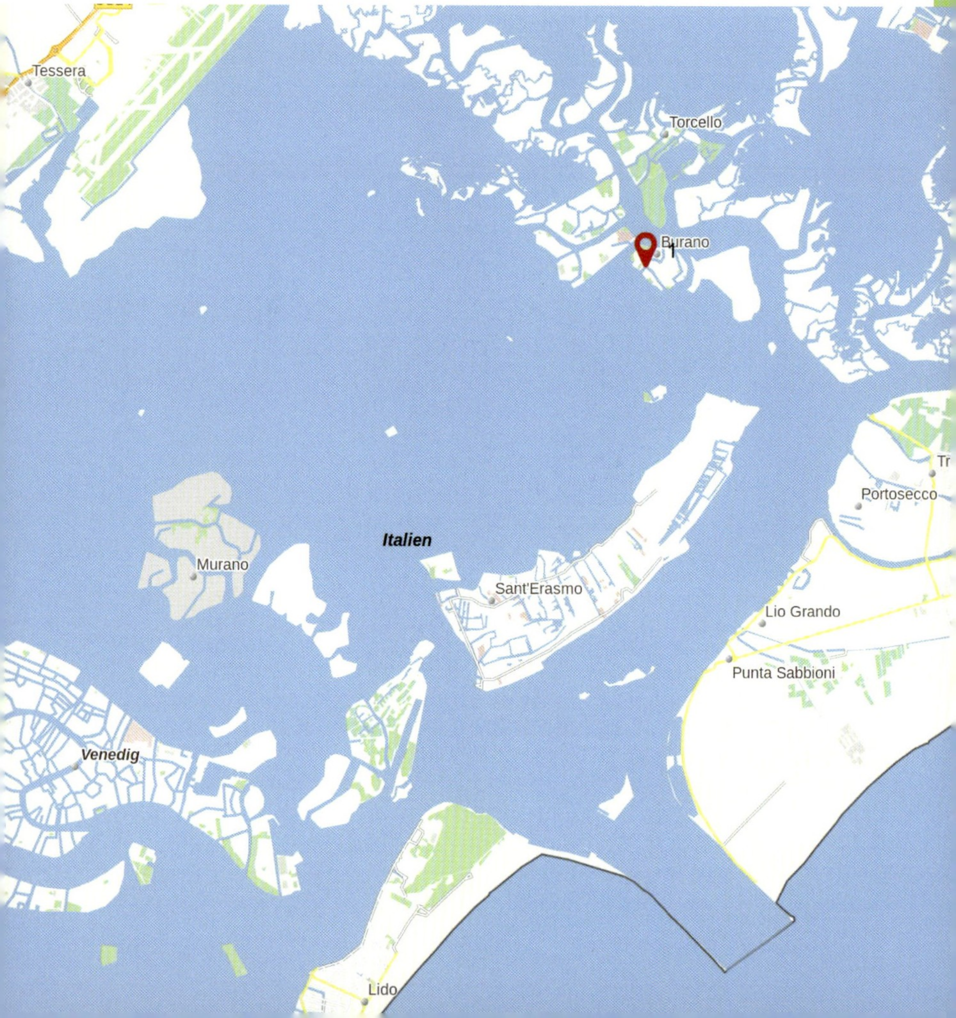

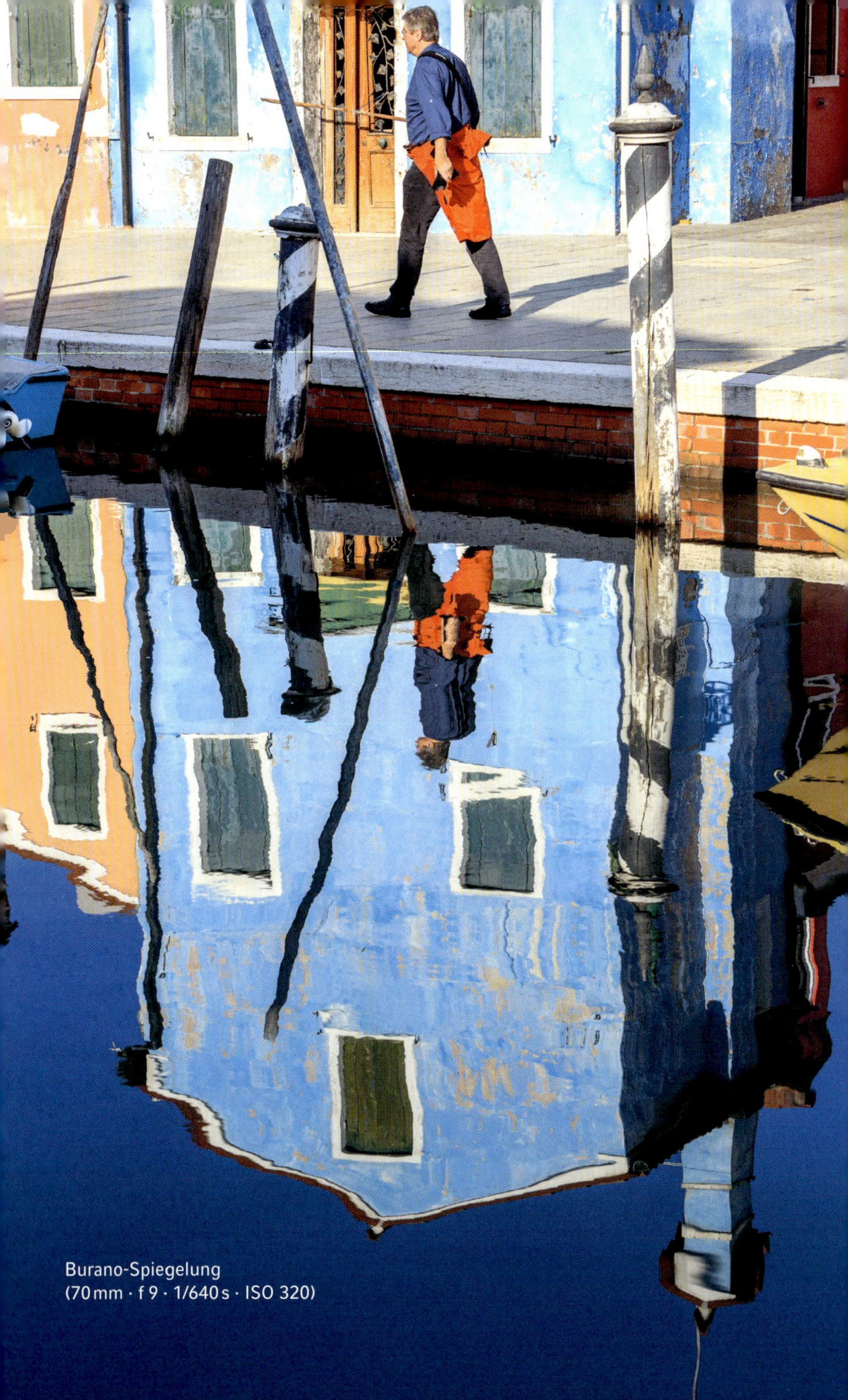

Burano-Spiegelung
(70 mm · f 9 · 1/640 s · ISO 320)

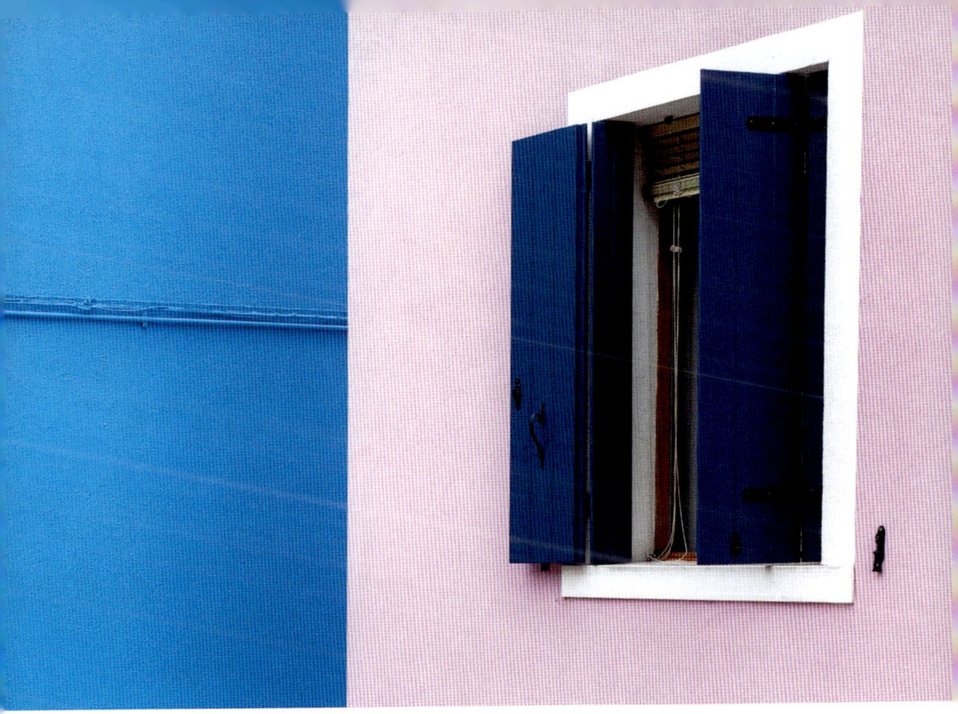

(67 mm · f 7,1 · 1/400 s · ISO 800)

(200 mm · f 7,1 · 1/200 s · ISO 320)

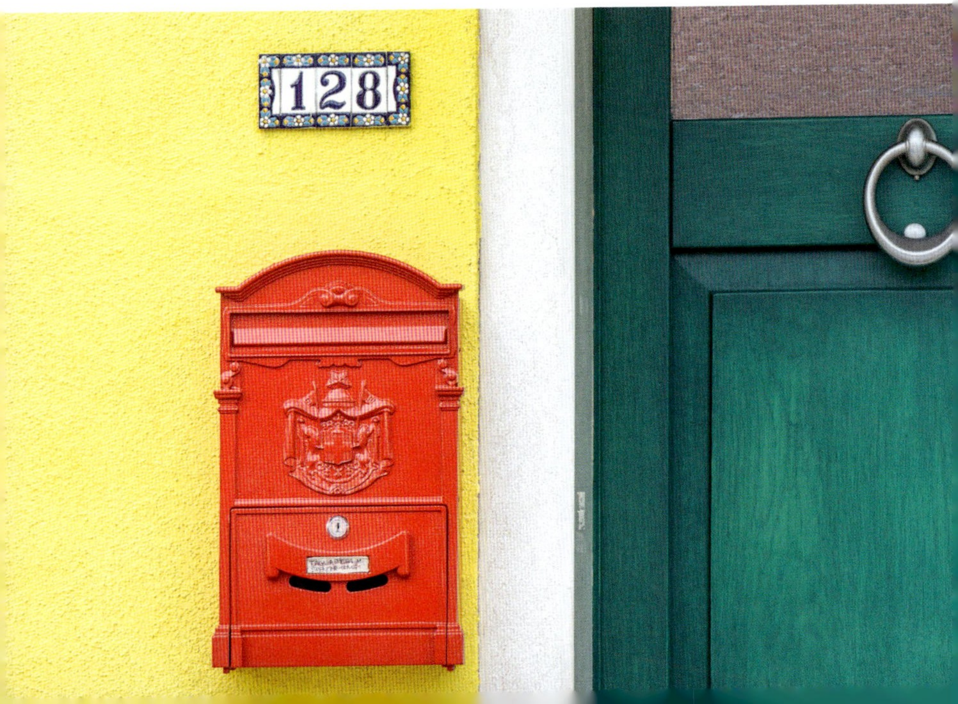

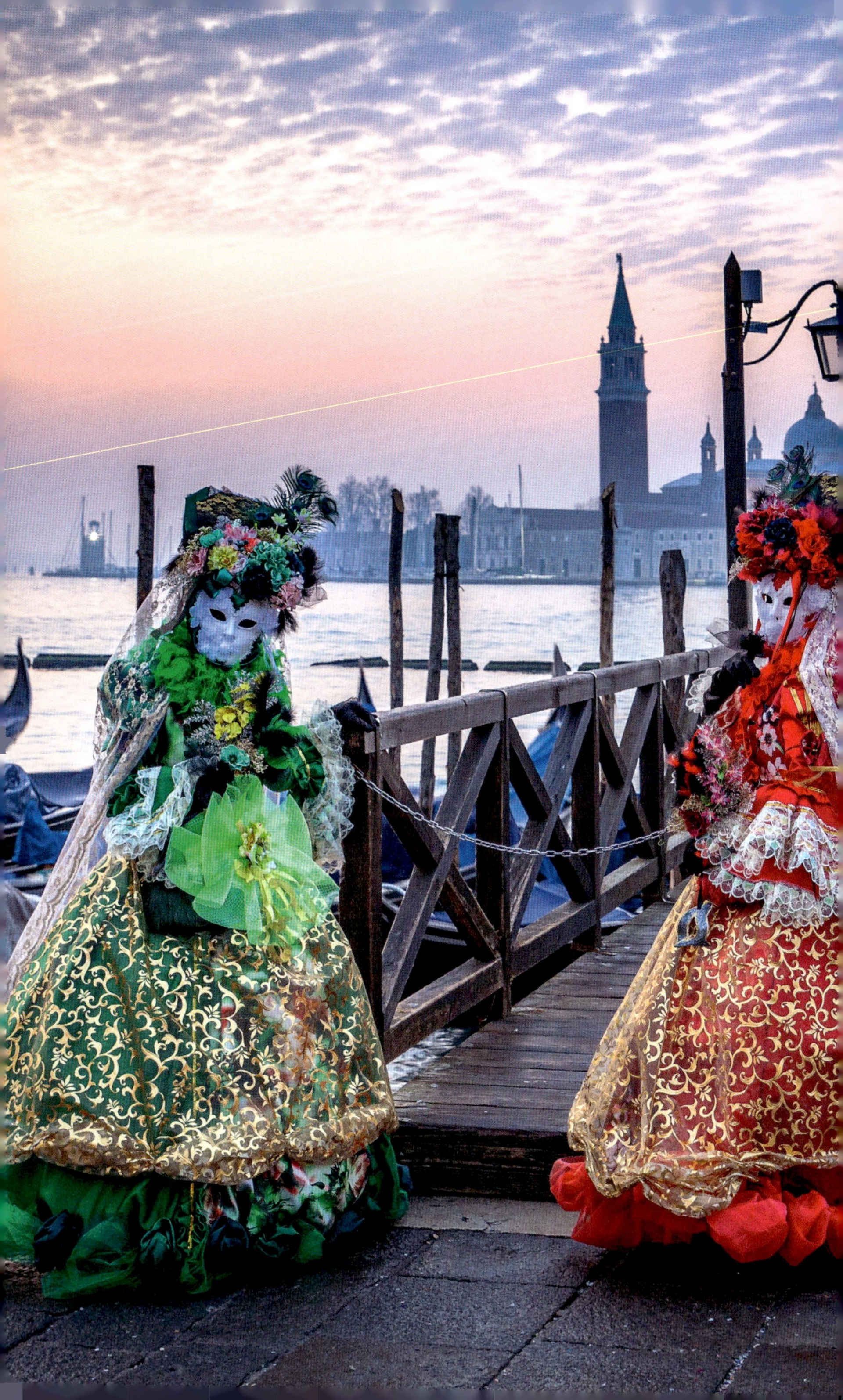

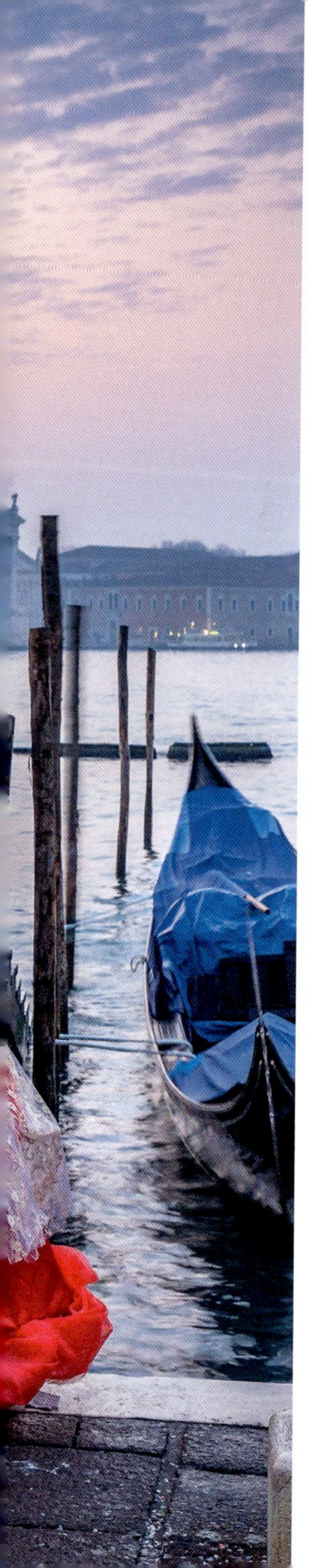

KARNEVAL IN VENEDIG

Jedes Jahr lockt der Karneval in Venedig mit seinen zahlreich verkleideten Menschen, stilvollen Kostümfesten sowie Musik-, Theater- und Puppenspieldarbietungen Touristen aus der ganzen Welt in die Stadt. Die Tradition des bunten Treibens reicht bis in das hohe Mittelalter zurück und verlor erst mit Auflösung der Venezianischen Republik 1797 durch Napoleon an Bedeutung.

Seit 1979 spielt der Karneval in Venedig wieder eine zentrale Rolle und ist heute der besucherstärkste Zeitraum des Jahres, genauer die zehn Tage bis Aschermittwoch.

Einzigartig ist die Maskerade, die ihren Ursprung in den Kostümen der Commedia dell'Arte hat, wobei heute der Fantasie keine Grenzen gesetzt sind.

◀ (35 mm · f 6,3 · 1/6 s · ISO 640 · Stativ)

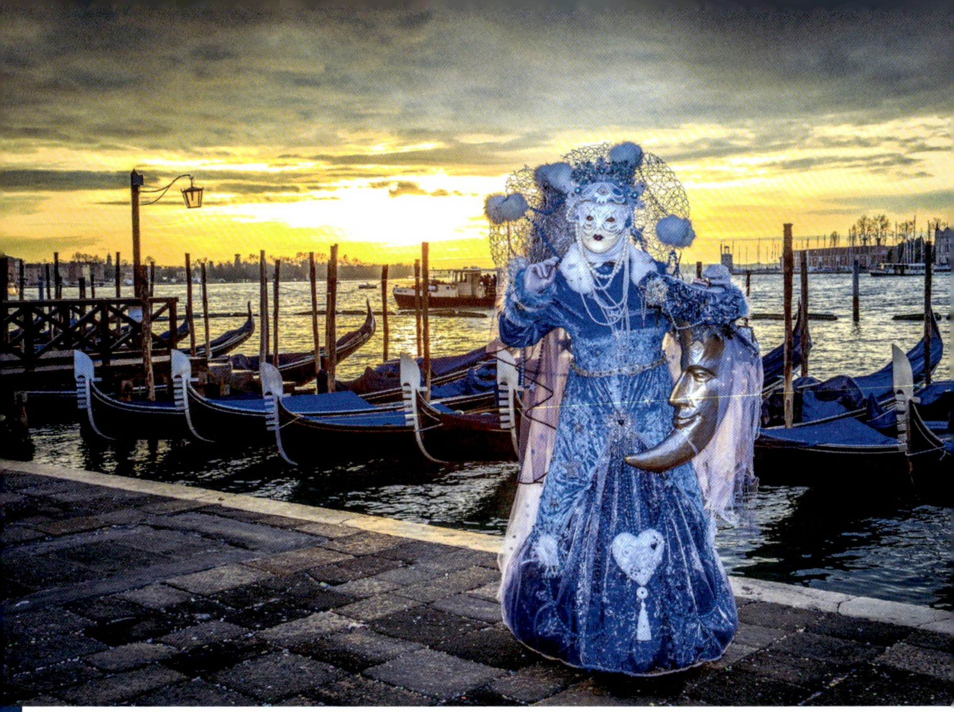

Zum Sonnenaufgang
(35 mm · f 11 · 1/200 s · ISO 800 · Blitzlicht)

Das Haupttreiben findet rund um den Markusplatz und die Rialtobrücke statt. Dicht gedrängt kämpfen dann zahlreiche Touristen und Fotografen um die Aufmerksamkeit der Maskierten. Kommen Sie möglichst früh, am besten bei Sonnenaufgang zum Markusplatz, denn dann ist es noch nicht so überfüllt und Sie haben die Möglichkeit, Maskierte allein oder in einer ganz kleinen Gruppe zu fotografieren. Seien Sie geduldig und respektvoll gegenüber anderen Fotografen und den Kostümierten, dann haben alle in diesem Trubel auch Spaß.

Seien Sie auf keinen Fall zu schüchtern, um nach einer Fotografiererlaubnis oder bestimmten Posen zu fragen. Die Maskierten befinden sich vor Ort, um fotografiert zu werden. Oftmals verteilen die Kostümierten auch Visitenkarten, wenn sie fotografiert wurden, um einige der Bilder zu erhalten.

Wenn Sie freundlich fragen, stimmen auch einige der Maskierten zu, mit Ihnen eine Privatsession an einem etwas ruhigeren Ort zu machen. Die Belohnung sind dann tolle Aufnahmen für Sie, aber auch für die Maskenträger. Zahlreiche Fotografen mieten sich eigens dafür eine Location in einem historischen Hotel oder Palazzo für eine angemessene Umgebung.

Der größte Betrieb herrscht am Wochenende vor Aschermittwoch, deswegen empfehle ich Ihnen die sechs bis zehn Tage vor Aschermittwoch zu nutzen.

KARNEVAL IN VENEDIG
Beste Tageszeit: ganztags
Koordinaten: 45.433383, 12.340105
Adresse: San Marco, 30100 Venezia VE

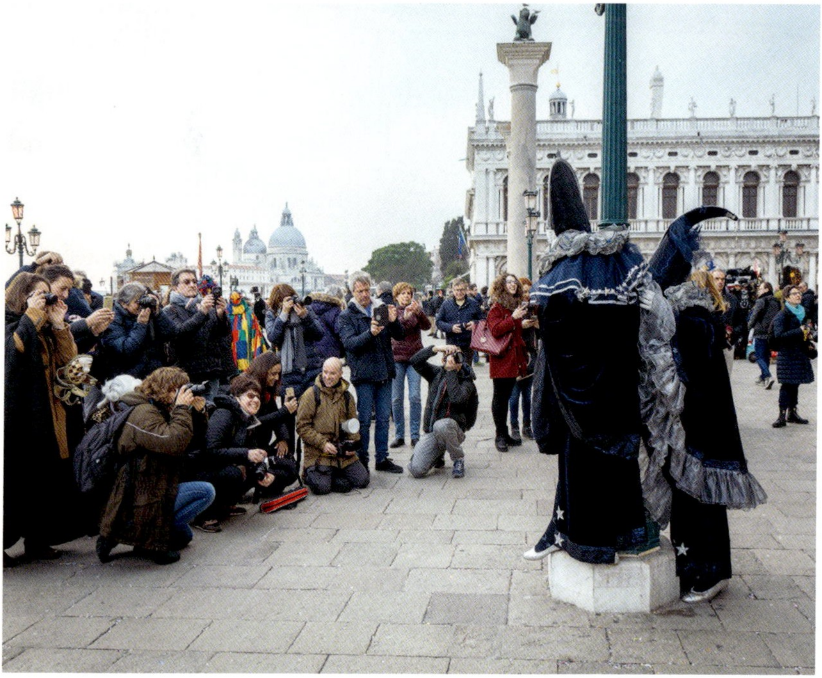

Das Gedränge um die schönsten Fotomotive ist groß.
(28 mm · f 6,3 · 1/320 s · ISO 800)

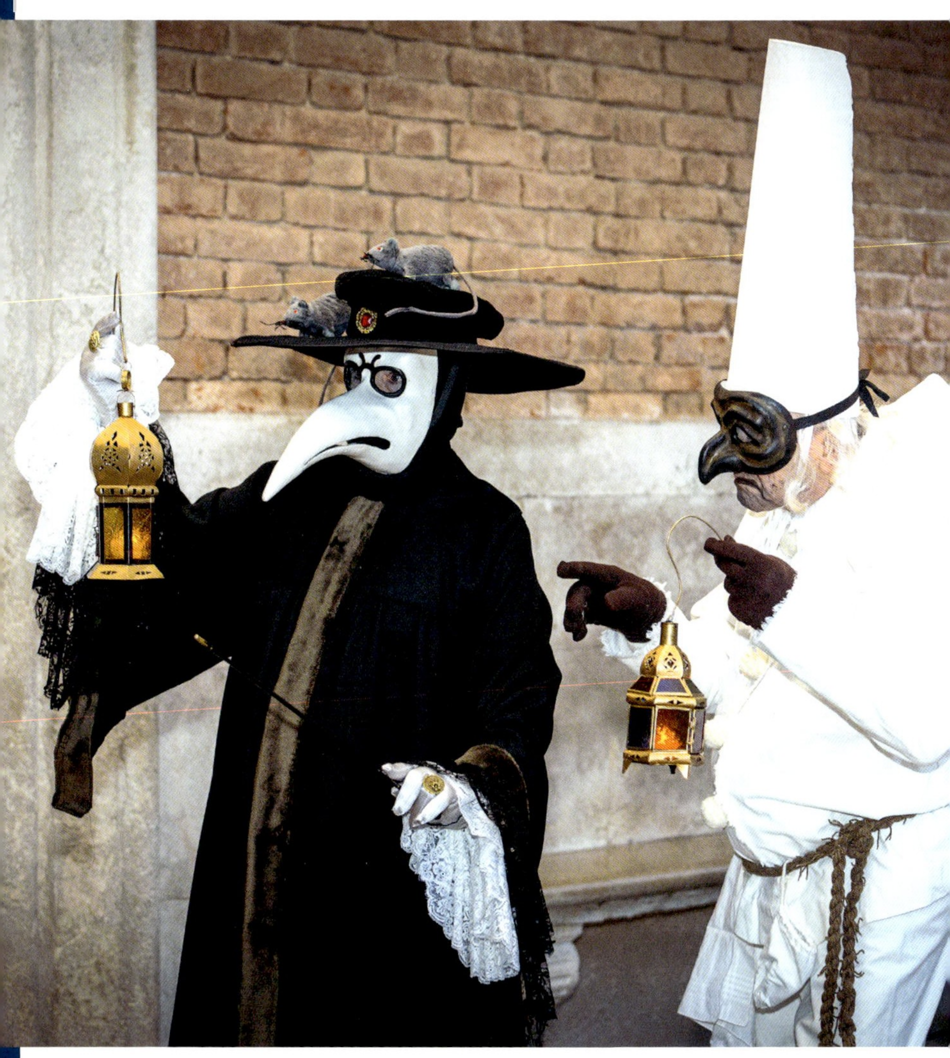

Unter den Arkaden des Dogenpalasts
(70 mm · f 4 · 1/200 s · ISO 1600 · Blitzlicht)

Unter den Arkaden des Dogenpalasts ▶
(60 mm · f 8 · 1/1000 s · ISO 400)

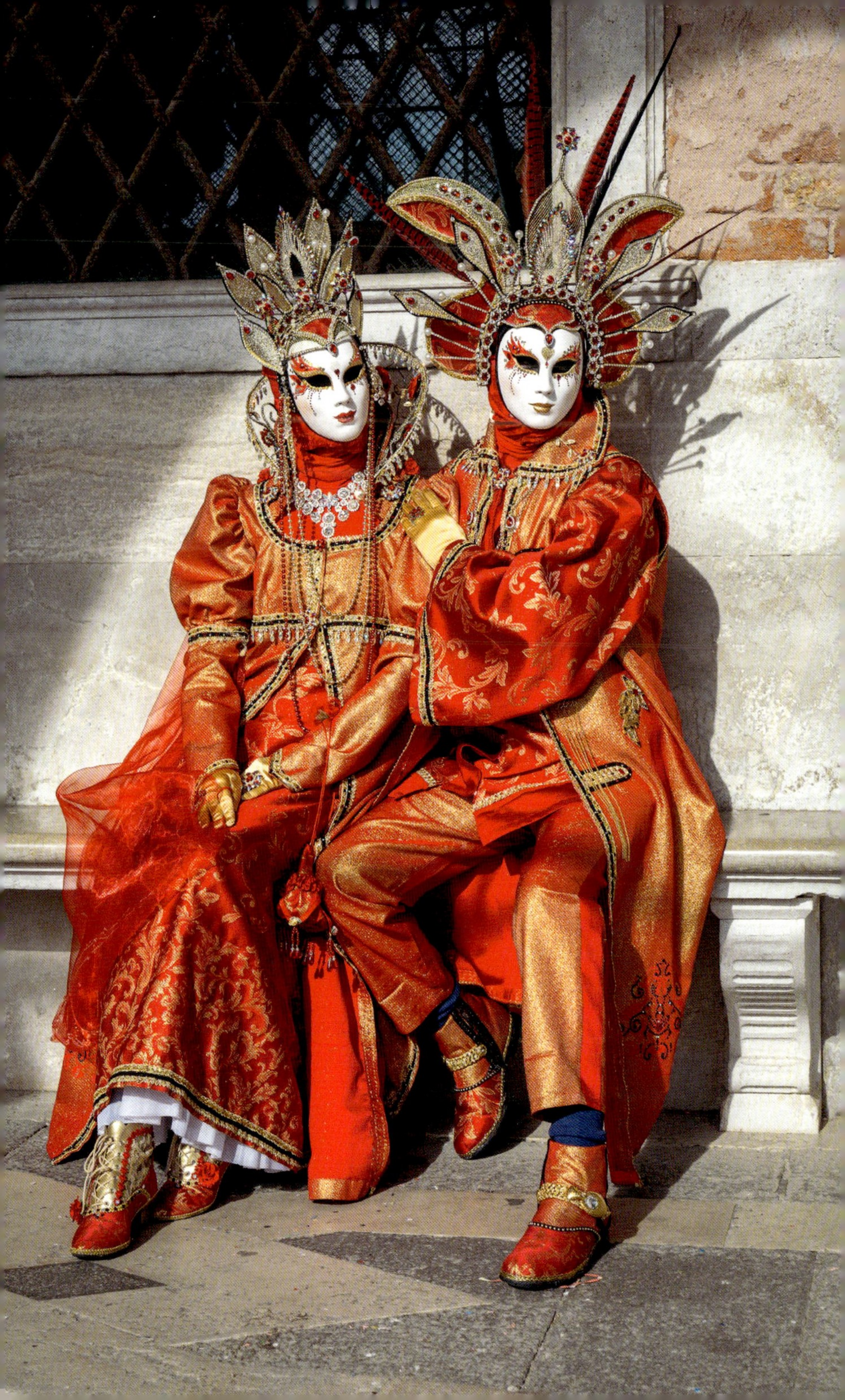

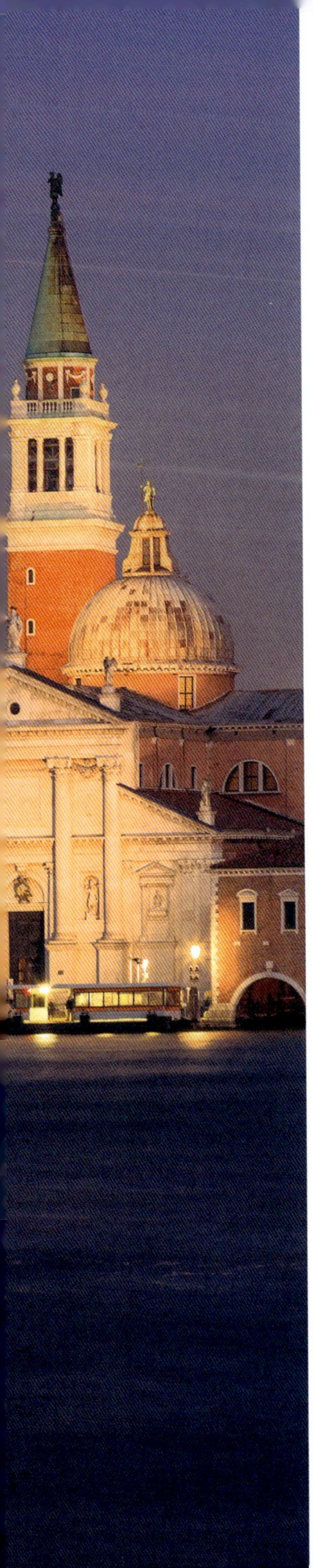

KREUZFAHRT-SCHIFFE

Der boomende Kreuzfahrttourismus sorgt für ein scheinbares Paradoxon, nämlich dass manche Städte tagsüber völlig überlaufen sind, abends dann aber nahezu ausgestorben wirken. In Venedig kommt hinzu, dass die schwimmenden Hotelanlagen die kleinen venezianischen Bauten schier zu erdrücken scheinen und die Stadt auf Dauer durch den von ihnen ausgelösten Wellengang gefähr-

San Giorgio Maggiore
(105 mm · f 11 · 15 s · ISO 100 · Stativ)

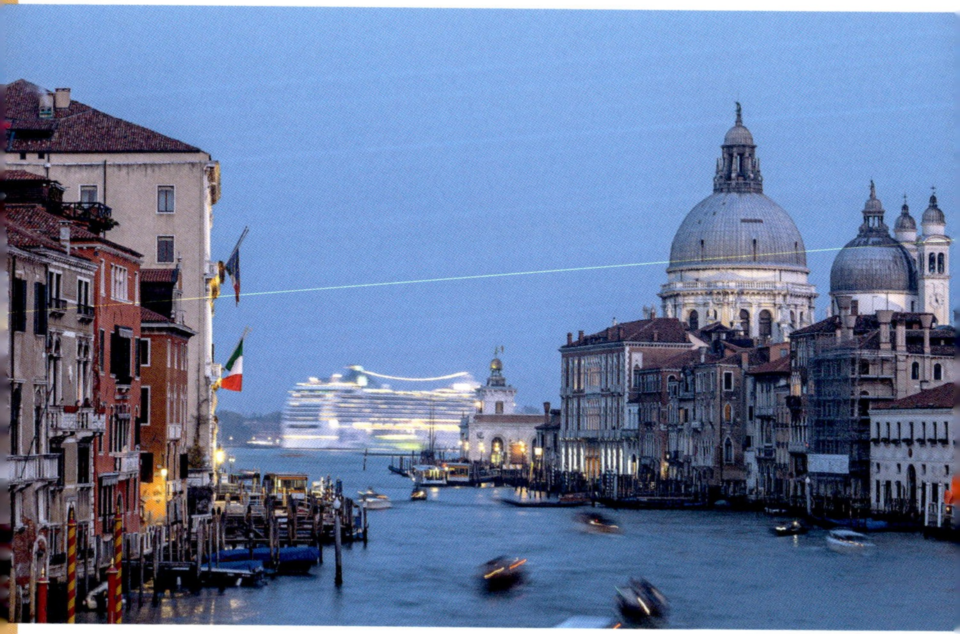

Santa Maria della Salute
(65 mm · f 9 · 3,2 s · ISO 100 · Stativ)

den. Im Jahre 2019 wurde beschlossen, dass in naher Zukunft keine Kreuzfahrtschiffe mehr durch den Giudecca-Kanal fahren sollen. Einstweilen aber bleibt diese surreale Szenerie den Venezianern wie den Fotografen noch erhalten.

Beste Tageszeit: ganztags
Koordinaten: 45.433383, 12.340105
Adresse: San Marco, 30100 Venezia VE

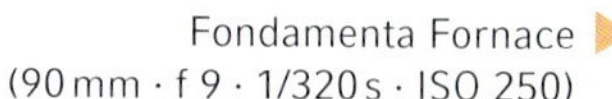

Fondamenta Fornace
(90 mm · f 9 · 1/320 s · ISO 250)

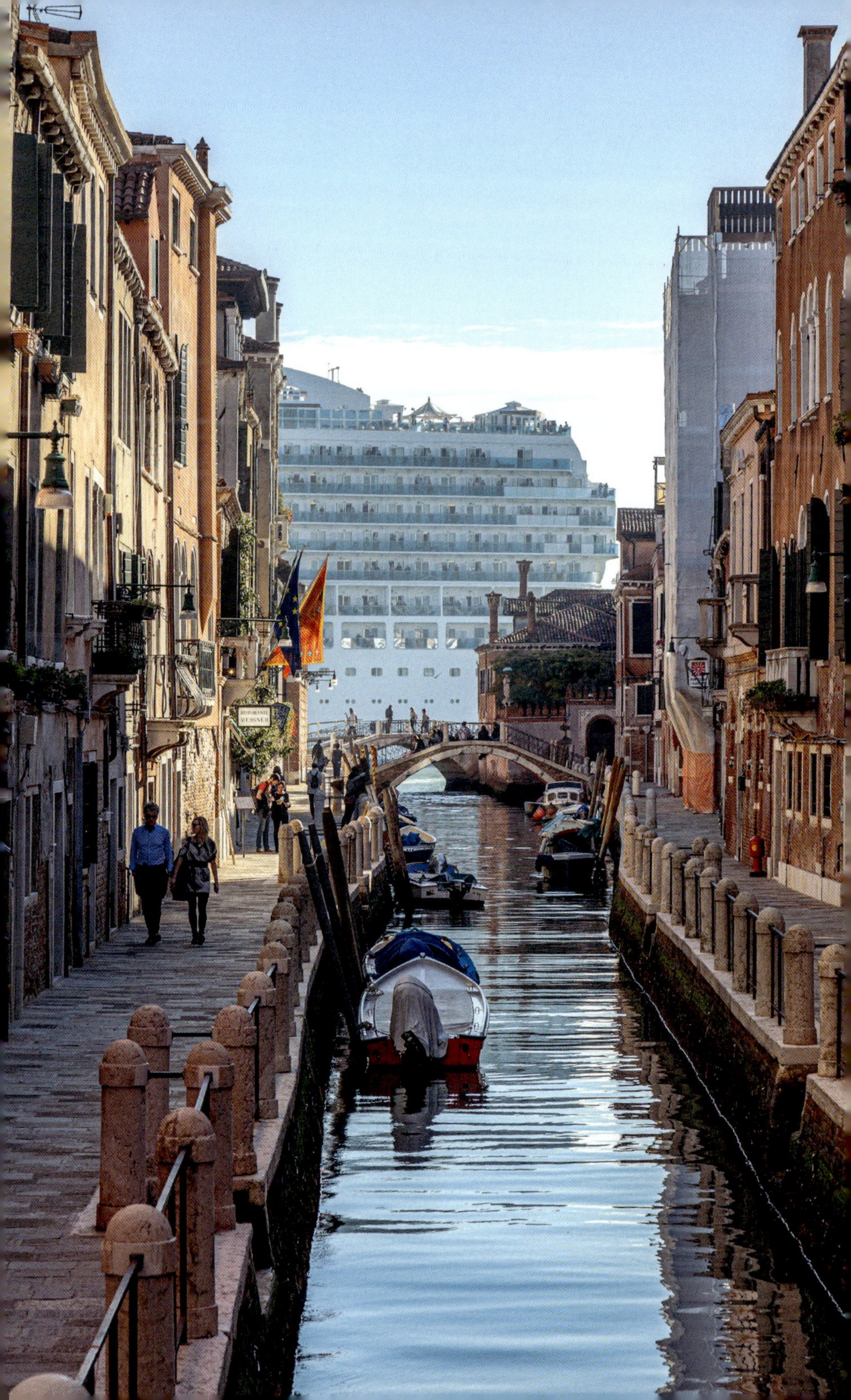
RISTORANTE
MESSNER

Die Fotoserie

Neben den Motiven, die Sie unbedingt während Ihrer nächsten Venedig-Reise fotografieren wollen und anhand des vorliegenden Buches auch gut planen können, sollten Sie sich zwischendurch einfach einmal treiben lassen. Legen Sie Ihren Reiseführer beiseite und gehen Sie einfach los. Hinter der nächsten Ecke kann schon das nächste interessante Motiv warten.

Wenn Sie nicht vollkommen planlos umherlaufen wollen, dann legen Sie für sich einfach ein fotografisches Themen oder eine Serie fest, die Sie verfolgen und an der Sie kontinuierlich arbeiten. Dabei kann es um Formen, Farben oder Gegenstände gehen. Und Sie werden schnell merken, wie sich auf diese Weise Ihre Aufmerksamkeit und Ihr fotografisches Auge kontinuierlich schulen.

Sie können das Thema der Serie so allgemein halten, dass Sie es über Jahre hinweg weiterverfolgen können und sich die Qualität Ihrer Sammlung durch neu hinzukommende Ergebnisse permanent verbessert.

Oder Sie überlegen sich ein bestimmtes Thema für eine ganz konkrete Destination – wie Venedig.

Bei meinen Venedig-Reisen bin ich immer auf der Suche nach typischen venezianischen Türklopfern und Türen mit einer bestimmten Form.

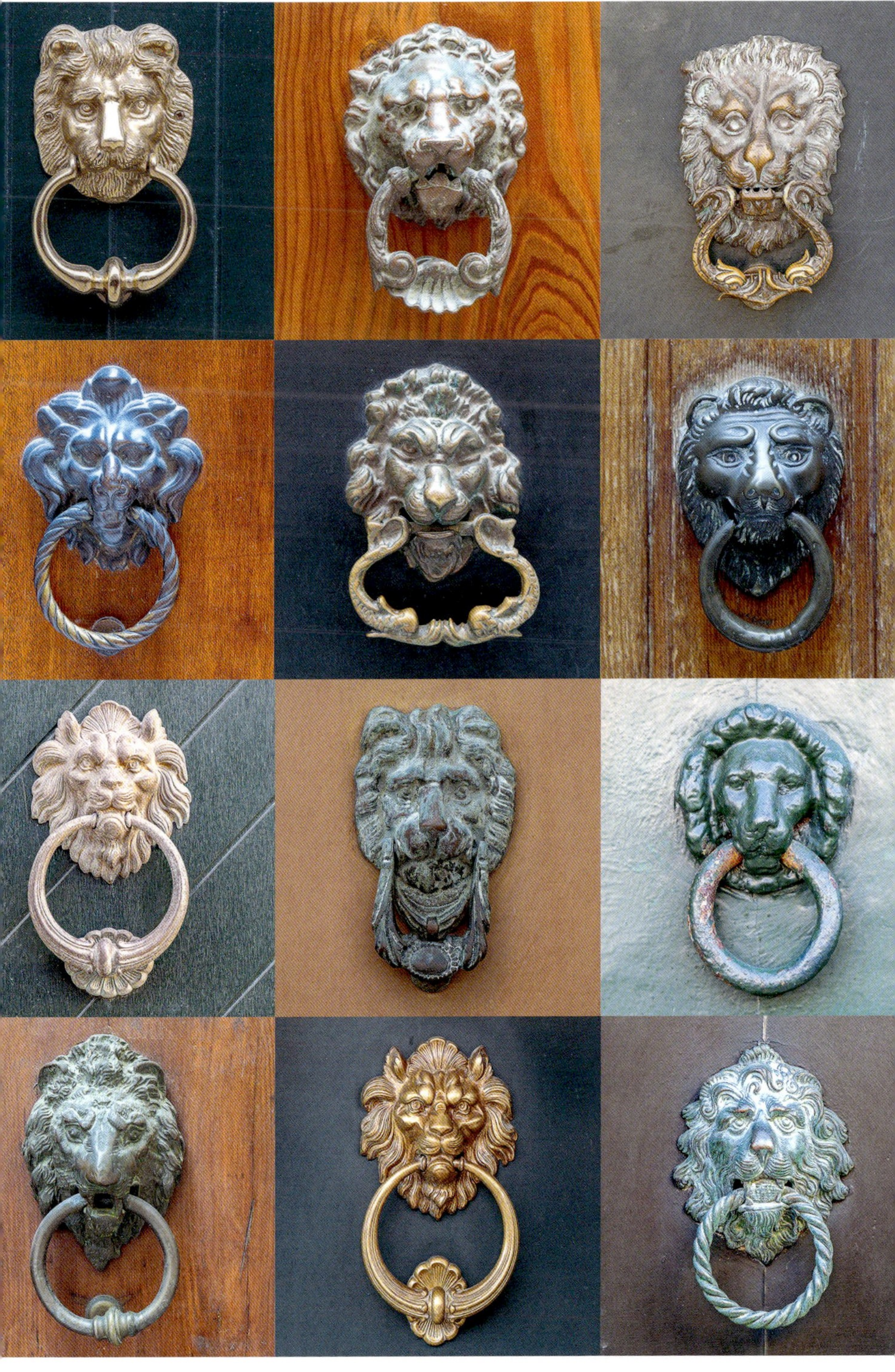

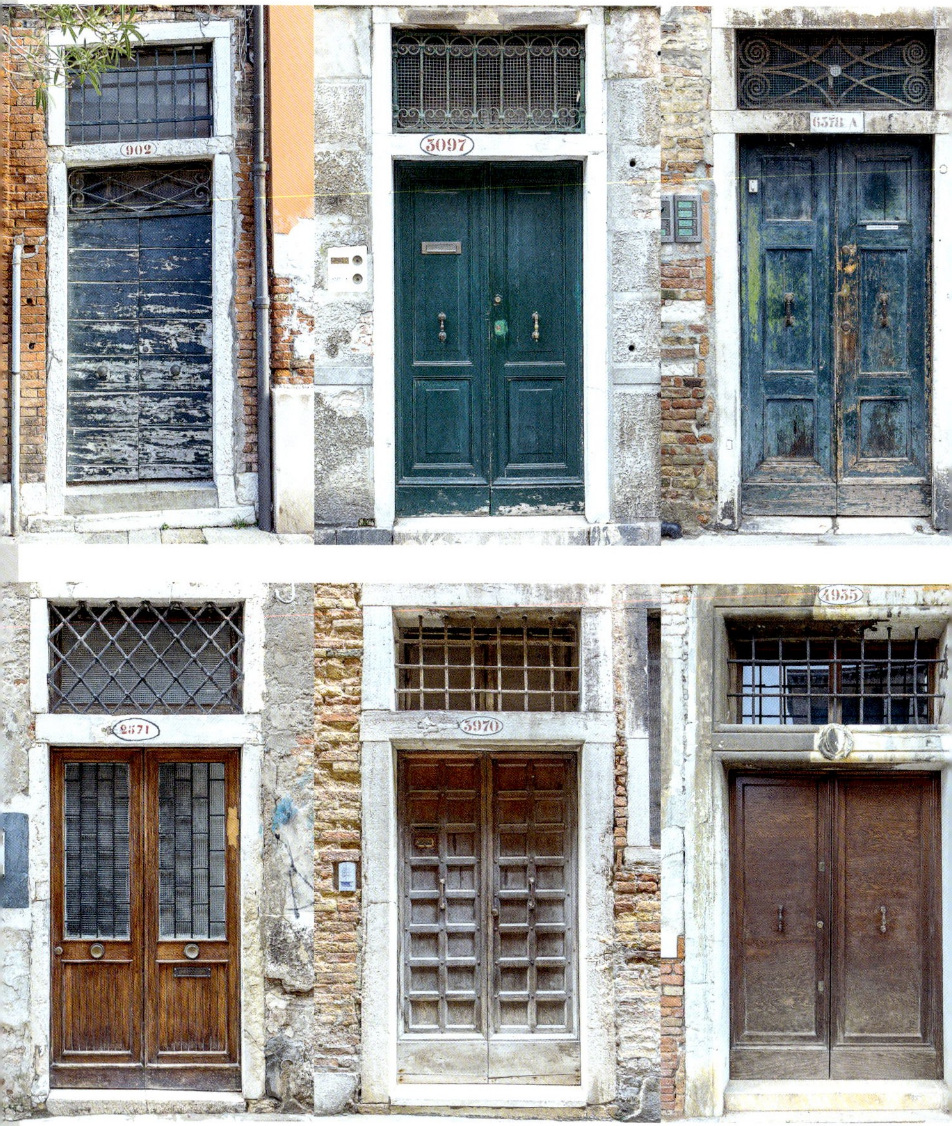
902
3097
6378 A
2571
3970
4935

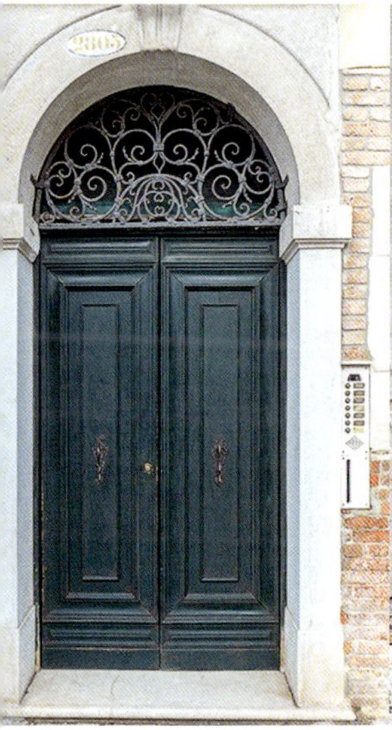

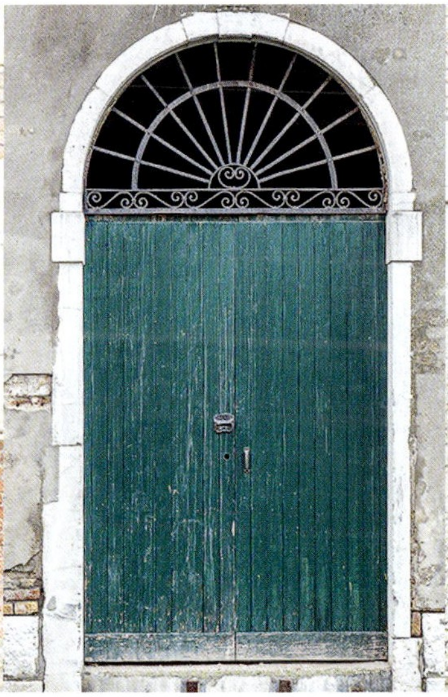

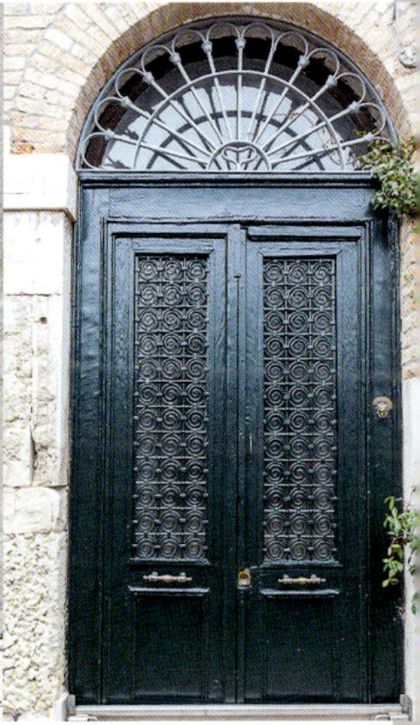

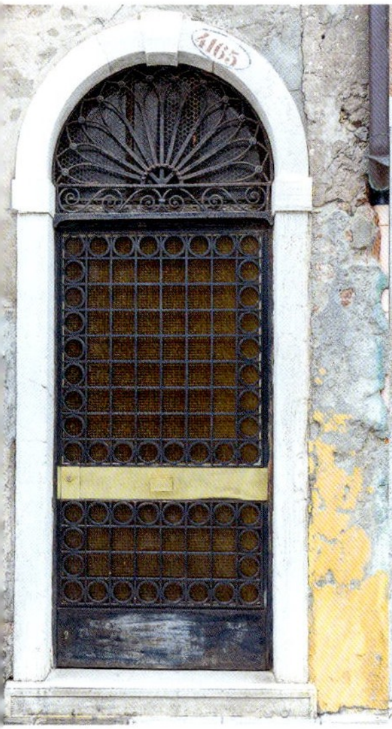

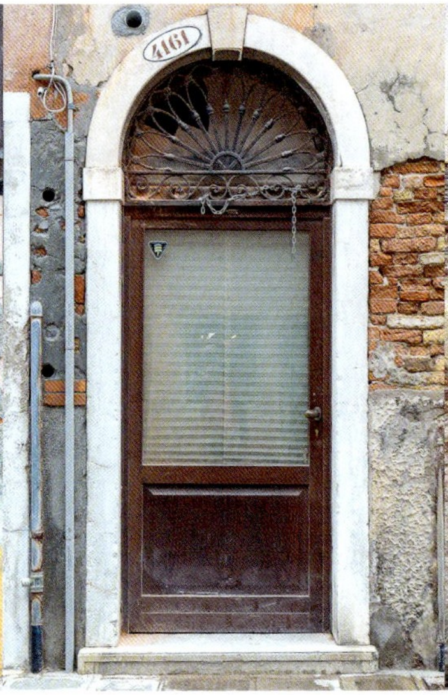

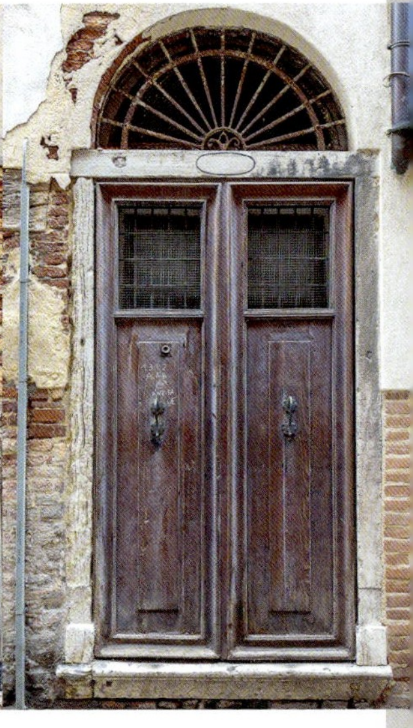

Filterfotografie

Venedig bietet sich geradezu an, um mit Filtern fotografisch zu experimentieren. Denn das Wasser und natürlich auch der Himmel sind zwei Elemente, die mittels einer Langzeitbelichtung komplett transformiert werden können. Dadurch findet eine bemerkenswerte Veränderung der Aufnahme statt. Minutenlange Belichtungszeiten lassen das Wasser spiegelglatt wirken, eine Brandung wird zu einem mystischen Nebel. Die Wolken ziehen durch das Bild und werden zu einem Hintergrund, der bedrohlich oder aber auch friedlich wirken kann.

Wenn Sie ein Faible für künstlerische Fotografie bzw. »Fine-Art-Fotografie« haben, dann finden Sie in Venedig zahlreiche Motive.

Wie lang die Belichtungszeit am Ende ausfällt, hängt von den vorhandenen Lichtverhältnissen ab und von Ihrer Vorstellung, wie das Foto am Ende aussehen soll. Am liebsten fotografiere ich Langzeitbelichtungen morgens oder am späten Nachmittag, wenn die Sonne tief steht. Das verleiht den Objekten Tiefe und eine gute Struktur. An bewölkten Tagen lohnt sich die Filterfotografie durchgehend, denn das diffuse Licht verhindert starke Kontraste. Struktur und Tiefe füge ich der Aufnahme dann in der Nachbearbeitung am Computer hinzu.

Ein wichtiges Hilfsmittel stellen Graufilter (ND-Filter) dar. Ohne sie wären die langen Belichtungszeiten am Tag überhaupt nicht möglich.

GRAUFILTER

Der Graufilter, auch Neutraldichtefilter (ND-Filter) genannt, ist durchgängig grau eingefärbt. Er reduziert farbneutral den Lichteinfall ins Objektiv, so als ob Sie eine Sonnenbrille tragen. Somit werden Überbelichtungen bei längeren Belichtungszeiten vermieden, ohne dabei die Farben des Bildes allzu sehr zu verfälschen.

Im Wesentlichen hängt die richtige Wahl der Dichte eines Graufilters von der Bildidee, dem gewünschten Effekt und der vorgefundenen Lichtsituation ab. Aus diesem Grund gibt es Graufilter in mehreren Dichtegraden, und die Auswahl treffen Sie für die jeweilige Aufnahmesituation. Je dichter (dunkler) ein Filter, desto geringer ist der Lichteinfall. Das ermöglicht eine längere Belichtungszeit, ohne abblenden zu müssen. Leider gibt es keine einheitliche Angabe der Dichte von Filtern und die Hersteller liefern teilweise sehr unterschiedliche Angaben.

Einige Hersteller geben die Dichte der Filter in ND, als Verlängerungsfaktor oder in Blendenstufen an.

Dichte	Verlängerung der Belichtungszeit (Faktor)	Blenden
ND 0.3	× 2	1
ND 0.6	× 4	2
ND 0.9	× 8	3
ND 1.2	× 16	4
ND 1.5	× 32	5
ND 1.8	× 64	6
ND 2.1	× 128	7
ND 2.4	× 256	8
ND 2.7	× 512	9
ND 3.0	× 1024	10

Je nachdem, wie dicht ein Graufilter ist, können Sie nicht mehr hindurchschauen und ein Fokussieren ist unmöglich. Am besten fokussieren Sie das Motiv ohne Graufilter. Das Motiv können Sie wie gewohnt entweder manuell oder mit dem Autofokus anvisieren. Falls den Autofokus nutzen, müssen Sie diesen nun ausschalten, bevor Sie den Graufilter vor das Objektiv ansetzen, da ein Auslösen sonst nicht möglich ist.

Aber auch die richtige Berechnung der Belichtungszeit ist wichtig. Da hilft die obige Tabelle weiter. Bei sehr dichten Graufiltern ist es der Kamera nicht mehr möglich, eine korrekte Belichtungszeit zu berechnen.
Ich gehe dann wie folgt vor: Zuerst wähle ich den Bildausschnitt mit der passenden Komposition. Danach fokussiere ich das Motiv und schalte den Autofokus aus. Ich wähle die Blendenvorwahl (A/Av) und entscheide mich für einen Blendenwert, der mir die gewünschte Schärfentiefe im Bild liefert. Die Kamera wählt automatisch die passende Belichtungszeit. Diese Belichtungszeit wird mit dem Verlängerungsfaktor des entsprechenden Filters aus der Tabelle oben multipliziert. Die Aufnahme selbst führe ich dann im manuellen Modus (M) mit der so ermittelten Belichtungszeit und der von mir gewählten Blende durch. Bei Belichtungszeiten von mehr als 30 s kommt der Bulb-Modus (B/Bulb) in Betracht, der diese ermöglicht.

Es gibt zahlreiche Apps (z. B. den ND-Filter-Rechner von Bazaltik, ND Filter Expert etc.) für das Smartphone, die die Berechnung der neuen Belichtungszeit erleichtern. Sie müssen lediglich Ausgangsbelichtungszeit und Filterdichte in die App eingeben, und schon erhalten Sie die korrekte Belichtungszeit für den jeweiligen Graufilter.

ARBEITSSCHRITTE BEI DER ARBEIT MIT GRAUFILTERN

- Stativ aufbauen und Kamera befestigen
- Die gewünschte Brennweite, Bildausschnitt und Blende wählen
- Einen niedrigen ISO-Wert (z. B. 100) wählen
- Auf das Motiv fokussieren und den Autofokus ausschalten
- In der Blendenvorwahl (A, Av, Zeitautomatik) die Belichtungszeit durch die Kamera bestimmen lassen
- Die neue benötigte Belichtungszeit mithilfe einer Smartphone-App berechnen
- In den manuellen Modus (M) wechseln, bei errechneten Belichtungszeiten länger als 30 s in den Bulb-Modus (B, Bulb) wechseln
- Graufilter aufschrauben oder aufstecken und das Okular abdecken (DSLR), damit kein Umgebungslicht einfällt
- Spiegelvorauslösung (DSLR, falls vorhanden) benutzen, um jegliches Verwacklungspotenzial zu minimieren
- Bildstabilisator ausschalten
- Aufnahme mithilfe eines Fernauslösers

FILTERTYPEN

Bei Filtern werden zwei Systeme danach unterschieden, wie sie zu befestigen sind. Runde Filter werden auf das Objektiv aufgeschraubt (Schraubfilter) und eckige in einen Filterhalter geschoben bzw. gesteckt (Steckfilter). Beide Systeme haben ihre Berechtigung und bieten unterschiedliche Vor- und Nachteile.

SCHRAUBFILTER

Runde Schraubfilter werden vorne auf das Objektivgewinde geschraubt. Die Größe eines Schraubfilters muss somit dem Objektivdurchmesser entsprechen. Das bedeutet eigentlich, dass für unterschiedliche Objektive mit unterschiedlichen Durchmessern mehrere Schraubfilter gekauft werden müssten.

Ich empfehle Ihnen aber, einen Schraubfilter zu kaufen, der dem Durchmesser Ihres größten Objektivs entspricht. Das ist in der Regel 77 mm oder 82 mm. Mithilfe eines Step-up-Adapterrings lässt sich der eigentlich zu große Schraubfilter auch auf Objektiven mit kleinerem Durchmesser befestigen. So erübrigt sich der Kauf mehrerer Schraubfilter der gleichen Dichte. Das spart Geld und Platz im Fotorucksack.

In der Regel sollten drei Filter mit unterschiedlicher Dichte genügen. Aus meiner Erfahrung reichen Filter mit den Dichten ND 0.9 (drei Blendenstufen), ND 1.8 (sechs Blendenstufen) und ND 3.0 (zehn Blendenstufen).

Zur Not lassen sich auch mehrere Schraubfilter miteinander kombinieren. Durch die Kombination mehrerer Schraubfilter kann es jedoch zu einer störenden Randabschattung (Vignettierung) gerade im Weitwinkelbereich kommen. Für Letzteren gibt es deswegen eine Slim-Variante von Schraubfiltern.

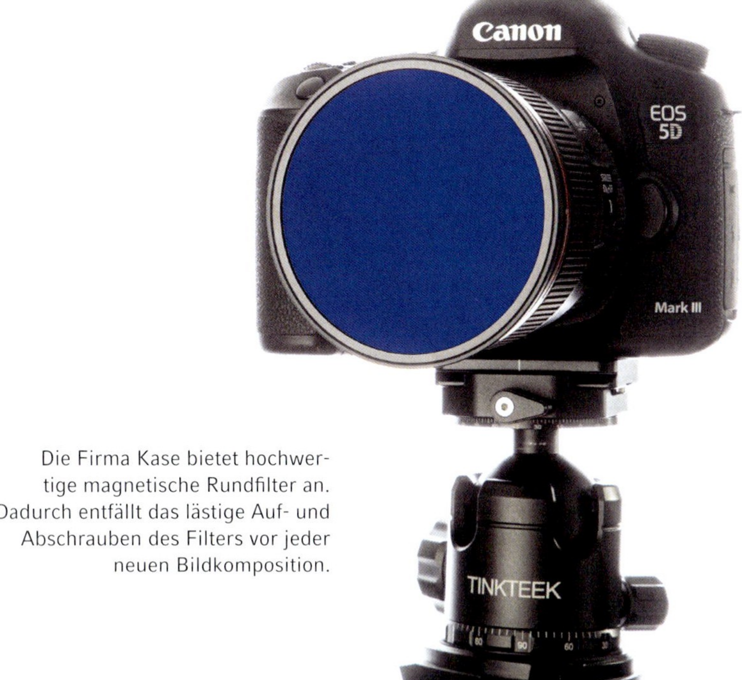

Die Firma Kase bietet hochwertige magnetische Rundfilter an. Dadurch entfällt das lästige Auf- und Abschrauben des Filters vor jeder neuen Bildkomposition.

VOR- UND NACHTEILE

Runde Schraubfilter lassen sich nicht auf Objektiven mit einer nach außen gewölbten Linse oder mit fester Gegenlichtblende befestigen. Das sind in der Regel extreme Weitwinkelobjektive.

Als Grauverlaufsfilter sind Schraubfilter häufig ungeeignet, da sich der Horizont bei der Aufnahme in den seltensten Fällen auch wirklich in der Mitte befindet.

Der Vorteil von Schraubfiltern besteht darin, dass kein Streulicht zwischen Filter und Objektiv in das Objektiv einfallen kann. Zusätzlich ist das Packmaß in Vergleich zu Steckfilter und Filterhalter wesentlich kleiner.

Die Schraubfilter werden von unterschiedlichen Herstellern angeboten. Nach langem Herumprobieren habe ich die Filter von Kase (*www.kasefilters.de*) entdeckt, die eine hervorragende optische Qualität und hohe Farbtreue aufweisen. Das optische Glas der Filter ist aus hochwertigem umweltfreundlichem Material gefertigt, beidseitig nanobeschichtet, wasserabweisend, stoßfest und leicht zu reinigen. Restlos überzeugt haben mich die magnetischen Rundfilter. Dadurch wird das Auf- und Abschrauben der Filter überflüssig, was den Arbeitsprozess deutlich vereinfacht und beschleunigt.

STECKFILTER

Steckfilter, auch Rechteckfilter genannt, bestehen in der Regel aus Glas oder Kunststoff und werden in einen Filterhalter geschoben, der quadratische oder rechteckige Formen aufnehmen kann. Der Filterhalter selbst wird an einem Metallring, der auf das Objektiv geschraubt wird, befestigt. Dieser Metallring muss, ähnlich den Schraubfiltern, dem Objektivdurchmesser entsprechen und wird in unterschiedlichen Größen angeboten. Der Filterhalter lässt sich nach Befestigung immer noch in jede gewünschte Stellung drehen. Da der Filterhalter selbst nicht aufgeschraubt werden muss, lässt er sich schnell und einfach vom Objektiv entfernen bzw. daran anbringen. Auf dem Filterhalter lassen sich mehrere Filter anbringen und Grau- mit Grauverlaufsfiltern kombinieren.

GRAUFILTER

Genau wie bei den Schraubfiltern gibt es Graufilter in unterschiedlichen Dichten für das Steckfiltersystem.

GRAUVERLAUFSFILTER

Nicht nur bei den Langzeitbelichtungen spielt der Himmel oftmals eine wesentliche Rolle. Er gehört als Bildelement häufig mit aufs Bild. Je nach Lichtsituation ergeben sich dann jedoch starke Kontraste zwischen Himmel und Vordergrund.

Für solche Aufnahmesituationen bietet sich der Einsatz eines Grauverlaufsfilters, auch als Verlaufsfilter oder ND-Verlaufsfilter bezeichnet, an. Mit dessen Hilfe können Sie den Himmel um mehrere Blendenstufen abdunkeln, ohne dabei die Helligkeit des Vordergrunds zu verändern. Somit wird eine Überbelichtung im Bereich des Himmels bei der Aufnahme verhindert. Der klassische Grauverlaufsfilter ist am oberen Rand am dichtesten und die Wirkung nimmt bis zur Filtermitte hin kontinuierlich ab. Von der Mitte bis zum unteren Rand ist die Filterfläche glasklar und damit ohne Wirkung.

Grauverlaufsfilter sind, ähnlich den Graufiltern, in unterschiedlichen Stärken und mit einem harten oder weichen Verlauf erhältlich. Letzteres bezeichnet den Übergang vom dunklen zum klaren Bereich des Filters. Filter mit hartem Übergang werden in der Regel bei einem gleichmäßig geraden Horizont eingesetzt.

Spezielle Grauverlaufsfilter mit umgekehrtem Verlauf (sog. Reverse) kommen in der Landschaftsfotografie während des Sonnenauf- und Sonnenuntergangs zum Einsatz, da zu diesem Zeitpunkt der hellste Bereich der Aufnahme (die Sonne) sich ein wenig über der Horizontlinie ungefähr in der Bildmitte befindet.

Links: Graufilter der Dichte 3.0
Mitte: Grauverlaufsfilter der Dichte 0.9 mit weichem Verlauf
Rechts: Grauverlaufsfilter der Dichte 0.9 mit umgekehrtem Verlauf

Auch die Grauverlaufsfilter gibt es in runder und eckiger Form. In der Regel diese nur in eckiger Form mit dem entsprechenden Filterhalter Sinn, da die Horizontlinie nicht unbedingt in der Mitte des Bildes liegt und der Filter im Filterhalter nach unten oder oben bewegt werden kann.

Um starke Kontraste zwischen Himmel und Vordergrund auszugleichen, greifen Fotografen auch gerne zur HDR-Fotografie. Dabei werden mehrere Aufnahmen mit unterschiedlicher Belichtung der gleichen Szene mittels einer geeigneten Software kombiniert. Solange sich zwischen den einzelnen Aufnahmen nichts bewegt, funktioniert das auch ganz gut. Bei Langzeitbelichtungen mit bewegtem Wasser, im Wind wehenden Bäumen oder ziehenden Wolken sind sie aber nicht das Mittel der Wahl.

VOR- UND NACHTEILE

Der große Vorteil besteht darin, dass sich Grau- und Grauverlaufsfilter kombinieren lassen. Eine Vignettierung ist auch im Weitwinkelbereich nur selten festzustellen.

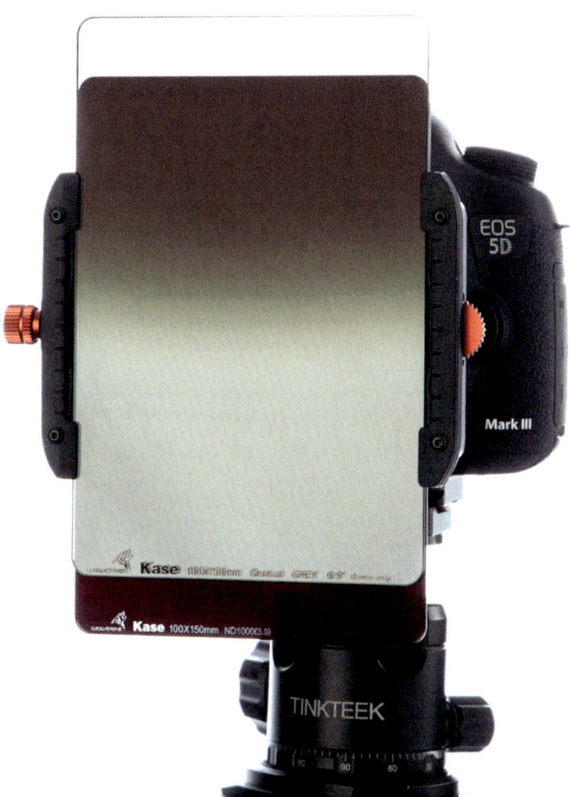

Mit dem Filtersystem von Kase lassen sich mehrere Filter kombinieren – in diesem Fall sind es drei. Als Erstes wird ein magnetischer runder Polarisationsfilter eingesetzt, der sich dank des kleinen Rädchens am Filter-halter auch bei eingeschobenen Filtern in die richtige Position drehen lässt. Davor lässt sich ein Graufilter mit einem Grauverlaufsfilter kombinieren.

Als Nachteile sind festzuhalten: Die Kunststofffilter verkratzen leicht. In der Regel sind die Steckfilter zusammen mit dem Filterhalter teurer als Schraubfilter. Das Steckfiltersystem ist anfälliger für Streulicht und das Packmaß größer als bei Schraubfiltern.

Auch bei den Einsteckfiltern gibt es eine große Auswahl an Herstellern. Ich empfehle auch hier wieder die Filter der Firma Kase. Deren Steckfiltersysteme sind gründlich durchdacht und bieten eine Qualität und Sortimentsbreite, wie man sie sonst bei fast keinem anderen Hersteller findet.

TIPPS FÜR LANGZEITBELICHTUNGEN

- Das Wetter entscheidet maßgeblich, ob sich Langzeitaufnahmen lohnen.
- Benutzen Sie ein stabiles Stativ.
- Für die Aufnahme muss der Autofokus ausgeschaltet werden.
- Wählen Sie den Bildausschnitt großzügig. Einige Filter führen zu Randabschattungen. Diese müssen Sie später beschneiden.
- Fotografieren Sie bei Belichtungszeiten länger als 30 s im Bulb-Modus.
- Nutzen Sie einen Fernauslöser.
- Prüfen Sie, ob sich auch ein Grauverlaufsfilter für die Aufnahme anbietet.
- Berechnen Sie die notwendige Belichtungszeit mit einer App (z. B. ND Filter Expert). Prüfen Sie die Aufnahme und entscheiden Sie nach eigenem Ermessen, ob die Belichtungszeit verkürzt oder verlängert werden muss. Beachten Sie für die Beurteilung auch das Histogramm.

INDEX

T

U

V

W

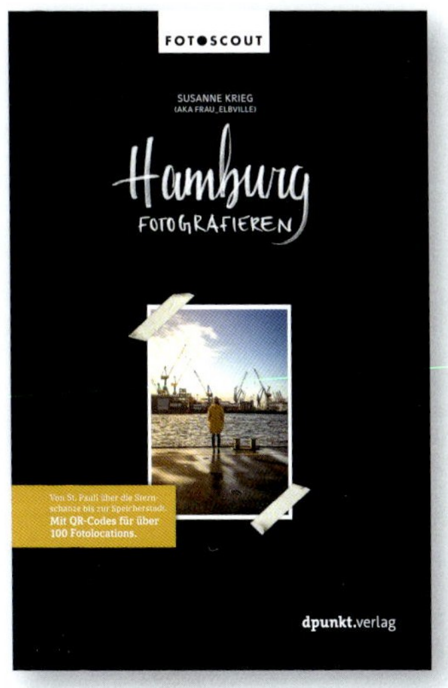

Susanne Krieg

Hamburg fotografieren

Von St. Pauli über die Sternschanze bis zur Speicherstadt. Mit QR-Codes für über 100 Fotolocations.

2019
252 Seiten, Broschur
€ 24,90 (D)

ISBN:
Print 978-3-86490-691-6
PDF 978-3-96088-800-0
ePub 978-3-96088-801-7
mobi 978-3-96088-802-4

Moin moin! Sie sind zwei oder drei Tage in der Stadt und möchten Typisches fotografieren, ohne in Stereotypen zu verfallen? Oder Sie wollen als Einheimische/r Neues entdecken, ohne lange danach suchen zu müssen? Die Hamburger Fotografin und Instagrammerin Susanne Krieg (aka »frau_elbville«) ist Ihre Lotsin und führt Sie auf zehn Fototouren durch die Hansestadt. Gemeinsam mit ihr entdecken Sie unbekannte fotografische Schätze und lernen, wie Sie auch bekannte Motive aus neuem Blickwinkel fotografieren.

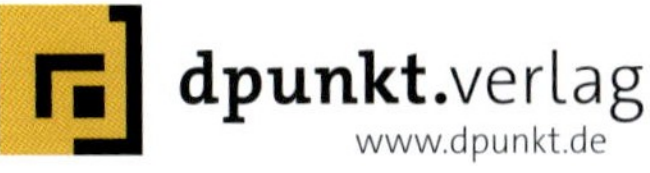